Eva Engelken

Der Rechtsratgeber für Existenzgründer

Eva Engelken

Der Rechtsratgeber für Existenzgründer

So bleibt Ihr Unternehmen auf der sicheren Seite
Die häufigsten juristischen Probleme
Mit Checklisten und weiterführenden Adressen

REDLINE | VERLAG

Bibliografische Information der Deutschen Nationalbibliothek
Die Deutsche Nationalbibliothek verzeichnet diese Publikation in der Deutschen Nationalbibliografie.
Detaillierte bibliografische Daten sind im Internet über http://dnb.d-nb.de abrufbar.

ISBN 978-3-86881-025-7

Unsere Web-Adresse:
www.redline-verlag.de

Redaktion: Momo Evers, Halle an der Saale
Satz: Jürgen Echter, Landsberg am Lech
Druck: Konrad Triltsch, Ochsenfurt
Printed in Germany

Inhaltsverzeichnis

Anmerkung

Angesichts der Vielzahl von Rechtsgebieten, mit denen Sie es als Existenzgründer zu tun bekommen, kann dieses Buch Sie nur über die wichtigsten Rechtsfragen informieren. Da der Teufel aber bekanntlich im Detail steckt, ist es in vielen Bereichen unerlässlich, sich näher mit den Einzelheiten zu befassen. Deshalb finden Sie am Ende vieler Abschnitte den Hinweis »Mehr zum Thema«. Hier erhalten Sie nützliche Links, Literaturtipps und Telefonnummern, die Ihnen weiterhelfen können.

Unter Juristen sagt man, »ein Blick ins Gesetz erleichtert die Rechtsfindung«. Sie finden daher häufig in Klammern die einschlägigen Paragrafen (§§) aus Gesetzen und Verordnungen, damit Sie selber nachlesen können. Alle im Buch erwähnten Gesetze und Verordnungen finden Sie im Onlineportal des Bundesjustizministeriums (www.gesetze-im-internet.de).

Viele Sachbücher haben am Ende ein Glossar, das Fachbegriffe erläutert. Wir haben darauf verzichtet, um Ihnen die Mühe des Nachschlagens zu ersparen und uns bemüht, Fachbegriffe an Ort und Stelle zu erklären. Soweit ein im Text verwendeter Begriff in einem anderen Kapitel ausführlicher erläutert ist, werden Sie durch Hinweise (»Mehr dazu im Kapitel ...« oder Pfeile (→) (z.B. →Firmenname) darauf aufmerksam gemacht. Ein Pfeil (→) ohne Anführungszeichen vor einem Begriff signalisiert Ihnen, dass Sie diesen Begriff über das Stichwortverzeichnis am Ende des Buches finden.

Abkürzungsverzeichnis

Abs.	Absatz
a.F. (n.F.)	Alte (neue) Fassung eines Gesetzes
AG	Aktiengesellschaft oder Amtsgericht
AGB	Allgemeine Geschäftsbedingungen
BGB	Bürgerliches Gesetzbuch
BGH	Bundesgerichtshof in Karlsruhe

BMWi	Bundesministerium für Wirtschaft und Technologie
BMWA	Bundesministerium für Arbeit und Soziales
BSG	Bundessozialgericht
e.K., e.Kfm (e.Kfr.)	Eingetragene(r) Kaufmann (Kauffrau)
EStG	Einkommensteuergesetz
ff.	folgende §§
GastStG	Gaststätten-Gesetz
GbR	Gesellschaft bürgerlichen Rechts
GewO	Gewerbe-Ordnung
GmbH	Gesellschaft mit beschränkter Haftung
GmbHG	GmbH-Gesetz
HR	Handelsregister
HGB	Handelsgesetzbuch
HwO	Handwerksordnung
IHK	Industrie- und Handelskammer
KG	Kommanditgesellschaft
OHG	Offene Handelsgesellschaft
PartGG	Partnerschaftsgesellschaftsgesetz
SGB	Sozialgesetzbuch
UStG	Umsatzsteuergesetz

Haftungsausschluss

Der Inhalt dieses Buches wurde mit größter Sorgfalt erstellt. Dennoch übernehmen weder Autorin noch Verlag die Haftung für Richtigkeit, Vollständigkeit und Aktualität der Inhalte. Eine vollständige Beschreibung der relevanten Rechtslage ist in einem weit gefächerten Ratgeber wie diesem nicht möglich; er kann und will eine professionelle Rechtsberatung nicht ersetzen. Die genannten Beispiele stellen Einzelfälle dar. In Ihrem persönlichen Fall kann die Rechtslage anders aussehen.

Einleitung

Wenn Sie sich als Unternehmer selbstständig machen, treffen Sie in jeder Phase Ihrer Unternehmensgründung und an jedem Tag Ihres Geschäftsalltags auf Rechtsthemen, auf Gebote und Verbote und Weisungen. Vielleicht erscheinen sie Ihnen als Schikane. Und doch sind sie nichts weiter als Regeln eines Spiels – Regeln, die Sie einhalten müssen. Die wichtigsten Regeln für den Unternehmeralltag erfahren Sie in diesem Buch. Sie können es von Anfang bis Ende durchlesen oder situations- und themengebunden nachschlagen. Das umfangreiche Stichwortverzeichnis am Ende hilft Ihnen dabei.

Das Buch beginnt mit der Ausgangslage der Gründung, denn jeder Gründer und jede Gründerin hat eine Vorgeschichte. Gehen Sie noch zur Schule oder sind Sie schon im Studium, gründen Sie nebenberuflich, als Angestellter oder als Arbeitsloser? Haben Sie eine Familie zu versorgen oder genießen Sie bereits Ihren Ruhestand? Ist es Ihre zweite Gründung und belasten womöglich Schulden oder Vorstrafen Ihren Neustart? Jede Ausgangslage bringt rechtliche Vorteile und Herausforderungen mit sich, die Sie kennen sollten – und dann meistern können.

Dann wenden wir uns dem Gegenstand Ihrer Gründung zu. Wollen Sie Finanz- oder Unternehmensberatung für Frauen oder Catering für Filmproduktionen anbieten? Ein Texterbüro eröffnen, einen Verlag gründen, eine Imbissbude mit Stehtischen aufmachen, Versicherungen verkaufen oder Gemüse aus dem eigenen Garten? Wir klären Ihren rechtlichen Status, denn mit diesem variieren auch Ihre Rechte und Pflichten. Sind Sie Gewerbetreibender, Handwerker, Landwirt oder Freiberufler?

Freiberufler finden im gleichnamigen Abschnitt alle für sie geltenden Gründungsformalitäten, seien sie nun Lehrer, Berater, einem Heilberuf zugehörig, Künstler oder klassischer Freiberufler wie Arzt, Architekt oder Anwalt. Gewerbetreibende und Handwerker finden im Kapitel Gewerbe ihren Fahrplan zur Gründung. Je nachdem, ob Sie eine Erlaubnis brauchen oder nicht, müssen Sie einige Behörden abklappern und Nachweise zusammentragen. Hier erfahren Sie, welche es sind und wie Sie dabei vorgehen müssen.

Je nach Art und Größe passen wir Ihrem Unternehmens nun das passende Rechtskleid an. Unsere Kriterien: der Gründungsaufwand, Ihr Startkapital, die Frage, ob Sie als Kaufmann tätig sein wollen und schließlich die Haftung für Ihr unternehmerisches Handeln. Allerdings muss es nicht immer eine Neugründung sein. Auch die Übernahme eines bestehenden Betriebs, Gründung mit Franchise-Konzept oder Ausgründung können sich als sinnvolle Alternativen entpuppen. Wir helfen Ihnen, abzuwägen und den richtigen Weg für sich und Ihre Geschäftsidee zu finden.

Der Unternehmensname ist das Aushängeschild Ihrer Firma. Haben Sie einen originellen Namen gefunden, sollten Sie ihn schützen lassen. Wie das geht? Lesen Sie nach!

Nun geht es an das geistige Kapital Ihres Unternehmens: Erfindungen, Ideen, Marken und Patente. Schützen Sie Ihre Einzigartigkeit. Sie ist Ihr größtes Kapital.

Fehlen nur noch die Kunden. Damit diese Sie finden, müssen Sie für sich werben, sich und Ihre Leistung präsentieren. Rechtsfallen gibt es viele in der Welt der Werbung. Wege, sie zu umgehen, auch.

Was aber, wenn der just akquirierte Kunde nicht zahlen will? Mit guten Verträgen sind Sie auch hier auf der sicheren Seite – vom Kauf- über den Werk- bis hin zum Urheberrechtsvertrag. Und das Einmaleins des Schuldrechts gibt es gleich dazu.

Die Finanzierung Ihres Unternehmens ist ein Dauerthema. Wie finanziere ich mein Unternehmen und welche rechtlichen Verpflichtungen gehe ich dafür ein? Und was sollten Sie als Gründer tun, um Ihr betriebliches und privates Vermögen zu schützen? Wir lassen Sie und Ihre Familie am Ende nicht im Regen stehen.

Wo Geld ist, ist das Finanzamt nicht weit. Steuern, Buchführung und Bilanzierung werden zu einem festen Bestandteil Ihres Lebens. Klingt schrecklich? Ist es aber nicht. Denn als Existenzgründer genießen Sie dabei einige Vorteile.

Auch in der Versicherungswelt sollten Sie sich zu Hause fühlen – in Kranken-, Pflege-, Renten-, Unfall- und Haftpflichtversicherung. Mit dem Schritt in die Selbstständigkeit ändert sich einiges für Sie. Und manches zum Guten.

Wenn der Laden erstmal brummt, brauchen Sie Unterstützung. Der erste Mitarbeiter: frei, geringfügig oder sozialversicherungspflichtig angestellt? Werfen Sie einen Blick in Ihre Rechte und Pflichten im Chefsessel.

Kurz: Um Ihre Rechte und Pflichten wahrzunehmen, müssen Sie sie kennen. Im Serviceteil finden Sie viele Tipps: Wie Sie schnell und günstig an einen Rechtsrat kommen – und Ihr Recht dann auch durchsetzen können.

Und dann kann eigentlich nichts mehr schiefgehen.

Viel Spaß beim Lesen!

Eva Engelken

Teil I: Vor der Gründung

1. Die Ausgangslage Ihrer Gründung

Anders als diverse Ratgeber es glauben machen wollen, kommen Gründer nicht aus dem Weltall zur Erde – mit einem genialen Businessplan und Risikokapital im Gepäck sowie dem Millionengewinn vor Augen. Tatsächlich stehen sie mit beiden Beinen im Leben, haben eine Vorgeschichte – aber manchmal beim Start in die Selbstständigkeit noch nicht einmal eine Geschäftsidee. Der Grund? Manchen Menschen bleibt keine andere Wahl als die Selbstständigkeit. Weil sie ihre Arbeit verloren haben etwa und aufgrund von Alter, Wohnort oder mangelnder Qualifikation keine Neuanstellung finden. Andere gründen schon während des Studiums oder entwickeln ein pfiffiges neues Produkt und versuchen durch eine Gründung für dessen Vermarktung zu sorgen. Andere wiederum bereiten ihre Selbstständigkeit aus der Sicherheit einer Anstellung heraus vor, und nicht wenige wagen einen zweiten oder dritten Anlauf, um ihre Firma im Markt zu etablieren. Nicht selten belasten Schulden oder sogar Vorstrafen ihren Neustart. Anders gesagt: Jede Ausgangslage bringt unterschiedliche Rechte und Pflichten mit sich. Das folgende Kapitel bietet Ihnen einen Überblick über die unterschiedlichen Ausgangssituationen bei der Gründung und ihre rechtlichen Unterschiede.

Gründen im Nebenberuf

Von einer nebenberuflicher Selbstständigkeit oder auch Nebentätigkeit, Nebenerwerbsgründung oder Teilzeitselbstständigkeit spricht man, wenn Sie im »Hauptberuf« etwas anderes tun oder sind; beispielsweise Schüler, Student, Rentner, Hausfrau oder Arbeitslosengeldempfänger.

Gründungsformalitäten

Für Ihre Gründung an sich macht es keinen Unterschied, ob Sie eine selbstständige Tätigkeit neben- oder hauptberuflich beginnen. Die Formalitäten richten sich nach dem → »Status Ihrer Gründung«. Und: Als Nebenerwerbsgründer stehen Ihnen die gleichen Rechtsformen wie hauptberuflichen Selbstständigen zur Verfügung.

Steuern

Wenn der Umfang Ihrer selbstständigen Tätigkeit gering ist, können Sie – genauso wie hauptberufliche Tätige – Steuerfreibeträge bei Gewerbe- und Einkommensteuer sowie die Umsatzsteuerbefreiung als Kleinunternehmer in Anspruch nehmen. Mehr zum Thema erfahren Sie im Kapitel → »Steuern – was will das Finanzamt von Ihnen?«

Sonderfreibetrag für Übungsleiter

Einen weiteren Freibetrag für nebenberuflich Selbstständige gewährt § 3 Nr. 26 EStG. Danach sind Einnahmen aus folgenden Tätigkeiten bis zur Höhe von insgesamt 2.100 Euro steuerfrei:

❏ Einnahmen aus nebenberuflichen Tätigkeiten als Übungsleiter, Ausbilder, Erzieher, Betreuer oder vergleichbaren nebenberuflichen Tätigkeiten;
❏ aus nebenberuflichen künstlerischen Tätigkeiten;
❏ oder der nebenberuflichen Pflege alter, kranker oder behinderter Menschen im Dienst oder im Auftrag einer inländischen juristischen Person des öffentlichen Rechts oder einer unter § 5 Abs. 1 Nr. 9 des Körperschaftsteuergesetzes fallenden Einrichtung zur Förderung gemeinnütziger, mildtätiger und kirchlicher Zwecke (im Sinne der §§ 52 bis 54 der Abgabenordnung).
❏ Ihr Auftraggeber muss also entweder eine gemeinnützige Einrichtung oder eine juristische Personen des öffentlichen Rechts sein, konkret: Bund, Länder und Gemeinden und deren Einrichtungen, berufsständische Kammern, Universitäten und die Kirchen.

Meldepflicht bei der Krankenkasse

Entscheidend wird der Unterschied zwischen haupt- und nebenberuflicher Tätigkeit bei der Kranken- und Rentenversicherungspflicht. Damit die Krankenversicherung überprüfen kann, ob es sich bei Ihrer Tätigkeit tatsächlich um einen Nebenerwerb handelt, müssen Sie Ihrer Krankenversicherung den Beginn einer nebenberuflichen Selbstständigkeit melden. Gerade bei Gründern, die durch ihre selbstständige Tätigkeit nur wenig verdienen, fallen Kranken- und Rentenversicherungsbeiträge deutlich ins Gewicht. Richtig eingestuft zu sein, ist deshalb umso wichtiger. Wie Sie sich als haupt- oder nebenberuflich Selbstständiger versichern müssen, lesen Sie im Kapitel → »Versicherung«, Unterabschnitt »Gesetzliche Krankenversicherung«.

Wann ist eine selbstständige Tätigkeit haupt- oder nebenberuflich?

Nach Angaben der Krankenversicherungen wird eine selbstständige Erwerbstätigkeit hauptberuflich ausgeübt, wenn sie in wirtschaftlicher Bedeutung und zeitlichem Aufwand den Mittelpunkt der Erwerbstätigkeit darstellt.
Merkmale hierfür können sein:

❏ die Anmeldung eines Gewerbes,
❏ die Beschäftigung von Arbeitnehmern im Betrieb (mehr als eine 400-Euro-Kraft),
❏ der zeitliche Umfang der selbstständigen Tätigkeit. Ab 18 Stunden in der Woche spricht viel für Hauptberuflichkeit. Vorbereitungszeiten zählen hier zur Arbeitszeit.
❏ Das monatliche Einkommen aus der Selbstständigkeit übersteigt den monatlichen Arbeitslohn regelmäßig.

Entscheidend für die Einstufung in Haupt- oder Nebenberuflichkeit ist allerdings der Gesamteindruck, den Ihr Einzelfall auf die Krankenkasse macht.

Gründen als Angestellter

Für das Aufnehmen einer Nebentätigkeit parallel zur Festanstellung gibt es viele gute Gründe, und manche von ihnen enden in der hauptberuflichen Selbstständigkeit. Mehr dazu finden Sie in Teil II, 4., im Abschnitt »Ausgründungen«.

Informieren des Arbeitgebers

Wenn Sie sich während einer Festanstellung nebenberuflich selbstständig machen, müssen Sie zunächst einmal Ihren Arbeitgeber darüber informieren. Von Behörden erfährt Ihr Arbeitgeber über Ihre Tätigkeit allerdings nichts. Das Anmelden eines nebenberuflichen Gewerbes wird auf Ihrer Lohnsteuerkarte nicht vermerkt.

Häufig findet sich in Arbeitsverträgen der Vermerk »Nebentätigkeiten bedürfen der vorherigen Zustimmung des Arbeitgebers«. Dies bedeutet dem Entscheid des höchsten deutschen Arbeitsgerichts – dem Bundesarbeitsgericht in Kassel – zur Folge allerdings nicht, dass ein Arbeitgeber jede Nebentätigkeit verbieten darf. Allerdings impliziert diese Formulierung, dass Sie verpflichtet sind, Ihren Arbeitgeber über die Aufnahme einer selbstständigen (oder auch angestellten) Nebentätigkeit zu informieren. Ist diese Nebentätigkeit zulässig und widerspricht betrieblichen Interessen nicht, muss der Arbeitgeber zustimmen. Unzulässig und gegen die betrieblichen Interessen gerichtet wäre etwa eine Nebentätigkeit, mit der Sie in Konkurrenz oder in Wettbewerb zu Ihrem Arbeitgeber treten würden – etwa wenn Sie als angestellter Vertriebsmitarbeiter Konkurrenzprodukte vertreiben würden.

Beginnen Sie Ihre Nebentätigkeit, ohne diese zuvor gemeldet zu haben, kann dies eine Abmahnung und im Wiederholungsfall eine verhaltensbedingte Kündigung nach sich ziehen. Haben Sie Ihren Arbeitgeber durch Ihre Nebentätigkeit geschädigt, ihm beispielsweise Kunden abgeworben, kann er sogar Schadenersatz von Ihnen verlangen.

Ihren Arbeitgeber informieren müssen Sie auch, wenn Sie in der Elternzeit gründen, da Sie in dieser Zeit ja weiterhin Angestellte sind.

Einzelheiten dazu finden Sie im Gesetz zum Elterngeld und zur Elternzeit (BEEG).

Umfang des Nebenerwerbs

Das Arbeitszeitgesetz sieht für Angestellte maximal 48 Arbeitsstunden pro Woche vor, schützt aber keine Selbstständigen. Theoretisch können Sie daher in Ihrem Nebenberuf arbeiten, bis Sie umfallen. Praktisch wird die Nebentätigkeit unzulässig, wenn Sie sich im Hauptberuf vor Müdigkeit kaum mehr auf den Beinen halten können. Was Sie natürlich auch nicht dürfen: während Ihrer Arbeitszeit Dinge für Ihre selbstständige Tätigkeit erledigen oder das Ausüben der Nebentätigkeit während Ihres Urlaubs. Der Grund: Das Bundesurlaubsgesetz (§ 8 BUrlG) verbietet prinzipiell jede Erwerbstätigkeit während der Urlaubszeit. Im Urlaub nämlich sollen Arbeitnehmer sich erholen und nachher wieder umso fleißiger arbeiten.

Kranken- und Rentenversicherung

Bei einer nebenberuflichen selbstständigen Tätigkeit bleiben Sie über Ihren Arbeitgeber kranken- und rentenversichert. Wird Ihre selbstständige Tätigkeit allerdings zum Hauptberuf, werden Sie zusätzlich als Selbstständiger krankenversicherungspflichtig. In diesem Fall setzt sich Ihr Beitrag aus dem Beitrag als Angestellter und Ihrem Beitrag als Selbstständiger zusammen. Da Sie den Beginn Ihrer selbstständigen Tätigkeit in jedem Fall der Krankenkasse melden müssen, wird diese Ihnen errechnen, auf welche Summe sich Ihr zu zahlender Beitrag nach den veränderten Parametern bemisst.

Mehr zum Thema

❏ BMWi-Expertenforum (Bundesministerium für Wirtschaft und Technologie) zur Existenzgründung (www.existenzgruender.de)
❏ Beratungstelefon zur Mittelstandsoffensive des Bundesministeriums für Wirtschaft und Technologie, Tel. 01805/615 001.

❏ Bürgertelefon zur Arbeitsmarktpolitik, Arbeitsmarkt und Arbeitsförderung des Bundesministeriums für Arbeit und Soziales, Tel. 01805/67 67 13, Mo-Do von 8-20 Uhr.

❏ Als Angestellter des öffentlichen Dienstes finden Sie Informationen beim Deutschen Beamtenwirtschaftsring (www.dbw-online.de), der einen Ratgeber »Nebentätigkeitsrecht im öffentlichen Dienst« herausgibt.

Gründen aus der Arbeitslosigkeit

Für viele Arbeitslose ist die Selbstständigkeit eine Chance für den Weg zurück in den Job. Das Gute daran: Sie dürfen mit einer selbstständigen Tätigkeit nebenberuflich erst einmal experimentieren, während sie noch Leistungen von der Arbeitsagentur erhalten. Aber auch hierbei gibt es Regeln zu beachten.

Arbeitslosengeld-Kürzungen vermeiden

Damit das Arbeitslosengeld nicht gekürzt wird, dürfen Sie pro Woche nur unter 15 Stunden arbeiten. Wer an einzelnen Tagen mehr arbeitet, kann sich für diese Zeit beim Amt abmelden. Wer dauerhaft mehr arbeitet, macht sich hauptberuflich selbstständig, muss sich als Selbstständiger in einer gesetzlichen Krankenkasse und eventuell in der → gesetzlichen Rentenversicherung versichern.

Während Sie Arbeitslosengeld I oder II erhalten, müssen Sie der Arbeitsagentur Gewinne aus Ihrer selbstständigen Tätigkeit melden. Diese werden mit Ausnahme eines Freibetrags von 165 Euro (Gewinn = Umsatz minus 30 Prozent Pauschale für die Kosten) vom Arbeitslosengeld abgezogen.

Gründungszuschuss

Beim Wechsel von der nebenberuflichen zur hauptberuflichen Selbstständigkeit haben Sie Anspruch auf den Gründungszuschuss (früher Überbrückungsgeld und Ich-AG). Dieser Anspruch besteht für neun Monate in Höhe Ihres Arbeitslosengeldes plus monatlich 300 Euro zur

1. Die Ausgangslage Ihrer Gründung

sozialen Absicherung. Im Anschluss kann Ihnen die Arbeitsagentur für weitere sechs Monate einen Zuschuss von monatlich 300 Euro gewähren. Voraussetzung für den Gründungszuschuss ist, dass Sie am Tag der Gründung noch für mindestens 90 Tage (also drei Monate) Anspruch auf Leistungen von der Arbeitsagentur haben und mit Ihrer Selbstständigkeit die Arbeitslosigkeit beenden. Letzteres müssen Sie glaubhaft machen: mit einem tragfähigen Businessplan, der von einer fachkundigen Stelle geprüft und genehmigt wurde. Derlei fachkundige Stellen sind Gewerkschaften, Industrie- und Handelskammern sowie Handwerkskammern. Hierbei geht es nicht länger um Rechtsvorschriften, sondern um die Tragfähigkeit Ihrer Gründungsidee – und an dieser haperte es in der Vergangenheit bei einigen Gründern aus der Arbeitslosigkeit. In seinem Gründerreport stellte etwa der Deutsche Industrie- und Handelskammertag fest, dass die Hälfte aller arbeitslosen Gründer nicht einmal imstande war, eine klare Beschreibung ihrer Produktidee zu liefern. Wer sorgfältig plant, hat aber gute Chancen, dass es nicht nur mit dem Gründungszuschuss, sondern anschließend auch mit dem Unternehmen selbst klappt.

Die richtige Reihenfolge

Wichtig beim Antrag auf den Gründungszuschuss: Sie müssen Ihren Gründungstermin gegenüber der Arbeitsagentur (und gegenüber dem Gewerbe- oder Finanzamt) zwingend so wählen, dass Sie zu diesem Zeitpunkt noch 90 Tage Restanspruch auf Arbeitslosengeld haben. Auch dann, wenn das zu zeitlichem Druck führen kann.

Gründungstermin nicht in die Sperrzeit legen

Auch wenn Sie den Gründungstermin in eine Sperrzeit legen, in der Sie keine Leistungen von der Arbeitsagentur erhalten, verwirken Sie Ihren Anspruch auf Gründungszuschuss. Für drei Monate gesperrt etwa wären Sie, wenn Sie Ihren Arbeitsvertrag selber kündigen. Ist Ihre Selbstständigkeit also absehbar, sollten Sie mit Ihrem Arbeitgeber vereinbaren, dass er Ihnen kündigt oder mit Ihnen einen Aufhebungsvertrag schließt.

Aus der Praxis: Gründungstermin und 90-Tage-Regelung

Die ausgebildete Krankenschwester Katrin Przybilla (www.katrin-przybilla.de) machte sich am 15. Oktober 2007 als Ausbilderin in Erster Hilfe selbstständig. Allerdings fehlte ihr noch die Anerkennung als Stelle für die Unterweisung in lebensrettenden Sofortmaßnahmen am Unfallort und in Erster Hilfe durch die Bezirksregierung, und ohne diese durfte sie keine Kurse geben. Dennoch konnte sie mit dem Beginn ihrer Gründung nicht einen Tag länger warten, weil die 90 Tage Restanspruch auf Arbeitslosengeld überschritten und somit der Gründungszuschuss hinfällig geworden wäre.

Die Lösung: Sie meldete Anfang Oktober ihre freiberufliche Tätigkeit als Ausbilderin in Erster Hilfe beim Finanzamt an und beantragte anschließend (persönlich) bei der Arbeitsagentur den Gründungszuschuss. Als Beginn ihrer Selbstständigkeit gab sie den 15.10. an. Danach musste sie noch auf die Bezirksregierung warten, die sich mit der Anerkennung ihrer Ausbildung und ihrer Unterrichtsräume mehrere Wochen Zeit ließ. So konnte sie erst später mit dem Unterricht beginnen, hatte sich aber durch reines Einhalten der Formalia den Gründungszuschuss gesichert.

Auch wichtig: Sobald Sie den Gründungszuschuss bekommen, sind Sie nicht mehr über die Arbeitsagentur versichert, sondern müssen sich selber versichern. Mehr dazu in Teil III, 8. »Versicherung«.

Gründercoaching

Arbeitslose, die mit Gründungszuschuss oder Einstiegsgeld gründen, können zur Vorbereitung der Gründung Zuschüsse zu Weiterbildungsmaßnahmen und berufsbegleitendem Coaching beantragen. Einer von ihnen ist das Gründercoaching, das Sie im ersten Jahr der Gründung bei der IHK, der Handwerkskammer oder als Freiberufler bei Ihrer örtlichen Wirtschaftsförderungsgesellschaft beantragen können. Darüber hinaus gibt es weitere Fördertöpfe, aus denen auch nicht arbeitslose Gründer Zuschüsse erhalten können. Mehr dazu finden Sie in Teil III, 5. »Ihr Unternehmen finanzieren«.

Mit Einstiegsgeld in die Selbstständigkeit

Erhalten Sie Arbeitslosengeld II (sogenanntes Hartz IV) und möchten sich selbstständig machen? Dann können Sie zusätzlich zum ALG II Einstiegsgeld beantragen. Auf diese Leistung gibt es im Gegensatz zum Gründungszuschuss keinen Rechtsanspruch; Ihr Sachbearbeiter bei der Arbeitsagentur entscheidet, ob er das Einstiegsgeld für die Aufnahme einer (selbstständigen oder unselbstständigen) Erwerbstätigkeit für erforderlich hält. Liefern Sie ihm also einen überzeugenden Finanzierungs- und Businessplan, aus dem hervorgeht, dass Sie sich mit Hilfe des Einstiegsgeldes auch wirklich erfolgreich selbstständig machen können.

Das Einstiegsgeld wird zunächst für sechs Monate und insgesamt für maximal zwei Jahre vergeben und beträgt üblicherweise 50 Prozent des Regelsatzes von Hartz IV, also 173,50 Euro. Zusammen mit dem ALG II von 347 Euro macht das monatlich 520,50 Euro. Für jedes weitere Mitglied der sogenannten Bedarfsgemeinschaft (Kinder, Partner) erhöht es sich um 10 Prozent der Regelleistung, also um 34,70 Euro.

Ihre Einnahmen aus der selbstständigen Tätigkeit werden zwar nicht auf das Einstiegsgeld, wohl aber auf Ihr Arbeitslosengeld II angerechnet. Das bedeutet: Je mehr Sie verdienen, desto mehr reduziert sich Ihr Arbeitslosengeld. Aber Achtung: Wenn Sie dann selbstständig sind, kein Einstiegsgeld mehr bekommen, aber mit Ihrer selbstständigen Tätigkeit nicht genug zum Leben verdienen, können Sie wiederum ergänzendes Arbeitslosengeld II beantragen. Der Haken: Dieser Schritt bringt Sie erneut unter die Aufsicht Ihres Fallmanagers. Und wenn dieser das Gefühl hat, Ihre selbstständige Tätigkeit führe nicht zum Aufbau einer selbstständigen Existenz, kann er von Ihnen verlangen, Ihre Selbstständigkeit aufzugeben. Lassen Sie sich hierzu in jedem Fall bei der Arbeitsagentur beraten.

Zuschüsse und Darlehen für Hartz-IV-Empfänger

Seit dem 1.1.2009 existieren neben dem Einstiegsgeld weitere Fördermöglichkeiten für Gründungen aus der Arbeitslosigkeit. So können Gründer, die Einstiegsgeld beziehen, zusätzlich Darlehen und Zuschüsse für die Beschaffung von Sachgütern bis zu 5000 Euro beantragen (§ 16c SGB II). Ebenfalls antragsberechtigt sind Selbstständige, die, wie oben beschrieben, ergänzendes Arbeitslosengeld II erhalten.

Zu den zuschussfähigen Sachgütern gehören:

❏ Betriebs- und Geschäftsausstattung, wie PC, Software, Telefonanlage, Kopierer, Schreibtisch
❏ Ausgaben für Marketing und Vertrieb: Homepages, Werbematerial, Schaufensterdekoration etc.
❏ Fahrzeuge, Werkzeuge und Arbeitsmittel
❏ Erstausstattung und betriebsnotwendige Aufstockung des Material-, Waren oder Ersatzteillagers
❏ Gebühren, etwa für Konzessionen im Gastronomiebereich

Die Förderung durch Sachmittel ist umso wichtiger, als Hartz IV-Empfänger ja mangels eigenem Vermögen oder aufgrund von Verschuldung bei Banken häufig keine normalen Kredite erhalten. Voraussetzung für den Antrag ist demnach auch eine abschlägige Bestätigung der Hausbank als Nachweis, dass weitere Finanzierungsmöglichkeiten nicht bestehen.

Zusätzlich sehen § 16ff SGB II eine sogenannte freie Förderung vor. Lassen Sie sich auch hier unbedingt von der Arbeitsagentur beraten, um alle Fördermöglichkeiten für Ihr Vorhaben auszuschöpfen.

Mehr zum Thema

❏ »8 Schritte zur erfolgreichen Existenzgründung«, Simone Janson, Redline-Wirtschaft 2008
❏ www.arbeitsagentur.de, Stichworte: »Leistungen zur Eingliederung von Selbstständigen«; »Gründercoaching«, Merkblatt der Arbeitsagentur »Hinweise und Hilfen zur Existenzgründung«
❏ www.kfw-mittelstandbank.de, »Existenzgründung«
❏ BMWi: Gründerzeiten Nr. 16 »Existenzgründung aus der Arbeitslosigkeit«

Gründen als Rentner

Als Rentner können Sie jede Form von gewerblicher oder freiberuflicher Tätigkeit beginnen. Welche Formalitäten Sie dabei erwarten, erfahren Sie im »Teil II: Die Gründung«.
Wie sich Ihr unternehmerischer Gewinn auf Ihre Rente und Ihre Steuern auswirkt, hängt von Ihrer Rente ab.

❏ Sind Sie Altersrentner, also 65 Jahre oder älter, dürfen Sie beliebig viel dazu verdienen, ohne dass es Ihre Rente vermindert.

Als Frührentner (unter 65 Jahre) müssen Sie Nebeneinkünfte dem Rentenversicherer melden und dürfen pro Monat nicht mehr als 345 Euro brutto hinzuverdienen. Was über diesen Betrag hinausgeht, schmälert Ihre Rente. Die Rechtsvorschrift finden Sie in § 34 Abs. 2 und 3 SGB VI. Lassen Sie sich über Ihre individuelle Hinzuverdienstgrenze beim Rentenversicherungsträger beraten. Rentenversicherungsträger für Angestellte war früher die Bundesversicherungsanstalt für Angestellte (BfA), heute ist es die Deutsche Rentenversicherung, in der alle Rentenversicherungsträger zusammengefasst sind und die Auskunfts- und Beratungsstellen in allen Städten unterhält. Diese finden Sie über die Internetseite www.deutsche-rentenversicherung.de oder über die Servicenummer 0800/1000-4800. Beraten lassen können Sie sich ansonsten auch beim kommunalen Versicherungsamt.

Mehr zum Thema

❏ BMWi-Publikation: Gründerzeiten Nr. 52 »Existenzgründungen durch Ältere« (www.existenzgruender.de)
❏ Auskünfte unter www.deutsche-rentenversicherung-bund.de oder bei der kostenlosen Servicenummer: 0800/1000-4800
❏ Informationen zu weiteren Rentenarten (Berufsgenossenschaft, Hinterbliebenenrente, kirchliche Rente) finden Sie in »Arbeiten neben der Rente« von Birgitt Torbrügge

Gründung im zweiten Anlauf

Nicht wenige Gründer schaffen es erst im zweiten Anlauf, ein erfolgreiches Unternehmen zu etablieren. Gründe für das Scheitern im ersten Anlauf reichen von der mehr oder weniger spektakulären Pleite (bei einigen börsennotierten Start-up-Unternehmen war selbst das Ende noch glamourös) über die Gewerbeuntersagung bis hin zum sang- und klanglosen Schlittern in die Insolvenz oder dem schlichten Aufgeben der Selbstständigkeit. In jedem Fall aber hat Ihre Vorgeschichte auch rechtliche und steuerliche Auswirkungen.

Zuverlässigkeit bei erlaubnispflichtigen Gründungen nachweisen

Gewerbe, die einer Genehmigung bedürfen oder überwachungspflichtig sind, sind Ihnen im zweiten Anlauf gegebenenfalls versagt, weil die Gewerbebehörde die wichtigsten Voraussetzungen für die Gewerbeerlaubnis, nämlich die persönliche Zuverlässigkeit oder finanzielle Leistungsfähigkeit, nicht mehr anerkennt. Das ist besonders dann der Fall, wenn die Gewerbeausübung beim ersten Mal wegen mangelnder Zuverlässigkeit gemäß § 35 GewO untersagt wurde. In diesem Fall müssen Restarter nach erlaubnisfreien Alternativen suchen und das Gewerbeamt überzeugen, dass sie künftig zuverlässig sein werden.

Wenn Sie zu diesem Personenkreis gehören: Besprechen Sie Ihr Gründungsvorhaben in jedem Fall mit Ihrem Sachbearbeiter beim Gewerbeamt. Gut zu wissen: Die Gewerbebehörde gibt bei der Einschätzung eine Prognose ab, indem sie abschätzt, ob Sie in Zukunft Ihr Gewerbe ordentlich ausüben werden. Mehr zur Frage der Zuverlässigkeit finden Sie in Teil I, 1. »Gründung mit Vorstrafen«.

Auch bei der Beantragung von Geld beim Arbeitsamt oder dem Einholen einer Bescheinigung der fachkundigen Stelle gilt: Entscheidend ist weniger, was Sie in der Vergangenheit gemacht haben, sondern wie tragfähig Ihr aktuelles Gründungsvorhaben ist. Eventuell können Sie die Erfahrungen, die Sie beim Scheitern der ersten Gründung gemacht haben, sogar positiv geltend machen.

Steuervorteile nutzen

Bisher waren durch die alte Ansparabschreibung nur Erstgründer stärker begünstigt, aber nun können Sie auch als Gründer im zweiten Anlauf Steuervorteile nutzen. Infos hierzu finden Sie in Teil III, 7. »Steuern – was will das Finanzamt von Ihnen?«.

Wieder kreditwürdig werden

Beim zweiten oder dritten Anlauf haben Sie unter Umständen schon Zahlungsverpflichtungen gegenüber Ihren Gläubigern und einen negativen Eintrag bei der Schufa oder im Schuldnerverzeichnis des Amtsgerichts im Gepäck. Das belastet Ihre Bonität und erschwert Ihre ohnehin geringen Chancen auf Fremdkapitalbeschaffung zusätzlich. Weiter unten erfahren Sie, wie Sie Einträge im → Schuldnerverzeichnis oder bei der → Schufa oder im → Gewerbezentralregister vorzeitig löschen lassen können.

Wenn Sie erwägen, sich Kapital von nahen Verwandten oder Familienangehörigen zu beschaffen, sollten Sie sich unbedingt steuerlich beraten lassen. Das betrifft sowohl den Fall eines Darlehens als auch die Beteiligung eines Verwandten als stillen Gesellschafter an Ihrem Unternehmen. In beiden Fällen können Sie Steuervorteile aufgrund der Verwandtschaftsverhältnisse nutzen. Bürgen Angehörige für Ihre Kredite, sollten Sie darauf achten, dass Sie Klauseln in den Bürgschaftsvertrag aufnehmen, nach denen der Angehörige im Fall einer Scheidung von der Bürgschaftsverpflichtung freigestellt wird. Mehr dazu finden Sie in Teil III, 6. «Ihr Vermögen und Ihre Familie schützen».

Schuldnerverzeichnis

Im Schuldnerverzeichnis beim Amtsgericht sind Personen eingetragen, die im Rahmen einer Zwangsvollstreckung eine eidesstattliche Versicherung über die Richtigkeit Ihrer Vermögensverhältnisse abgegeben haben (umgangssprachlich »Offenbarungseid«). Gelöscht werden die Daten nach Ablauf von drei Jahren von Amts wegen. Sie können aber vorzeitige Löschung beantragen, wenn Sie nachweisen, dass Sie die Schulden bezahlt haben. Auskunft aus dem Schuldnerverzeichnis kann jeder (auch private Unternehmer) beantragen, der ein berechtigtes Interesse im Sinne von § 915 Abs. 3 Zivilprozessordnung nachweist – etwa weil er wirtschaftliche Nachteile durch nicht zahlungsfähige oder -willige Schuldner abwenden will.

Schufa

Die Schutzgemeinschaft für allgemeine Kreditsicherung (Schufa) sammelt Daten über Verbraucher, die sie von ihren Vertragspartnern erhält: Banken, Bausparkassen, Versicherungen, Versandhandels- und Telekommunikationsunternehmen, Leasinggesellschaften und Kaufhäuser oder auch Daten von Girokonten, Kreditkarten und Telekommunikationskonten. Überdies wertet sie die Schuldnerverzeichnisse und andere öffentliche Verzeichnisse und amtliche Bekanntmachungen aus. Die Vertragspartner der Schufa erhalten nicht nur Auskünfte darüber, ob ihre Kunden sich vertragstreu verhalten, sondern erfahren bei einer Kreditvergabe, auch welche Belastungen sie haben. Einträge bei der Schufa werden in der Regel nach drei Jahren gelöscht. Einträge über Schulden können Sie auf Antrag auch sofort löschen lassen, indem Sie mit dem Erledigungsschreiben Ihres Gläubigers zum zuständigen Amtsgericht gehen und dort den Eintrag im Schuldnerverzeichnis löschen lassen. Das Amtsgericht teilt der Schufa die Löschung mit, worauf diese den Eintrag in ihrem Datenbestand löscht.

Wenn Sie vor Ihrer Gründung wissen wollen, was bei der Schufa über Sie gespeichert ist, können Sie eine Eigenauskunft beantragen: bei Zusendung per Post für 7,90 Euro, bei Online-Einsicht für 3,90 Euro. Bei der Gelegenheit können Sie auch etwaige Fehler berichtigen lassen.

Mehr zum Thema

❏ Schutzgemeinschaft für allgemeine Kreditsicherung www.schufa.de
❏ Bundesarbeitsgemeinschaft Schuldnerberatung www.meine-schulden.de

Gründung im Studium

Zahlreiche Studenten gründen während des Studiums studentische Unternehmensberatungen. Diese firmieren üblicherweise als eingetragener Verein oder als GmbH. Zusammengeschlossen sind studentische Unternehmensberatungen im JCNetwork (Junior Consultant Network) als Dachverband verschiedener Hochschulen und Fachrichtungen aus ganz Deutschland (www.jcnetwork.de).

Wenn Sie sich als Studentin oder als Student selbstständig machen, wirft das in erster Linie praktische Fragen auf: Wie finanzieren Sie Ihren Start in die Selbstständigkeit? Wie verbinden Sie das Lernen auf Prüfungen mit dem Einhalten von Lieferfristen für Kunden? Besondere rechtliche Verpflichtungen hingegen ergeben sich aus dem Studentenstatus nicht. Wenn Sie im Studium ein Gewerbe anmelden oder sich als Freiberufler selbstständig machen, müssen Sie die gleichen Formalitäten wie Nichtstudenten erfüllen. Beachten sollten Sie die nachfolgenden Punkte:

BAföG, Stipendien & Co

Beziehen Sie öffentliche Leistungen, beispielsweise BAföG? Dann darf Ihr Einkommen aus selbstständiger Tätigkeit bestimmte Grenzen nicht übersteigen. Das BMWi nennt 350,55 Euro als monatliche Hinzuverdienstgrenze. Erhalten Sie ein Stipendium, enthalten die Vertragsbedingungen Ihrer Förderung (sogenannte Förderrichtlinien) häufig Verbote von Nebentätigkeiten, die das Erreichen Ihres Stipendienzwecks gefährden oder zu einer Verlängerung der Forschungsdauer führen könnten. Diese Gefahr dürfte bei einem zeitlich anspruchsvollen Gewerbe gegeben sein. Genaues Nachlesen in Ihren Verträgen und das Nachfragen bei Ihrer Stiftung schützen Sie davor, Ihre Förderung zu riskieren.

Noch etwas: Studierende erhalten die BAföG-Förderung ja grundsätzlich zur Hälfte als Zuschuss und zur Hälfte als zinsloses Staatsdarlehen sowie in Ausnahmefällen als verzinsliches Bankdarlehen. Das Staatsdarlehen müssen Sie zwar nur bis zu einem Höchstbetrag von 10.000 Euro zurückzahlen und Sie brauchen mit der Rückzahlung erst beginnen, wenn fünf Jahre seit dem Ende der Förderhöchstdauer vergangen sind; gleichwohl müssen Sie diese Zahlungsverpflichtungen berücksichtigen, wenn Sie zu Ihrer Gründung Kapital aufnehmen wollen.

Geschäftspartner und Stellvertreter

Wenn Sie sich selbstständig machen, sollten Sie überlegen, ob Sie Kollisionen zwischen geschäftlichem Druck und Studienanforderungen durch einen zuverlässigen Stellvertreter abfedern können. Damit dieser für Sie handeln darf, müssen Sie ihm Vollmacht für bestimmte Geschäfte erteilen. Überlegen Sie, ihn als Partner an Ihrem Unternehmen zu beteiligen, wird aus Ihrem Einzelunternehmen eine Gesellschaft (→ »GbR«).

Krankenversicherung

Grundsätzlich können Sie als Student, solange Sie unter 25 sind, bei Ihren Eltern beitragsfrei mitversichert sein; falls Sie Wehr- oder Zivildienst geleistet haben, auch länger. Sobald Sie die Altersgrenze überschritten haben oder mit Ihrer Tätigkeit monatlich mehr als 350 Euro verdienen, endet die Familienversicherung. Dann sind Sie als Student pflichtversichert, was bedeutet, dass Sie den ermäßigten Studentenbeitrag zahlen müssen.

Der ermäßigte Studentenbeitrag setzt allerdings voraus, dass Sie nur nebenberuflich (nicht mehr als 20 Stunden pro Woche) selbstständig sind. Wenn Sie hauptberuflich (mehr als 20 Stunden pro Woche) selbstständig tätig sind, müssen Sie sich als hauptberuflich Selbstständiger zum normalen Tarif entweder gesetzlich oder privat krankenversichern. Mehr dazu in Teil III, 8. »Versicherung«.

Mehr zum Thema:

❏ Informationen zu BAföG und Selbstständigkeit: Studentenwerk (www.studentenwerk.de) oder auf der Seite des BMWi: www.das-neue-bafoeg.de
❏ Tipps zur Gründung im Studium: www.studis-online.de

Gründung als Schüler

Dass Sie noch zur Schule gehen, wenn Sie ein Unternehmen gründen, ist im Grunde unerheblich. Dass Sie selbstständige Unternehmerin oder selbstständiger Unternehmer sind, ändert nichts an Ihrer Schulpflicht bis zum 9. oder 10. Schuljahr. Entscheidend für Ihre unternehmerische Tätigkeit ist, ob Sie noch minderjährig, also unter 18 sind. Der § 112 des Bürgerlichen Gesetzbuches (BGB) schreibt nämlich vor, dass für den selbstständigen Betrieb eines Erwerbsgeschäfts durch einen Minderjährigen die Ermächtigung des gesetzlichen Vertreters, also der Eltern oder des Vormunds, und die Genehmigung des Vormundschaftsgerichts notwendig sind. Das Vormundschaftsgericht ist eine Abteilung des Amtsgerichts, und dort muss die Genehmigung formlos beantragt werden. Das Vormundschaftsgericht entscheidet nach seinem Ermessen, sprich, nach seiner Beurteilung des gründungswilligen Unternehmers, ob es die Gründung genehmigt. Dafür überprüft es, ob der minderjährige Gründer die erforderlichen Fähigkeiten und Kenntnisse hat, um ein Gewerbe (etwa einen gewerblichen Internetshop) zu eröffnen beziehungsweise eine freiberufliche Tätigkeit, etwa als Sänger oder freier Zeitungsjournalist, aufzunehmen. Für diese Entscheidung kann es beispielsweise einen Businessplan oder sonstige Nachweise verlangen oder den angehenden Gründer zu einem Gespräch einladen. Betrachten Sie diese Unterhaltung nicht als Quälerei; Nutzen Sie die Gelegenheit, sich über Ihre Rechte und Pflichten zu informieren.

Hat das Vormundschaftsgericht die Selbstständigkeit genehmigt, können Sie Ihr Gewerbe anmelden oder sich selbst als Freiberufler beim Finanzamt anmelden. Die Gerichtsgebühr beträgt etwa 1 Prozent Ihres geplanten Umsatzes. Bei geschätzten 5000 Euro wären das also 50 Euro.

Welche Rechtsformen dürfen Sie wählen?

Als Minderjähriger können Sie ein Einzelunternehmen gründen. Wenn Sie mit mehren unter 18-Jährigen eine Gesellschaft bürgerlichen Rechts (GbR) gründen, um beispielsweise Webdienstleistungen anzubieten, braucht jeder einzelne Gesellschafter die Ermächtigung der Eltern und eine Genehmigung des Vormundschaftsgerichts. Erlaubt ist auch die Tätigkeit als selbstständiger Handelsvertreter eines Unternehmens. Nicht zulässig hingegen ist die Gründung einer GmbH durch Minderjährige, das Eintragen als Kaufmann ins Handelsregister ist jedoch möglich. Wollen Sie allerdings eine OHG oder eine KG gründen und müssen dafür einen Gesellschaftsvertrag schließen, ist eine zusätzliche Genehmigung des Vormundschaftsgerichts für den Gesellschaftsvertrag notwendig.

Haftung und Geschäftsfähigkeit

Die Vormundschaftsgenehmigung ist keine bloße Formalie, sondern entscheidend für Ihre Handlungsfähigkeit als Unternehmer. Denn erst mit der Genehmigung gelten Sie als unbeschränkt geschäftsfähig für Rechtsgeschäfte im Rahmen Ihres Geschäftsbetriebs, dürfen also selber Dinge wie Waren oder Büromaterial einkaufen, ein Geschäftskonto eröffnen, Geschäftsräume anmieten und sogar Mitarbeiter einstellen. Damit haben Sie Ihren Altersgenossen einiges voraus, denn normalerweise sind Minderjährige zwischen 7 und 17 nur beschränkt geschäftsfähig. Das heißt, sie brauchen für Rechtsgeschäfte, mit denen sie sich zu etwas verpflichten, was über den finanziellen Rahmen ihres Taschengelds hinaus geht, die Einwilligung ihrer Eltern. Schließen sie einen Vertrag ab, ohne dass die Eltern zugestimmt haben, ist der Vertrag zunächst schwebend unwirksam. Das heißt: Sagen die Eltern »Ja«, kommt der Vertrag zustande, sagen sie »Nein«, ist er unwirksam und Ware und Geld müssen einander zurückgegeben werden. Als Unternehmer mit vormundschaftgerichtlicher Genehmigung hingegen dürfen (und müssen) Sie alles rund um die Gründung selbst machen: Anmeldeformalitäten, Mitgliedschaft in der IHK und Steuererklärung. Sie sind auch prozessfähig (§ 52 Abs.1 Zivilprozessordnung), können also etwa wegen geschäftlicher Handlungen verklagt werden. Begehen Sie beispielsweise im Internet Rechtsverstöße und werden deshalb abgemahnt, haften Sie für die Kosten der → Abmahnung. Umgekehrt können Sie auch Ihre Schuldner verklagen, wenn diese nicht zahlen.

Die Haftungsbeschränkung für Minderjährige gemäß § 1629 a Absatz 1 BGB besagt, dass Minderjährige unter bestimmten Voraussetzungen nur für das bei Eintritt der Volljährigkeit vorhandene Vermögen haften. Dies gilt nicht für minderjährige Unternehmer. Können die minderjährigen Gründer das Geld nicht zurückzahlen, haben in der Regel die Banken das Nachsehen. Eltern haften übrigens nicht für die Schulden ihrer Kinder – es sei denn, sie hätten zuvor ausdrücklich die Übernahme der Haftung erklärt.

Kein Freibrief für Kreditverträge

Ganz unbeschränkt geschäftsfähig sind Sie als minderjähriger Unternehmer dann allerdings doch nicht. Für bestimmte Rechtsgeschäfte ist nämlich weiterhin eine gesonderte Genehmigung der gesetzlichen Vertreter und des Vormundschaftsgerichts notwendig. Zu diesen gehören Kreditverträge (auch Ratenkreditverträge und Dispokredite beim Sparkonto); Mietverträge, die über den Eintritt der Volljährigkeit hinaus noch mindestens ein Jahr gültig sind; Versicherungsverträge und die Übernahme von fremden Verbindlichkeiten, beispielsweise durch eine Bürgschaft. Die §§ 1643, 1822 Abs. 1 Nr. 1, 3, 5, 8-11 BGB zählen weitere Beispiele auf. Wenn Sie auf Nummer sicher gehen wollen, sollten Sie sich beim Vormundschaftsgericht erkundigen, ob Sie für einen konkreten Fall eine Genehmigung des Vormundschaftsgerichts brauchen, denn ohne diese bleiben die aufgezählten Rechtsgeschäfte im schlimmsten Fall unwirksam und schon ausgetauschte Leistungen müssen zurückgezahlt werden. Gut zu wissen: Mit der Unternehmensgründung durch Minderjährige entfällt der Kindergeldanspruch der Eltern, wenn der Gewinn den Betrag von 7.680 Euro im Kalenderjahr übersteigt (§ 32 a EStG).

Krankenversicherung

Als Minderjähriger können Sie in der gesetzlichen Familienversicherung bleiben, solange Sie die Einkommensgrenze von rund 350 Euro monatlich nicht überschreiten und Ihre Tätigkeit nicht als hauptberuflich anzusehen ist. In der Regel ist dies der Fall, solange Sie noch zur Schule gehen. In jedem Fall aber müssen Sie Ihre Krankenkasse über

Ihre unternehmerische Tätigkeit informieren und erfragen, was sich an Ihrer Versicherung ändert.

Mehr zum Thema

❑ Bei der IHK bekommen Sie Merkblätter und Informationen zum Thema Gewerbeausübung durch Minderjährige.

❑ Angesichts der weitreichenden Rechtsfolgen von unternehmerischem Handeln sollten Sie sich vor der Gründung von einem Anwalt oder einem Gründungsberater beraten lassen. Weitere Anlaufstellen sind auch die Krankenkassen und die Vormundschaftsstelle in Ihrem örtlichen Amtsgericht.

Gründung mit Vorstrafen

Vorstrafen sind kein grundsätzliches Hindernis für die Eröffnung eines Gewerbes. Die Gewerbebehörde stuft jedoch Personen als unzuverlässig ein, die Straftaten, Ordnungswidrigkeiten, Steuerhinterziehung, Schwarzarbeit und Verstöße gegen Sozialversicherungspflichten begehen oder auf andere Weise keine Gewähr dafür bieten, dass sie ihr Gewerbe in Zukunft ordnungsgemäß ausüben werden.

Unzuverlässigkeit hat Konsequenzen:

❑ Übt der Betroffene ein genehmigungsfreies Gewerbe aus, kann die Behörde einen laufenden Gewerbebetrieb aufgrund von Unzuverlässigkeit ganz oder teilweise untersagen.

❑ Handelt es sich um ein erlaubnispflichtiges Gewerbe, kann die Behörde die bereits erteilte Konzession aufheben.

❑ Wollen Sie ein erlaubnispflichtiges oder überwachungspflichtiges Gewerbe eröffnen, bei dem Sie ein Führungszeugnis oder einen Auszug aus dem Gewerbezentralregister vorlegen müssen, können die eingetragenen Vorstrafen dazu führen, dass Sie die Erlaubnis nicht bekommen.

❑ Ein nicht erlaubnispflichtiges Gewerbe können Sie eröffnen, ohne ein Führungszeugnis vorlegen zu müssen.

Polizeiliches Führungszeugnis

Strafrechtliche Verurteilungen werden ab einem bestimmten Strafmaß ins polizeiliche Führungszeugnis eingetragen (Geldstrafen von mehr als 90 Tagessätzen, Freiheitsstrafen von mehr als drei Monaten). Vorstrafe heißt aber nicht automatisch gewerberechtliche Unzuverlässigkeit. Entscheidend ist, ob die Straftat einen Bezug zu dem ausgeübten Gewerbe hat. Eigentums- und Vermögensdelikte (Diebstahl, Betrug, Erpressung u.ä.) sind in Bezug auf Gewerbebetriebe in der Regel immer einschlägig, Verkehrsdelikte hingegen nur in Bezug auf Taxi- oder Beförderungsgewerbe. Körperverletzungsdelikte können die Erteilung einer Gaststättenkonzession verhindern.

Bei einschlägigen Vorstrafen kommt es darauf an, wie lange diese zurückliegen. Spätestens nachdem die Straftat und die Verurteilung aus dem Führungszeugnis gelöscht sind (3 bis 15 Jahre nach der ersten Verurteilung) darf die Gewerbebehörde sie nicht mehr gegen den Betroffenen verwenden. Vor diesem Zeitpunkt macht die Gewerbebehörde die Beurteilung der Zuverlässigkeit vom Einzelfall abhängig, unter anderem von der Schwere der Tat und vom späteren Verhalten des ehemaligen Straftäters. Wenn Sie wissen wollen, was in Ihrem Führungszeugnis (noch) steht und wann es eventuell gelöscht wird, können Sie Auskunft beim Bundesamt für Justiz in Bonn verlangen; Dort wird das Bundeszentralregister geführt. Auch können Sie eine Ersteinsicht in das Behördenführungszeugnis beantragen, ehe die Gewerbebehörde es erhält (www.bundesjustizamt.de). In Härtefällen ist die Beantragung der vorzeitigen Löschung von Eintragungen aus dem Führungszeugnis möglich.

Einträge im Gewerbezentralregister

Auch im Gewerbezentralregister sind Bußgeldentscheidungen (wegen im Zusammenhang mit der Gewerbeausübung begangenen Ordnungswidrigkeiten) und einige strafgerichtliche Verurteilungen sowie Gewerbeuntersagungen festgehalten. Wie Sie einige dieser Einträge frühzeitig löschen lassen können, erfahren Sie in Teil II, 2. im Abschnitt «Erlaubnispflichtige Gewerbe».

GmbH-Geschäftsführung ausgeschlossen

Wenn Sie wegen bestimmter Wirtschaftsstraftaten – etwa wegen Insolvenzverschleppung, Insolvenzstraftaten sowie Betrug oder Untreue – verurteilt worden sind, dürfen Sie nach § 6 GmbH-Gesetz für die Dauer von fünf Jahren ab Rechtskraft der Verurteilung nicht mehr GmbH-Geschäftsführer werden.

Freiberuflich selbstständig werden

Auch die Ausübung von erlaubnispflichtigen freien Berufen setzt in der Regel persönliche Zuverlässigkeit voraus, sodass bei Vorstrafen oder Verstößen gegen des Berufsrecht oder Strafgesetze die Erlaubnis oder die Zulassung verweigert wird. Um beispielsweise eine Apotheke zu eröffnen, müssen Sie erklären, dass Sie weder straf- noch berufsrechtlich vorbestraft zu sind. Ähnliche Vorschriften sind in den Berufsordnungen der Ärzte, Rechtsanwälte, Notare, Architekten, Ingenieure, Steuerberater oder Wirtschaftsprüfer enthalten. Auch die Krankenkassen verlangen teilweise Führungszeugnisse.

Mehr zum Thema

❏ Führungszeugnis: www.bundesjustizamt.de
❏ Industrie- und Handelskammer: Informationen zur Gewerbeuntersagung und zur Neugründung
❏ Kammern der Freien Berufe
❏ Bundesarbeitsgemeinschaft für Straffälligenhilfe (www.bag-straffaelligenhilfe.de). Hier sind Wohlfahrtsverbände wie Caritas, Paritätischer Wohlfahrtsverband oder das Schwarze Kreuz – Christliche Straffälligenhilfe e.V. Mitglied.

2. Der Status Ihrer Gründung

Wenden wir uns nun dem Gegenstand Ihres Unternehmens zu. Plombieren Sie Zähne, schreiben Sie Werbebroschüren oder vertreiben Sie Bioholzbetten übers Internet? Je nachdem, was Ihr Unternehmen an Dienstleistungen oder Waren anbietet, haben Sie einen bestimmten rechtlichen Status mit unterschiedlichen rechtlichen und steuerlichen Rahmenbedingungen und Pflichten. Zunächst einmal unterscheidet der Gesetzgeber zwischen freiem Beruf, Gewerbe, Handwerk und Urproduktion. Ob diese Unterscheidung heutzutage noch sinnvoll ist, kann man bezweifeln, sie hängt aber mit der historischen Entwicklung der Berufe und dem dazu gehörigen Berufsrecht zusammen.

Freie Berufe

Die freien Berufe waren schon in der Römerzeit als Artes Liberales (freie Künste) hoch angesehen. Wer Arzt, Lehrer oder Architekt war, hatte besondere Fähigkeiten und Kenntnisse und brachte der Gesellschaft mehr Nutzen als etwa ein Händler oder Handwerker. Daher genossen die Artes Liberales bestimmte Sonderrechte. Auch heute noch sind die selbstständigen Freiberufler – rund eine Million in Deutschland – privilegiert: Sie müssen kein Gewerbe anmelden, keine Gewerbesteuer zahlen und statt doppelter Buchführung und Jahresabschluss reicht eine Einnahmenüberschussrechnung. Als besondere Rechtsform steht ihnen die Partnerschaftsgesellschaft zur Verfügung. Ob Sie zu dieser Berufsgruppe gehören und welche Vorschriften Sie rund um Ihre Gründung zu beachten haben, erfahren Sie im Abschnitt »Der Weg in den freien Beruf«.

Urproduktion

Die sogenannte Urproduktion hat neben Gewerbe und freiem Beruf eine Sonderstellung. Sie umfasst die Land- und Forstwirtschaft, den Garten- und Weinbau, die Fischerei und den Bergbau, die Vieh- und Tierzucht, kurz: alle Tätigkeiten, bei denen Sie rohe Naturerzeugnisse aus dem Grund und Boden gewinnen. Die gute Nachricht: Für eine solche Tätigkeit müssen Sie kein Gewerbe anmelden.
Auch die Tätigkeiten, die aus der Urproduktion folgen, gelten nicht als Gewerbe, wenn sie eine sogenannte natürliche Einheit mit der Urproduktion bilden. Konkret bedeutet das etwa: Der Betrieb eines Hofla-

dens, in dem eigene Erzeugnisse wie Honig, Milch, Eier, etc. verkauft werden, ist kein Gewerbe.

Aber Vorsicht: Der Übergang zum Gewerbe ist fließend. Wenn Sie Ihre selbst gefangenen Fische auf dem Wochenmarkt verkaufen, ist der Verkauf gewerblich und Sie brauchen gegebenenfalls einen Gewerbeschein. Vertreiben Sie in Ihrem Hofladen nicht nur eigenes Gemüse, sondern Produkte von Zulieferern aus der ganzen Region, gelten ebenfalls die gewerberechtlichen Vorschriften, die Sie in Teil II, 2. »Der Weg zum Gewerbebetrieb« finden. Erkundigen Sie sich in jedem Fall beim Gewerbeamt, ob Sie Gewerberecht beachten müssen. Für bestimmte landwirtschaftliche Bereiche gelten überdies Spezialvorschriften wie zum Beispiel das Tierzuchtgesetz, das Tierseuchengesetz, Pflanzenschutzgesetz, Bundesnaturschutzgesetz und viele weitere. Wenn Sie sich als Forstwirt, Gärtner, Landwirt, Molkereifachmann, Pferdewirt, Revierjäger oder Tierwirt selbstständig machen wollen, ist Ihr Ansprechpartner Ihre jeweilige Landwirtschaftskammer.

Gewerbe

Gewerbe ist jede erlaubte Tätigkeit, die Sie selbstständig, regelmäßig, entgeltlich und mit der Absicht Gewinne zu erzielen ausüben. Anders gesagt: Gewerbe umfasst praktisch alles, was weder freier Beruf noch Urproduktion ist. Grundsätzlich herrscht in Deutschland Gewerbefreiheit. Wenn Sie also nicht gegen Gesetze verstoßen, dürfen Sie Geld verdienen, womit Sie wollen. Sie müssen Ihr Gewerbe lediglich der Gewerbebehörde melden, damit diese weiß, welche Gewerbe in ihrem Bezirk ausgeübt werden.

In bestimmten Gewerbzweigen allerdings ist die Gewerbefreiheit zum Schutz der Allgemeinheit oder zum Schutz Ihrer Kunden eingeschränkt. Hier brauchen Sie eine Erlaubnis der Behörde, um starten zu dürfen – und müssen hierfür Ihre persönliche Zuverlässigkeit und weitere Voraussetzungen nachweisen.

Handwerk

Das Handwerk gehört rechtlich zu den Gewerben, hat aber aufgrund seiner Geschichte ein eigenes Gesetz: die Handwerksordnung, die den diversen historisch gewachsenen Besonderheiten Rechnung trägt. Diese Besonderheiten finden Sie in Teil II, 2. Abschnitt »Gründung im Handwerk« sowie in den jeweiligen Sachkapiteln.

Teil II: Die Gründung

1. Der Weg in den freien Beruf

Ihr Status als Freiberufler

Wenn Sie aufgrund Ihrer Ausbildung und Tätigkeit zu den Freiberuflern gehören und Ihre Tätigkeit auch freiberuflich ausüben, genießen Sie gewisse Privilegien. Bei den klassischen freien Berufen (Arzt, Anwalt oder Architekt) ist das unproblematisch, schwieriger wird es bei den sogenannten »ähnlichen Berufen und Tätigkeitsberufen«. In jedem Fall als freie Berufe gelten die im Einkommensteuergesetz und im Partnerschaftsgesetz aufgezählten »Katalogberufe« (§ 18 EStG und § 1 Absatz 2 PartGG): Ärzte, Zahnärzte, Tierärzte, Heilpraktiker, Krankengymnasten, Hebammen, Heilmasseure, Diplom-Psychologen, Mitglieder der Rechtsanwaltskammern, Patentanwälte, Wirtschaftsprüfer, Steuerberater, beratende Volks- und Betriebswirte, vereidigte Buchprüfer (vereidigte Buchrevisoren), Notare, Steuerbevollmächtigte, (Vermessungs-)Ingenieure, Architekten, Handelschemiker, Lotsen, hauptberufliche Sachverständige, Journalisten, Bildberichterstatter, Dolmetscher, Übersetzer und ähnliche Berufe sowie Wissenschaftler, Künstler, Schriftsteller, Lehrer und Erzieher. Zusätzlich hat der Bundesfinanzhof (BFH) eine Reihe von »ähnlichen« Berufen und Tätigkeitsberufen definiert, die ebenfalls als freie Berufe anerkannt sind. Dazu gehören: Krankenpfleger, Musiker, medizinische Bademeister, ingenieurähnliche Bauleiter, Dirigent, Bergführer, Showmaster, Fahrschulinhaber (mit Fahrlehrererlaubnis und selbst unterrichtend), Fotodesigner, Designer, EDV-Berater, Tontechniker, Kfz-Sachverständiger, Klinischer Chemiker und viele mehr.

Um festzustellen, ob Ihre, den oben genannten vielleicht ähnliche Tätigkeit freiberuflich ist, prüft das Finanzamt, ob Ihr Beruf die gleichen Eigenschaften wie einer der Katalogberufe hat. Eine Definition liefert § 1 Abs. 2 PartG. »Die Freien Berufe haben im Allgemeinen auf der Grundlage besonderer beruflicher Qualifikation oder schöpferischer Begabung die persönliche, eigenverantwortliche und fachlich unabhängige Erbringung von Dienstleistungen höherer Art im Interesse der Auftraggeber und der Allgemeinheit zum Inhalt.«

Prüfkriterien: freiberuflich oder gewerblich?

Sind Sie wirtschaftlich selbstständig? Weisungsunabhängig? Tragen Sie das unternehmerische Risiko? Verfügen Sie über eine besondere berufliche Qualifikation? Erbringen geistig-ideelle Leistungen, und zwar persönlich? Sind Sie eigenverantwortlich und fachlich unabhängig tätig; wissenschaftlich, künstlerisch, schriftstellerisch, unterrichtend oder erziehend? Diese Fragen sind nicht immer leicht zu beantworten. Manche Berufe sind echte Zwitterfälle, zum Beispiel der Diplom-Wirtschaftsinformatiker, der je nach Tätigkeit freiberuflich oder gewerblich arbeitet. EDV-Berater hingegen werden in der Regel als Freiberufler anerkannt.

Verbindliche Auskunft vom Finanzamt

Um der Unsicherheit ein Ende zu machen, können Sie vor Ihrer Gründung beim Finanzamt eine verbindliche Auskunft über Ihren Status beantragen.

Gut zu wissen

Wenn Sie Ihre Tätigkeit in unsicheren Fällen »einfach so« und ohne Gewerbeschein beim Finanzamt anmelden, müssen Sie im schlimmsten Fall nachträglich ein Gewerbe anmelden und Gewerbesteuer nachzahlen, haben aber darüber hinaus keine weiteren Konsequenzen zu fürchten.
Auch können Sie – bei berechtigten Zweifeln an der Einstufung als Nicht-Freiberufler – gegen die Entscheidung des Finanzamts Widerspruch einlegen und bei Nichterfolg vor dem Finanzgericht auf Anerkennung als Freiberufler klagen.

Vorsicht, hier wirds gewerblich

Durch bestimmte Tätigkeiten riskieren Sie Ihren freiberuflichen Status. Um das zu vermeiden, sollten Sie mithilfe Ihres Steuerberaters vorsorgen oder auch das Finanzamt um Rat fragen. Einige klassische Fälle sind:

Einstellung von Mitarbeitern

Ein freier Beruf ist durch die verantwortungsvolle Tätigkeit des Freiberuflers gekennzeichnet. Wenn Sie wegen der Größe Ihrer freiberuflichen Praxis oder Kanzlei nicht mehr jedem einzelnen Mitarbeiter auf die Finger schauen können und Arbeit delegieren müssen, leidet die Eigenverantwortlichkeit und damit Ihr freiberuflicher Status. Hier müssen Sie vorsorgen. Eine Möglichkeit wäre es, Ihren Mitarbeiter zu einem Mitgesellschafter zu machen, den Sie allerdings mit geringeren Rechten ausstatten.

Ist Ihr angestellter Mitarbeiter ein fachfremder Freiberufler, können Sie ihn von vornherein fachlich nicht überwachen. Sie können ihn aber zu Ihrem Partner machen und mit ihm zusammen eine GbR gründen, in der Sie mehr Rechte als Ihr Partner haben.

Wenn Sie einen Gewerbetreibenden zu Ihrem Partner machen und mit ihm eine GbR gründen oder ihn als Gesellschafter in Ihre GbR aufnehmen, wird Ihre freiberufliche GbR mit diesem Schritt zum Gewerbebetrieb.

Rein unterstützende Mitarbeiter wie Sekretärinnen und Office Manager hingegen gefährden Ihren Freiberuflerstatus in der Regel nicht.

Verkauf von Waren und Gegenständen

Verkaufende Tätigkeit ist grundsätzlich gewerblich und daher gewerbesteuerpflichtig. Stellt der Verkauf allerdings nur einen Anhang der freiberuflichen Tätigkeit dar, ist auch der Verkauf nicht gewerblich, etwa wenn eine Autorin über ihre Internetseite auch hin und wieder ihre Bücher verkauft. Ist der Verkauf kein Anhang mehr, sondern ein eigenständiges Geschäft (der Übergang ist fließend), müssen Sie ein Gewerbe für Ihre gewerblichen Tätigkeiten anmelden und dieses streng getrennt von Ihrer freiberuflichen Tätigkeit führen – in Bezug auf Ihre Buchführung und Ihre Rechnungen. Lassen Sie sich vom Finanzamt beraten, was Sie in Ihrem Einzelfall beachten müssen, um Ihren freiberuflichen Status nicht zu gefährden.

Subunternehmer beauftragen

Auch gewerbliche Tätigkeiten, die Sie neben Ihrer freiberuflichen Tätigkeit ausüben, können Ihren Status beeinträchtigen. Unproblematisch sind freiberufliche Selbstständigkeit und Gewerbe, wenn sie in gänzlich anderen Bereichen stattfinden; etwa der Betrieb eines gewerblichen Internetshops in Kombination mit freiberuflicher Schülernachhilfe. Gewerbliche Tätigkeiten, die im Gesamtpaket mit der freiberuflichen Leistung angeboten werden, müssen separat abgerechnet werden.

Nimmt ein Freiberufler Leistungen von Subunternehmern in Anspruch, schadet das seinem freiberuflichen Status nicht, solange er aufgrund eigener Fachkenntnisse leitend und eigenverantwortlich tätig ist.

Aus der Praxis

Lektorin und Redakteurin Lisa Graf-Riemann (www.graf-riemann.de), die als Packagerin und Producerin Komplettpakete für Kunden abwickelt (CD-ROMs, Reihentitel für Lehrwerke, Quizboxen, Reiseführer) und dazu die Leistungen von anderen Freiberuflern (Autoren, Drehbuchschreibern, Illustratoren, Fotografen) einkauft, erhält sich ihren Status als Freiberuflerin, weil sie die Gesamtverantwortung für das Projekt trägt und nicht als reine Vermittlerin tätig ist, die an der Vermittlerprovision verdient. Die Fremdkosten verbucht sie als Betriebsausgaben.

Mehr zum Thema

❏ Bundesverband der freien Berufe (www.freie-berufe.de)
❏ IHK Frankfurt: www.frankfurt-main.ihk.de, Suchwortkombination: »Abc der freien Berufe«

❑ BMWi: Gründerzeiten Nr. 45 »Qualifiziert und unabhängig: Existenzgründungen durch freie Berufe« mit einer Liste freier Berufe.

❑ »Mediafon-Ratgeber für Selbstständige (www.mediafon.de, Stichwort Ratgeber).

❑ Institut für Freie Berufe in Nürnberg (www.ifb-gruendung.de, Tel. 0911/23 565-0).

Fahrplan zur Gründung

Nehmen Sie einen freien Beruf – egal welcher Art – auf, müssen Sie dies (laut § 138 Abs. 1 Satz Abgabenordnung (AO)) binnen eines Monats nach Beginn Ihrer Tätigkeit Ihrem zuständigen Finanzamt melden. Bei Einzelpersonen ist dies das Finanzamt ihres Wohnsitzes oder gewöhnlichen Aufenthaltsortes. Ihre Meldung beinhaltet die Art der aufgenommenen Tätigkeit bzw. die Eröffnung eines bestimmten Büros.

Nach der Anzeige beim Finanzamt fordert das Amt Sie auf, Ihren voraussichtlichen Umsatz und Ihren Gewinn zu schätzen. Aufgrund Ihrer Angaben setzt das Finanzamt eventuell Steuervorauszahlungen auf die Einkommensteuer, Kirchensteuer und den Solidaritätszuschlag fest. Bislang teilte das Finanzamt frisch gebackenen Selbstständigen eine neue Steuernummer zu, die aber in Zukunft sukzessive durch die einheitliche, lebenslang gültige Identifikationsnummer für Steuerpflichtige ersetzt werden wird. Das Bundeszentralamt für Steuern hat die elfstelligen Nummern bis Ende 2008 verschickt und die meisten Deutschen haben daher bereits ihre Nummer erhalten. Wer noch keine solche bekommen hat, sollte sie per Mail (info@identifikationsmerkmal.de) oder schriftlich beim Bundeszentralamt für Steuern, 53221 Bonn, beantragen.

Wirtschaftlich tätige Personen – also natürliche Personen, die wirtschaftlich tätig sind, juristische Personen und Personenvereinigungen – sollen in Zukunft zusätzlich eine Wirtschaftsidentifikationsnummer erhalten. Das Finanzamt beantragt diese Nummer beim Bundeszentralamt für Steuern. Wann genau diese eingeführt wird, stand zum

Zeitpunkt der Drucklegung noch nicht fest, Informationen darüber erhalten Sie unter der Telefonnummer des Amts, 0228/406-1200 oder im Internet (www.bzst.de).

Anbei: Wenn Sie später Ihr Unternehmen verlegen, den Gegenstand Ihrer Tätigkeit ändern oder aufgeben, müssen Sie diese Veränderungen ebenfalls an das Finanzamt weitergeben.

Weitere Behörden

Mit welchen Behörden Sie es als Freiberufler unter Umständen noch zu tun haben und was Sie dabei beachten müssen, finden Sie en Detail in Teil II, 2. »Der Weg zum Gewerbebetrieb« im Abschnitt »Behördenfahrplan: Weitere Anlaufstellen bei der Gründung«. Weitere für Sie – je nach Einzelfall – relevante Behörden sind etwa: Handelsregister, Industrie- und Handelskammer, Berufsgenossenschaft, Arbeitsagentur, Ausländerbehörde, Krankenversicherung, Bauaufsichtsbehörde, Polizei oder Sondernutzungsabteilung der Stadtverwaltung, Gesundheitsamt oder Arbeitsschutzbehörde.

Zulassungs- oder erlaubnispflichtige freie Berufe

Ähnlich wie bestimmte Gewerbe eine Gewerbeerlaubnis, brauchen bestimmte Freiberufler eine Erlaubnis oder Zulassung durch die jeweils zuständige Stelle, damit sie ihre Tätigkeit überhaupt ausüben dürfen. Welche Anforderungen sie dafür erfüllen müssen, ist individuell für den jeweiligen Beruf in Gesetzen und Berufsordnungen geregelt. In der Regel finden sich dort als Voraussetzung für die Erlaubnis das Absolvieren einer bestimmten Form von Ausbildung, das Nachweisen festgelegter sachlicher und persönlicher Voraussetzungen und die Anerkennung der Tätigkeit durch eine für den jeweiligen Freiberufler zuständige Stelle.

Für die akademischen freien Berufe zuständig und für das Ausstellen des Anerkennungsnachweises verantwortlich sind die berufsständischen Kammern, für die vereidigten Sachverständigen die IHK, für Heilpraktiker das Gesundheitsamt und für Heilmittelerbringer die Bezirksregierung beziehungsweise das Regierungspräsidium. In letzterem Fall benachrichtigt das Finanzamt nach Ihrer Anmeldung von

sich aus die zuständige Stelle oder Berufskammer. Manche Freiberufler aber – etwa Künstler oder Unternehmensberater – müssen auch
keine gesetzlich vorgeschriebenen Qualifikationen nachweisen und
können einfach mit dem Arbeiten beginnen.

Honorare und Werbung

Bei den durch Berufsgesetze besonders reglementierten freien Berufen
ist nicht nur die Zulassung, sondern auch die Vergütung der freiberuflichen Leistung besonders geregelt: Das Honorar richtet sich nach den
Gebühren- oder Honorarordnungen für die jeweiligen Berufsgruppen.
Viele Freiberufler umgehen zwar die Honorarordnungen, um günsti-
gere Preise anbieten oder höhere Honorare einfordern zu können,
doch in vielen Fällen bilden sie die Grundlage der Abrechnung. Einige
Honorarordnungen finden Sie auf den nächsten Seiten unter den
einzelnen Berufsgruppen aufgeführt. Heilmittelerbringer wie Hebammen, Masseure oder Krankengymnasten, die mit den Krankenkassen
abrechen, haben eigene Gebührenordnungen. Eine weitere Besonderheit besteht im Hinblick auf die Werbung. Angehörige der reglementierten freien Berufe dürfen nur eingeschränkt werben. Mehr dazu
lesen Sie in Teil III, 2. »Der Konkurrenz voraus – Werbung und
Marketing«.

Künstler und Publizisten

Wer sich mit einem künstlerischen oder publizistischen Beruf selbstständig macht, muss außer der Meldung beim Finanzamt keine
Zulassungsvoraussetzungen erfüllen. Wer aber parallel zur freiberuflichen Tätigkeit ein Gewerbe ausübt, braucht für diesen Bereich dennoch einen Gewerbeschein. Das wäre zum Beispiel der Fall, wenn eine
Lektorin (Freiberuflerin) nebenbei einen Schreibdienst anbieten würde, also das Abtippen von Interviews oder Aufnahmen aus Diktierge-
räten.

Künstlersozialkasse

Als Künstler oder Publizist sind Sie bei der → Künstlersozialkasse sozialversicherungspflichtig. Künstler sind nach dem Künstlersozialversicherungsgesetz Personen, die Musik, darstellende oder bildende Kunst schaffen, ausüben oder lehren. Publizisten sind Schriftsteller, Journalisten oder in anderer Weise publizistisch tätige oder Publizistik lehrende Personen.

Eine Liste entsprechender Berufe findet sich auf der Website der Künstlersozialkasse (www.kuenstlersozialkasse.de):

»Im Bereich Musik: Komponist; Texter, Librettist; Musikbearbeiter, Arrangeur; Kapellmeister, Dirigent; Chorleiter; Instrumentalsolist in der »ernsten Musik«; Orchestermusiker in der »ernsten Musik«; Opern-, Operetten-, Musicalsänger; Lied- und Oratoriensänger; Chorsänger in der »ernsten Musik«; Sänger in Unterhaltungsmusik, Show, Folklore; Tanz- und Popmusik; Unterhaltungs- und Kurmusiker; Jazz- und Rockmusiker; Künstlerischer-technischer Mitarbeiter im Bereich Musik; Pädagoge oder Ausbilder im Bereich Musik; Alleinunterhalter; Ähnliche selbstständige künstlerische Tätigkeit im Bereich Musik.

Im Bereich bildende Kunst/Design: Bildhauer; Experimenteller Künstler/Objektemacher; Maler, Zeichner, künstlerischer Grafiker; Portrait-, Genre-, Landschaftsmaler; Performance-/Aktionskünstler; Videokünstler; Künstlerischer Fotograf, Lichtbildner, Fotodesigner; Karikaturist, Trick- und Comiczeichner, Illustrator; Grafik-, Mode-, Textil-, Industrie-Designer; Layouter; Werbefotograf; Keramiker, Glasgestalter; Gold- und Silberschmied, Emailleur; Textil-, Holz-, Metallgestalter; Graveur; Pädagoge oder Ausbilder im Bereich bildende Kunst.

Im Bereich darstellende Kunst: Ballett-Tänzer, Ballett-Meister; Schauspieler, Sprecher, Kabarettist; Moderator, Rezitator; Puppen-, Marionetten-, Figurenspieler; Conférencier, Entertainer, Quizmaster; Unterhaltungskünstler, Artist; Regisseur, Filmemacher, Choreograph; Dramaturg; Bühnen-, Film-, Kostüm-, Maskenbildner; Regieassistent; Künstlerisch-technischer Mitarbeiter im Bereich darstellende Kunst; Pädagoge oder Ausbilder im Bereich darstellende Kunst; Theaterpädagoge; Ähnliche selbstständige künstlerische Tätigkeit im Bereich darstellende Kunst.

Im Bereich Wort: Schriftsteller, Dichter; Autor für Bühne, Film, Funk und Fernsehen; Lektor; Journalist, Redakteur; Bildjournalist, Bildberichterstatter, Pressefotograf; Kritiker; Wissenschaftlicher Autor; Fachmann/-frau für Öffentlichkeitsarbeit oder Werbung; Übersetzer, Bearbeiter; Pädagoge, Ausbilder im Bereich Publizistik; Ähnliche selbstständige publizistische Tätigkeit.«

Unfallversicherung

Eine Pflichtmitgliedschaft in der Unfallversicherung besteht für Fotografen und Grafiker. Für sie ist die Berufsgenossenschaft Druck und Papierverarbeitung (www.bgdp.de) zuständig.

Die übrigen Künstler und Publizisten können sich freiwillig in der Berufsgenossenschaft versichern. Zuständig für Freiberufler in Medienberufen ist die VBG (www.vbg.de).

Lehrer

Lehrer mit einer qualifizierten Ausbildung und Tätigkeit gehören zum Katalog der freien Berufe, aber es gibt dennoch verschiedene Lehrberufe, für die dies nicht oder nur teilweise gilt. Eine Ausbildung zum staatlich geprüften Gymnastiklehrer oder eine Fahrlehrererlaubnis etwa qualifiziert zunächst zum freien Beruf. Je nach Art der Tätigkeit arbeiten die Lehrer jedoch gewerblich. Wer beispielsweise als Gymnastiklehrer ein Fitness- oder Bodybuildingstudio eröffnet, in dem er praktisch nicht mehr unterrichtet, sondern seine Kunden nur noch ins Gerätetraining einweist, muss ein Gewerbe anmelden. Beantragen Sie im Zweifelsfall – wie zuvor empfohlen – eine verbindliche Auskunft vom Finanzamt.

Lehrkräfte in Gesundheitsberufen

Möchten Sie in einem zulassungspflichtigen oder reglementierten Gesundheitsberuf unterrichten, richtet Ihre Lehrbefugnis sich nach den jeweiligen Ausbildungsvorschriften. Mehr dazu später bei den reglementierten Berufen. Für Informationen zu Ausbildungen im Gesundheitswesen und die dortige Zulassung als Ausbilder ist die Schulaufsichtsbehörde der richtige Ansprechpartner. Dies gilt etwa für Rettungsassistentinnen, Pfleger, Podologen, Hebammen, Ergotherapeuten und Physiotherapeuten. Dass Heilberufler von der Umsatzsteuer befreit sind und ihre Leistungen teilweise von den Krankenkassen erstattet werden, macht sie zu interessanten Geschäftspartnern für Fitnessstudios.

Gründung einer privaten Bildungseinrichtung

Beliebt bei Lehrenden und mit vergleichsweise wenig Aufwand verbunden ist die Gründung eines privaten Instituts, sei es für Nachhilfe, Gesundheitsfragen, EDV-Wissen, Yoga oder Erwachsenenbildung. Ein solches Institut oder eine Akademie können Sie einfach und unbürokratisch eröffnen. Wenn Sie Leute finden, die Ihre Kurse bezahlen, können Sie im Prinzip fast alles anbieten, was Ihnen in den Sinn kommt. Und: Eine Vielzahl erfolgreicher Bildungsanbieter ist als → Franchisegeber unterwegs. Ein lukratives Modell also. Was den Status Ihrer Tätigkeit anlangt, müssen Sie jedoch aufpassen. Unterrichten Sie nicht mehr selbst, sondern managen nur noch das Institut und überlassen den Unterricht Honorarkräften, sind Sie nicht länger Freiberufler, sondern Gewerbetreibender. Halten Sie auch hier früh Rücksprache mit dem Finanzamt.

Gesetzliche Qualifikationsanforderungen für solche außerschulischen Weiterbildungsangebote gibt es grundsätzlich keine – auch für das Ausstellen von Zertifikaten oder Gütesiegeln gibt es keine gesetzlichen Mindestanforderungen oder Rahmenbedingungen.

Denken Sie allerdings an die Genehmigung Ihrer Betriebsstätte (s. Teil II, 6. »Standort und Geschäftsräume«). Sobald Sie in Ihrer Bildungseinrichtung Publikumsverkehr haben, brauchen Sie eventuell eine Nutzungsgenehmigung der Baubehörde, Parkplätze, etc. Manche Baubehörden reagieren mit erhöhten Anforderungen, wenn Sie Ihrem Institut die Bezeichnung »Schule« geben. Wie immer lautet die Empfehlung: Reden Sie mit den Behördenmitarbeitern und klären, was für Ihr Gründungsvorhaben nötig und möglich ist.

Höhere Anforderungen müssen Sie bewältigen, wenn Sie tatsächlich eine Privatschule gründen wollen. Hierfür gelten nämlich die landesrechtlichen Privatschulgesetze, die Sie über www.gesetze-im-internet.de finden. Informationen dazu erhalten Sie bei den Landesschulministerien.

Sogenannte allgemeine politische, berufliche und kulturelle Weiterbildungseinrichtungen à la Volkshochschule, Familienbildungsstätte oder Fortbildungswerk unterliegen den Weiterbildungsgesetzen der Bundesländer, die Anerkennung und Aufsicht durch die jeweilige Schulaufsichtsbehörde (Bezirksregierung oder Regierungspräsidium) vorschreiben. Im Gegenzug können diese Einrichtungen öffentliche Fördermittel beantragen. Ein Rechtsanspruch auf Förderung besteht allerdings nicht. Die Voraussetzungen für die Förderung legen die Bundesländer nach Maßgabe ihrer Weiterbildungsgesetze fest. Das Weiterbildungsgesetz Sachsen setzt beispielsweise voraus, dass die Bildungseinrichtung nach Ziel und Inhalt ihrer Veranstaltungen mit der freiheitlich-demokratischen Grundordnung im Sinne des Grundgesetzes im Einklang steht; ausschließlich und nicht nur auf Spezialgebieten Weiterbildungsmaßnahmen anbietet; grundsätzlich jedermann offensteht; Gewähr für eine erfolgreiche und dauerhafte Bildungsarbeit bietet und von einer nach Vorbildung und Werdegang geeigneten Person geleitet wird. Eine Förderung ist ausgeschlossen, wenn mit der Bildungseinrichtung Gewinnerzielung betrieben werden soll oder sie von gewerblichen Unternehmen betrieben wird oder ganz oder überwiegend der beruflichen Fortbildung dient. Eine Übersicht über die Weiterbildungsgesetze oder Verordnungen Ihres Bundeslandes und das Informationsangebot Ihres jeweiligen Schul- und Kultusministeriums finden Sie über den deutschen Bildungsserver (www.bildungsserver.de), wenn Sie unter dem Suchpunkt »Themen – Übergreifende Informationen« unter dem Punkt »Bildungspolitik« die Ministerien und Schulaufsichtsbehörden aufrufen.

Kurse für Arbeitslose: Anerkennung von der Arbeitsagentur

Wenn Sie berufliche Weiterbildung anbieten wollen und Ihre Teilnehmer die Kurse vom Arbeitsamt bezuschusst kriegen sollen – was ein lukratives Geschäftsmodell sein kann – müssen Ihr Institut und das jeweilige Unterrichtsangebot von der Arbeitsagentur anerkannt werden. Um für jeweils drei Jahre anerkannt zu werden, wenden Sie sich an eine von der Arbeitsagentur benannte Zertifizierungsstelle Ihrer Wahl (www.arbeitsagentur.de, Stichwort »Fachkundige Stelle« oder »Zertifizierung«). Diese überprüft Ihre Eignung und Zuverlässigkeit (was genau, steht in der Verordnung über das Verfahren zur Anerkennung von fachkundigen Stellen sowie zur Zulassung von Trägern und Maßnahmen der beruflichen Weiterbildung nach dem Dritten Buch Sozialgesetzbuch) und anschließend erhalten Sie eine Urkunde, auf der steht: »Zugelassener Träger für die Förderung der beruflichen Weiterbildung nach dem Recht der Arbeitsförderung«.

Berater

Damit das Finanzamt Sie als Freiberufler anerkennt, muss Ihre Beratung eine Tätigkeit höherer Art sein und Sie müssen selbstständig, unabhängig und aufgrund einer qualifizierten Ausbildung oder eines Studiums beraten. Nur der beratende Volks- und Betriebswirt ist im EStG als freier Beruf aufgezählt. Andere Berater müssen dem Finanzamt ihre einschlägige Vorbildung und Tätigkeit nachweisen. Die Alternative zum freien Unternehmensberater ist der gewerbliche Unternehmensberater. Hierfür können Sie einfach ein gewerbesteuerpflichtiges Gewerbe anmelden.

Der Beratungsvertrag mit Ihren Kunden ist in der Regel ein Dienstvertrag, teilweise mit werkvertraglichen Elementen. Beispielsweise wird als vertraglich geschuldeter Erfolg der Beratung vereinbart, dass eine bestimmte Kosteneinsparung erreicht werden soll. Honoriert werden in der Regel jedoch die geleisteten Beratungsstunden und nicht der Erfolg. Musterverträge erhalten Sie beispielsweise beim Bundesverband deutscher Unternehmensberater (www.bdu.de).

Rechtlich heikel wird es, wenn Sie Ihre Klienten rechtlich oder steuerlich beraten. Rechtsberatung ist nämlich nur in Ausnahmefällen erlaubt, beispielsweise als Nebenleistung einer Fördermittelberatung nach § 5 Rechtsdienstleistungsgesetz. Die Steuerberatung ist Steuerberatern und Wirtschafsprüfern vorbehalten. Geben Sie beispielsweise als lediglich studierter Betriebswirt dennoch Steuertipps, ist Ihr Verhalten wettbewerbswidrig und kann zu Abmahnungen von Konkurrenten oder einer Geldbuße führen.

Eine Berufshaftpflichtversicherung ist für Berater nicht vorgeschrieben, aber sinnvoll.

Unternehmensberater

Da die Berufsbezeichnung Berater nicht geschützt ist, darf sich im Prinzip jeder Unternehmens-, Strategie-, Personal-, Wirtschafts-, Betriebsberater oder Consultant nennen. Es existiert rein rechtlich weder eine förmliche Zulassung noch eine bestimmte Ausbildung. Möchten Sie jedoch als seriöser Berater wahrgenommen werden, sollten Sie die Grundsätze für die Berufsausübung der Unternehmensberaterverbände beachten, welche unter anderem (finanzielle) Unabhängigkeit, Objektivität, Kompetenz und Vertraulichkeit vorschreiben. Zudem stellt die Mitgliedschaft in einem angesehenen Verband eine Art von Gütesiegel Ihrer Beratung dar. Der größte Verband, der Bundesverband deutscher Unternehmensberater (www.bdu.de), nimmt Sie zwar erst nach dreijähriger Selbstständigkeit auf, zuvor können Sie jedoch eine Art Juniormitgliedschaft beantragen oder entsprechend Ihrer anvisierten Klienten auch einen anderen Verband wählen – die Vereinigung beratender Betriebs- und Volkswirte (www.vbw.de) etwa.

Andere wirtschaftsberatende Berufe

Nur die wenigsten weiteren wirtschaftsberatenden Berufe sind als freier Beruf anerkannt. Als zu den freien Berufen gehörig sind beispielsweise die beratenden Ingenieure und die beratenden Volks- und Betriebswirte anerkannt.

Bei weiteren Beratungstätigkeiten, Coaching, Lebensberatung und Ähnlichem hängt es dagegen von Ihrer Ausbildung, Ihren Fachkenntnissen und Ihrer Tätigkeit ab, ob das Finanzamt Ihre Tätigkeit als freiberuflich anerkennt oder Sie als gewerblich einstuft. Neben dem Finanzamt kann Ihnen hier auch das Institut für Freie Berufe (www.ifb-gruendung.de, Tel. 0911/23 565-0) weiterhelfen.

Heilberufe

Ähnlich wie bei den erlaubnispflichtigen Gewerben dürfen Sie in den Heilberufen nur gründen, wenn sie im jeweiligen Gesetz vorgeschriebene Erlaubnis oder Berufszulassung besitzen. Diese setzt in der Regel eine bestimmte Ausbildung, persönliche Zuverlässigkeit und gesundheitliche Eignung voraus. Bei den verkammerten Heilberufen (Ärzte, Apotheker, Psychotherapeuten) stellen die Kammern den Anerkennungsnachweis aus, bei den Heilpraktikern das Gesundheitsamt und bei den Heilmittelerbringern die Bezirksregierung beziehungsweise das Regierungspräsidium. Wer Leistungen mit der gesetzlichen oder privaten Krankenkasse abrechnen will, braucht zusätzlich eine Zulassung der Krankenkasse. Wer eine solche nicht erhalten kann oder will und demnach auf eine Kassenzulassung verzichtet, muss sich nur beim Finanzamt anmelden. In diesem Fall muss er sich auf Privatpatienten und Selbstzahler beschränken oder einen Behandlungsvertrag mit einer zugelassenen Praxis abschließen, die ihrerseits mit der Kasse abrechnet.

Zulassung durch die Krankenkasse

Damit die Krankenkassen Ihre Leistungen erstatten, müssen Sie als Selbstständiger in Heilberuf und Heilmittelerbringung die Zulassungsvoraussetzungen der Krankenkassen erfüllen. Diese sind:

❏ Nachweis geeigneter Praxisräume durch Skizze und Mietvertrag. Wichtig: Zusätzlich zu den Kassenvorschriften müssen Ihre Praxisräume auch baurechtliche Vorschriften erfüllen. Mehr dazu finden Sie in Teil II, 6. »Standort und Geschäftsräume«.
❏ Anmeldung beim Gesundheitsamt
❏ Anmeldung bei der Berufsgenossenschaft

❑ Nachweis der Berufshaftpflicht
❑ Gesundheitszeugnis
❑ Nachweis der persönlichen Zuverlässigkeit durch Vorlage eines Führungszeugnisses
❑ Ausbildungszeugnis
❑ Eventuell Anerkennung der Ausbildung
❑ Institutionskennzeichen. Diese Nummer erhalten Sie bei der SVI – Sammel- und Verteilungsstelle IK der Arbeitsgemeinschaft Institutionenkennzeichen (www.arge-ik.de, svimail@dguv.de)

Eine Besonderheit für Heilberufe und Erbringer von Heildienstleistungen besteht bei der Umsatzsteuer. Gemäß § 4 Umsatzsteuergesetz (UStG) unterliegen Tätigkeiten in Heilberufen und sozialen Diensten nicht der Umsatzsteuer. Allerdings ist nur die Heilbehandlung von Kranken von der Umsatzsteuer befreit. Das macht die Zusammenarbeit mit Wellnesszentren und Fitnessstudios steuerlich attraktiv. Auf rein kosmetische oder präventive Behandlungen fällt allerdings grundsätzlich Umsatzsteuer an. Informieren Sie sich im Zweifelsfall beim Finanzamt, um Umsatzsteuernachzahlungen zu vermeiden.

Ärzte, Therapeuten & Co

Ärzte brauchen nach der Bundesärzteordnung eine Approbation als Arzt, welche eine bestimmte Ausbildung voraussetzt sowie die Mitgliedschaft in der Ärztekammer. Um sich als selbstständiger Kassenarzt niederzulassen, brauchen Sie eine Zulassung als Vertragsarzt der Krankenkassen, die Sie nur dann erhalten, wenn vor Ort ein bestimmter Versorgungsgrad nicht überschritten wird. Ihre Honorare richten sich nach der Gebührenordnung für Ärzte (GOÄ).

Um als Arzt ohne Kassenzulassung tätig zu sein, reicht eine Anmeldung beim Finanzamt aus. Für Zahnärzte ist eine Bestellung als Zahnarzt nach dem Zahnheilkundegesetz Berufsausübungsvoraussetzung. Tierärzte brauchen eine Zulassung nach der Bundestierärzteordnung.

Psychologische Psychotherapeuten sowie heilkundliche Kinder- und Jugendlichenpsychotherapeuten brauchen eine Approbation als PT, die ein Studium und eine angeschlossene Zusatzausbildung vorschreibt. Einzelheiten regelt das Psychotherapeutengesetz. Weitere Informationen zu den rechtlichen Rahmenbedingungen einer Krankenkassenzulassung erhalten Sie bei der Bundespsychotherapeutenkammer (www.bptk.de).

Heilpraktiker benötigen eine Zulassung zur Ausübung der Heilkunde nach dem Heilpraktikergesetz und den dazugehörigen Durchführungsverordnungen.

Hebammen oder ihr männliches Pendant, der Entbindungspfleger, bedürfen einer Erlaubnis nach dem Hebammengesetz plus der Durchführungsverordnungen. Voraussetzung ist eine Ausbildung als Hebamme beziehungsweise Entbindungspfleger.

Krankenschwestern und Krankenpfleger benötigen eine Erlaubnis nach dem Gesetz über die Berufe in der Krankenpflege (KrPflG) und eine Bescheinigung, dass sie die darin vorgeschriebene Ausbildung absolviert haben.

Heilmittelerbringer

Zu den Heilmittelerbringern gehören Berufe, die persönlich Heilmaßnahmen erbringen. Im Gegensatz zu Ärzten und Apothekern müssen sie keiner Kammer beitreten. Das Recht ihren Beruf auszuüben und die Berufsbezeichnung zu tragen, richtet sich nach den folgenden aufgeführten Berufsausbildungsgesetzen. Um gegenüber der Kasse abrechnen zu können, müssen die Heilmittelerbringer von der Kasse zugelassen werden und dafür die oben beschriebenen Zulassungsvoraussetzungen der Krankenkasse erfüllen, d.h. in der Regel geeignete Praxisräume nachweisen.

Gut zu wissen: Von gesetzlichen Krankenkassen zugelassene Heilberufe

Bei den gesetzlichen Krankenkassen sind ausschließlich die vier folgenden Heilmittelerbringer zugelassen: Krankengymnasten (Physiotherapeuten), Masseure und medizinische Bademeister.

Krankengymnasten brauchen zur Ausübung ihres Berufs eine Erlaubnis nach dem Masseur- und Physiotherapeutengesetz, die erteilt wird, wenn sie die Ausbildung, Zuverlässigkeit und gesundheitliche Eignung nachweisen.

Logopäden (Stimm-, Sprech- und Sprachtherapeuten) benötigen zur Berufsausübung eine Erlaubnis nach dem Gesetz über den Beruf des Logopäden, welches ebenfalls Ausbildung, Zuverlässigkeit und gesundheitliche Eignung vorschreibt. Ergotherapeuten brauchen zur Ausübung ihres Berufes eine Erlaubnis nach dem Ergotherapeutengesetz.

Medizinische Fußpfleger beziehungsweise Podologen benötigen zur Berufsausübung eine Erlaubnis nach dem Podologengesetz, welche Ausbildung, Zuverlässigkeit und gesundheitliche Eignung vorschreibt.

Mehr zum Thema

❏ Informationen erhalten Sie bei der Krankenkasse, beispielsweise bei der AOK: www.aok-gesundheitspartner.de, Stichwort »Zulassung«.
❏ BMWi: Gründerzeiten Nr. 55 »Existenzgründungen im sozialen Bereich«.

Anwälte, Steuerberater und Wirtschaftsprüfer

Die Berufsausübung als Rechtsanwalt, Steuerberater und Wirtschaftsprüfer ist mit einer Pflichtmitgliedschaft in der jeweiligen Kammer verbunden.

Rechtsanwalt

Voraussetzung zur Ausübung dieses Berufs ist die Befähigung zum Richteramt (Bestehen des 1. und 2. juristischen Staatsexamens) und Zulassung als Rechtsanwalt nach der Bundesrechtsanwaltsordnung (BRAGO). Rechtsanwälte sind Pflichtmitglied in der Rechtsanwaltskammer und dem Versorgungswerk der Rechtsanwälte und richten ihre Honorarsätze nach der Gebührenordnung für Rechtsanwälte (BRAGO).

Weitere Informationen erhalten Sie bei der Bundesrechtsanwaltskammer (www.brak.de) und im DAV-Ratgeber »Erfolgreicher Einstieg in den Anwaltsberuf« vom Deutschen Anwaltverein – zu bestellen gegen Schutzgebühr von 5 Euro, Deutscher Anwaltverein, Littenstraße 11, 10179 Berlin, dav@anwaltverein.de.

Steuerberater

Um sich Steuerberater nennen und als solcher arbeiten zu dürfen, müssen Sie das Steuerberaterexamen abgelegt haben und von der Steuerberaterkammer bestellt sein. Dort sind Sie Pflichtmitglied ebenso wie im Versorgungswerk der Steuerberater. Steuerberatergesellschaften benötigen eine Anerkennung nach dem Steuerberatungsgesetz. Das Honorar richtet sich nach der Steuerberatergebührenverordnung (StbGebVO).

Mehr Informationen erhalten Sie bei der Bundessteuerberaterkammer, u.a. in der Broschüre »Werden Sie Steuerberater! Werden Sie Steuerberaterin!« (www.bstbk.de).

Wirtschaftsprüfer

Um sich als Wirtschaftsprüfer bezeichnen und als solcher arbeiten zu dürfen, müssen Sie das verdammt schwere Wirtschaftsprüferexamen bestanden haben (was von den rund 500 Kandidaten pro Jahr regelmäßig nur die Hälfte schafft) und Sie müssen anschließend von der Wirtschaftsprüferkammer gemäß der Wirtschaftsprüferberufsordnung bestellt werden. Wirtschaftsprüfer sind Pflichtmitglied in der Wirtschaftsprüferkammer (www.wpk.de) und im Versorgungswerk der Wirtschaftsprüfer. Für vereidigte Buchprüfer ist die Anerkennung nach § 128 WiPrO erforderlich. Nähere Informationen zu beiden Berufen erhalten Sie bei der Wirtschaftsprüferkammer (www.wpk.de).

Ingenieure und Architekten

Wer sich als Architekt oder Ingenieur selbstständig machen möchte, muss nach den landesrechtlichen Architekten- bzw. Ingenieurgesetze sowie den landesrechtlichen Baukammergesetzen (BauKaG) die Berechtigung zur Führung der Berufsbezeichnung Architekt oder Ingenieur nachweisen: etwa den Abschluss eines Architekturstudiums und Eintragung ins Berufsverzeichnis der Architektenkammer, die in Architektenliste und Stadtplanerliste unterteilt ist. Auch als Selbstständiger müssen Sie sich ständig fortbilden, dies schreiben die Berufsordnungen sowohl für Architekten als auch für Ingenieure vor. Ferner verpflichten die Berufsordnungen Architekten zu berufswürdigem Verhalten. So muss ein freier Architekt etwa seinem Auftraggeber gegenüber Tätigkeiten oder geschäftliche Beteiligungen, die ihn bei seinen fachlichen Entscheidungen beeinflussen, offenlegen. Das wäre beispielsweise der Fall, wenn er zugleich für einen Hersteller von Baumaterial und einen Wohnungsbaukonzerntätig wäre.Architekten können freiberuflich oder gewerblich tätig sein – oder gar unter beide Regelungen fallen. Baubetreuung oder die Tätigkeit als Bauherr durch Architekten oder Ingenieure ist im Allgemeinen ein gemäß § 34c GewO erlaubnispflichtiges Gewerbe – es sei denn, die Baubetreuung und Überwachung ist nur Anhängsel des Planungs- und Architektenvertrags. Freiberufliche Architektenverträge hingegen können unterschiedliche Inhalte haben: den Entwurf und die Planung von Gebäuden, Brücken, Fabriken und anderen Konstruktionen; von Innenräumen; von Gärten und Landschaften und Städteplanung.

Als Pflichtmitglied der Architekten- bzw. Ingenieurkammer werden Architekten und Ingenieure automatisch Mitglied im Versorgungswerk. Bei Ingenieuren führt das jedoch nicht zur Befreiung von der Rentenversicherungspflicht (s. Teil III, 8., Abschnitt »Versorgungswerke der freien Berufe«). Mit Aufnahme ihrer Tätigkeit sind beide Berufsgruppen zum Abschluss einer Berufshaftpflichtversicherung verpflichtet; ihre Honorare berechnen sie nach der Honorarordnung für Architekten und Ingenieure (HOAI).

Mehr zum Thema

❏ Bundesarchitektenkammer (www.bak.de, Tel. 030/26 39 44-0)
❏ Bundesingenieurkammer (www.bundesingenieurkammer.de, Tel. 030/25 34 29 00) mit Hinweisen zu weiteren Verbänden

2. Der Weg zum Gewerbebetrieb

Bevor Sie zum Gewerbeamt marschieren und Ihr Gewerbe anmelden, sollten Sie sich einen persönlichen Behördenwegweiser erstellen, damit Sie keine Genehmigungen vergessen haben, wenn Sie loslegen wollen. Tipps, von wem Sie sich bei der Erstellung eines solchen Plans helfen lassen können, finden Sie in Teil IV.

Checkliste: Behördenwegweiser

❏ Status Ihrer Gründung geklärt? (verbindliche Auskunft von Finanzamt, ob freiberuflich oder gewerblich).
❏ Richtige Reihenfolge? Wenn Sie mit Geld vom Arbeitsamt gründen, müssen Sie den Antrag auf den Gründungszuschuss nämlich abholen, bevor Sie Ihr Gewerbe anmelden.
❏ Gewerbeerlaubnis/Berufserlaubnis für Freiberufler: Liegen alle Sachkundenachweise, Unterrichtungsnachweise und Haftpflichtversicherungen vor? Sind alle Auflagen erfüllt (Lärmschutz, Einbau einer Rampe)? Vorsicht, Tätigkeit darf erst aufgenommen werden, wenn auch die letzte Genehmigung vorliegt.
❏ Zeitlicher Aspekt: Anerkennung von Berufsausbildungen oder Fortbildungen durch die zuständigen Behörde kann Wochen dauern.
❏ Betriebsstätte in Ordnung? Umbau macht Baugenehmigung erforderlich.
❏ Handelsregister: Ist der Unternehmensname zulässig?
❏ Ausländische Mitarbeiter: Arbeitserlaubnis vorhanden?

In den folgenden Abschnitten finden Sie alle Einzelschritte und alle Behörden auf dem Weg zum Gewerbebetrieb beschrieben.

Gewerbeart bestimmen und Gewerbe anmelden

Das Gesetz unterscheidet zwischen stehendem Gewerbe (mit fester Betriebsstätte), Reisegewerbe und Marktverkehr (Teilnahme an Märkten, Messen und Ausstellungen). Für das Reisegewerbe und den Marktverkehr gibt es Sondervorschriften, die Sie später beschrieben finden. Ansonsten gelten die nachfolgend beschriebenen Schritte zu Ihrem Gewerbe. Im Folgenden erfahren Sie, mit welchen Behörden Sie es zu tun haben.

Gewerbe anmelden und Gewerbeschein bekommen

Jedes Gewerbe muss laut § 14 Gewerbeordnung bei der zuständigen Gewerbebehörde – Gewerbeamt oder Ordnungsamt – kostenpflichtig angezeigt werden. Eine Gewerbeanmeldung kostet Sie zwischen 10 und 50 Euro. Das entsprechende Formular für diese Anzeige, die auch als »Gewerbeanmeldung« bezeichnet wird, erhalten Sie entweder bei Ihrer Gemeinde- oder Stadtverwaltung oder bei Ihrer Gewerbebehörde oder im Internet. Die Gewerbebehörde ist entweder ein eigenes Amt oder mit anderen Ämtern der Stadtverwaltung kombiniert. Fragen Sie sich einfach durch und scheuen Sie sich nicht, Ihren Sachbearbeiter auch schon vor der Gründung persönlich kennenzulernen. Das erspart Ihnen viel Zeit und Geld, das Sie für andere Dinge verwenden können.

In die entsprechenden Anzeigevordrucke tragen Sie Ihre persönlichen Daten, Ihre Kontaktdaten, die Art der Tätigkeit, den Beginn der Tätigkeit (wichtig für die Steuer und den Gründungszuschuss von der Arbeitsagentur) und ggf. die Zahl der Mitarbeiter ein. Da Änderungen Ihrer Tätigkeit auch meldepflichtig sind, sollten Sie Ihr Tätigkeitsfeld weit fassen, um nicht dauernd Änderungen melden zu müssen.

Wenn Sie die Formulare ausgefüllt und bei der Behörde abgegeben haben, wozu Sie Ihren Personalausweis mitbringen müssen, bestätigt die Gewerbebehörde Ihnen schriftlich den Empfang der Anzeige.

Diese Bestätigung der Anmeldung ist der sogenannte Gewerbeschein. Entweder bestätigt die Gewerbebehörde Ihnen Ihre Gewerbeanzeige sofort oder Sie schickt Ihnen die Bestätigung, also den Gewerbeschein, innerhalb von drei Tagen zu.

Wenn Sie nicht Einzelunternehmer, sondern Gesellschafter einer Personen- oder Kapitalgesellschaft sind, müssen Sie bei der Anmeldung zusätzlich Vollmachten der anderen Gesellschafter mitbringen sowie eine Kopie Ihres Gesellschaftsvertrages.

Achtung: Gewerbeschein ist nicht gleich Gewerbeerlaubnis

Gewerbeschein und Gewerbeerlaubnis sind zwei unterschiedliche Dinge, die nicht verwechselt werden sollten. Die Gewerbeerlaubnis brauchen Sie für bestimmte Gewerbezweige (Maklertätigkeit oder Gastronomie) und müssen Sie sich besorgen, ehe Sie Ihr Gewerbe überhaupt anmelden können. Welche Voraussetzungen zum Erlangen einer Gewerbeerlaubnis nötig sind, lesen Sie unten im Abschnitt »Erlaubnispflichtige Gewerbe«.

Wollen Sie ein erlaubnispflichtiges Gewerbe ausüben, müssen Sie bei der Gewerbeanmeldung beim Gewerbeamt bereits die erforderliche Gewerbeerlaubnis vorlegen. Wollen Sie ein zulassungspflichtiges Handwerk ausüben, müssen Sie bei der Anmeldung als Nachweis Ihrer Eintragung in die Handwerksrolle die Handwerkskarte vorlegen. Wollen Sie ein zulassungsfreies Handwerk ausüben, müssen Sie bei der Gewerbeanmeldung den Nachweis vorlegen, dass Sie in das Verzeichnis der Inhaber zulassungsfreier Handwerke oder handwerksähnlicher Gewerbe eingetragen sind. Details zur Gründung eines handwerklichen Betriebs finden im Abschnitt »Gründung im Handwerk« dieses Kapitels.

Tipp: Großhandel und Co.

Mit einem Gewerbeschein können Sie eine Kundenkarte für den Großhandel bekommen und dort einkaufen, etwa beim Handelshof oder bei der Metro. Diesen Vorteil können oft auch Freiberufler nutzen.

Sie sind verpflichtet, Ihr Gewerbe anzumelden, andernfalls droht Ihnen ein Bußgeld. Nicht zuletzt ist das Erbringen von nicht angemeldeten Werks- und Dienstleistungen nach dem Schwarzarbeitsgesetz strafbar.

IHK, Handwerkskammer, Finanzamt und Handelsregister

Aufgrund Ihrer Gewerbeanzeige informiert die Gewerbebehörde von sich aus weitere Behörden über Ihre Gründung und deren relevante Details: Finanzamt, Industrie- und Handelskammer oder Handwerkskammer, Staatliches Amt für Arbeitsschutz, statistisches Landesamt und Berufsgenossenschaft.

Industrie- und Handelskammer oder Handwerkskammer

Als Gewerbetreibender werden Sie Pflichtmitglied der Industrie- und Handelskammer (IHK), als Handwerker Pflichtmitglied der Handwerkskammer. Mehr zur Handwerkskammer finden Sie weiter hinten im Abschnitt »Gründung im Handwerk«.

Als Mitglied sind Sie berechtigt, sich von den IHK-Mitarbeitern in allen rechtlichen und unternehmerischen Fragen rund um die Gründung und im Geschäftsalltag beraten zu lassen. Wenn Sie die IHK nicht ohnehin schon aufgesucht haben, damit sie als fachkundige Stelle Ihren Antrag auf Gründungszuschuss befürwortet, sollten Sie spätestens bei der Gründung einen Besuch wagen. Übrigens werden auch solche Freiberufler, die ins Handelsregister eingetragen sind, Mitglied der IHK. Dies betrifft aber nur solche Freiberufler, die aufgrund der Rechtsform, die sie gewählt haben, verpflichtet sind, sich ins Handelsregister eintragen zu lassen. Hätten sich Rechtsanwälte beispielsweise als GmbH gegründet, müssten sie im Handelsregister stehen und würden Zwangsmitglied der IHK. Alles zur Frage, wer sich ins Handelsregister eintragen lassen muss, finden Sie im übernächsten Abschnitt »Handelsregister«.

Gut zu wissen: IHK-Mitgliedsbeiträge

Der IHK-Mitgliedsbeitrag setzt sich aus Grundbeitrag und Umlage zusammen und orientiert sich an den Gewinnen Ihres Unternehmens. Für im Handelsregister eingetragene Kleingewerbetreibende und Gesellschaften bürgerlichen Rechts ist die Mitgliedschaft kostenlos, wenn der Gewerbeertrag (also der mit der Gewerbesteuer zu besteuernde Gewinn) nicht mehr als 5.200 Euro beträgt. Falls für das Jahr kein Gewerbesteuermessbetrag festgesetzt wird, ist das nach dem Einkommensteuergesetz zu versteuernde Einkommen maßgeblich (§ 3 IHK-Gesetz).

Neugründer, die in den letzten fünf Wirtschaftsjahren vor ihrer Gründung keine Einnahmen aus einer selbstständigen Tätigkeit hatten, sind im ersten und zweiten Jahr ihrer Gründung von der Umlage und vom Grundbeitrag befreit. Im dritten und vierten Jahr sind sie gleichfalls von der Umlage befreit, wenn ihr Gewinn 25.000 Euro nicht übersteigt (§ 3 IHK-Gesetz). Einzelheiten dazu teilt Ihnen die IHK mit.

Gemischt-gewerbliche Handwerksbetriebe, die sowohl eine handwerkliche wie auch eine nicht-handwerklicher Tätigkeit ausüben (zum Beispiel neben dem Handwerk Baumaterial verkaufen oder bestimmte Waren industriell herstellen) werden zusätzlich Mitglied der IHK. Beiträge an die IHK müssen sie aber nur bezahlen, wenn ihr Handwerksbetrieb so groß und umfangreich wird, dass er einen sogenannten in kaufmännischer Weise eingerichteten Geschäftsbetrieb braucht und der Umsatz des nichthandwerklichen oder nichthandwerksähnlichen Betriebsteils 130.000 Euro übersteigt.

Finanzamt

Bei jeder gewerblichen Gründung informiert die Gewerbebehörde von sich aus das Finanzamt. (Bei einer freiberuflichen Gründung müssen Sie das selber tun, siehe Teil II, 1. »Der Weg in den freien Beruf«). Das Finanzamt wird Ihnen einen Fragebogen zur steuerlichen Erfassung schicken, einen sogenannten Betriebseröffnungsbogen. In diesem müssen Sie Angaben zur Gewinnermittlung machen: zum erwarteten

Umsatz und Gewinn im laufenden und folgenden Kalenderjahr. Aufgrund dieser Angaben ermittelt das Finanzamt Ihre vierteljährlich zu leistenden Vorauszahlungen auf Einkommen- und Gewerbesteuer – es sei denn, Sie bleiben mit Ihren Zahlen innerhalb der Freibeträge. Sie können Ihren Sachbearbeiter im Finanzamt zu den Sprechzeiten auch persönlich kontaktieren. Bei Unklarheiten mal eben schnell anzurufen, statt Fehler zu machen, erspart Ihnen viel Ärger.

Als Kleingewerbetreibender können Sie jetzt entscheiden, ob Sie → Umsatzsteuer ausweisen und auf die Befreiungsmöglichkeit verzichten wollen oder ob Sie sich die Ausweisung der Umsatzsteuer sparen wollen. Mehr dazu finden Sie in Teil III, 7. »Steuern – was will das Finanzamt von Ihnen?«.

Formulare und Tipps sowie Adressen Ihres zuständigen Finanzamtes finden Sie auf der Seite des Bundeszentralamts für Steuern (www.steuerliches-info-center.de).

Das Finanzamt nimmt auch die Einschätzung vor, ob Sie gewerblich oder eventuell freiberuflich selbstständig sind. Mehr dazu können Sie weiter vorne in Teil II, 1. »Der Weg in den freien Beruf« im Abschnitt »Ihr Status als Freiberufler« nachlesen.

Handelsregister

Das Handelsregister ist für Ihre Gründung nur relevant, wenn Sie eintragungspflichtig sind.

Gut zu wissen: Wer wird ins Handelsregister eingetragen und wer nicht?

Nicht eintragungspflichtig sind: Einzelunternehmer, Freiberufler, GbR, Partnerschaft.

Eintragungspflichtig sind: eingetragener Kaufmann, OHG, KG, GmbH & Co KG, GmbH, AG. Das Handelsregister besteht aus zwei Abteilungen. Abteilung A (HRA) für Einzelunternehmen und Personengesellschaften und Abteilung B für Kapitalgesellschaften (HRB).

Das für jedermann einsehbare Handelsregister wird bei den Amtsgerichten geführt und enthält Angaben zu den eingetragenen Einzelkaufleuten und Gesellschaften: Firma, Sitz, ggf. Niederlassung, Gegenstand des Unternehmens, Rechtsform, falls erforderlich Kapital, Vertretungsberechtigte (Geschäftsführer, Prokurist, Inhaber, persönlich haftende Gesellschafter, Gesellschafter, Vorstand). Beispiele für Handelsregistereinträge finden Sie im Registerportal der Länder (www.handelsregister.de).

Aus der Praxis: Ein exemplarischer Eintrag im Handelsregister

Auch der Verlag des Buches, das Sie gerade lesen, ist im Handelsregister eingetragen: Die FinanzBuch Verlag GmbH, Nymphenburger Str. 86, 80636 München. Und zwar in Abteilung B des Handelsregisters unter der Nummer HRB 118729.

Die Anmeldung im Handelsregister muss von einem Notar öffentlich beglaubigt werden. Praktisch heißt das: Der von Ihnen beauftragte Notar rückt würdevoll seinen Kneifer zurecht und übermittelt Ihre Daten an das Registergericht, nachdem er sie zuvor geprüft und unterzeichnet hat. Dafür entlohnen Sie ihn mit einer Gebühr nach der Kostenordnung der Notare, die sich nicht nach seinem Arbeitsaufwand, sondern nach dem Geschäftswert des zu beglaubigenden Unternehmens und dem jeweiligen Gebührensatz richtet.

Aus der Praxis: Exemplarische Kosten einer notariellen Handelsregistereintrag-Beglaubigung

Bei einem Einzelkaufmann werden für die Beglaubigung einer Anmeldung plus Entwurf und Anmeldung beim Registergericht laut Beispielsrechnung der Bundesnotarkammer 42 Euro netto fällig.

Einen Gebührenrechner, Vorschriften und Berechnungsbeispiele finden Sie bei der Bundesnotarkammer (www.bnotk.de, Stichwort Kostenordnung).

Früher mussten Einträge im Handels-, Partnerschafts- und Genossenschaftsregister auch in einer Tageszeitung veröffentlicht werden. Seit dem 1. Januar 2009 werden sie in der Regel nur noch im Internet (www.handelsregisterbekanntmachungen.de) veröffentlicht. Der von Ihnen beauftragte Notar veranlasst diesen Eintrag für Sie. Dass der Eintrag in die Zeitung entfällt, erspart Ihnen Kosten, ist jedoch schlecht für die Zeitungen, denen damit eine sichere Einkommensquelle für immer verloren gegangen ist.

Mehr zum Thema

❏ Informationen über die eingetragenen Daten erhalten Sie über das Registerportal der Länder, www.handelsregister.de. Teilweise sind die Angaben kostenlos, teilweise entsteht eine Gebühr von 4,50 Euro.

❏ Die Jahresabschlüsse offenlegungspflichtiger Unternehmen finden Sie kostenlos im E-Bundesanzeiger unter www.ebundesanzeiger.de.

❏ Mehr zur Frage, was für einen Eintrag ins Handelsregister spricht, finden Sie im folgenden Kapitel »Welche Rechtsform passt zu Ihrem Unternehmen?« im Abschnitt »Eingetragener Kaufmann«.

Behördenfahrplan: Weitere Anlaufstellen bei der Gründung

In den vorigen Abschnitten haben Sie die Gewerbebehörde, die IHK beziehungsweise Handwerkskammer, das Finanzamt und das Handelsregister kennengelernt. Je nach Art Ihrer Gründung warten weitere Ämter auf Ihren Besuch. Das gilt auch für Freiberufler. Im Folgenden erfahren Sie, wann und warum diese Behörden für Sie relevant sind.

Berufsgenossenschaft, Unfallversicherung und Arbeitsschutz

Mit der Berufsgenossenschaft als Träger der Unfallversicherung haben Sie es zu tun, wenn Sie feste oder freie Mitarbeiter beschäftigen oder sich als Unternehmer selber in der gesetzlichen Unfallversicherung versichern müssen oder wollen. In diesem Fall müssen Sie sich innerhalb einer Woche nach Beginn Ihrer selbstständigen Tätigkeit bei Ihrer zuständigen Berufsgenossenschaft melden. Welche dies ist, erfahren Sie im Internet unter www.dguv.de. Mehr zum Thema erfahren Sie in Teil III, 9. »Noch mehr Versicherungen« im Abschnitt »Gesetzliche Unfallversicherung«.

Sie haben angestellte oder freie Mitarbeiter oder sind selber bei der Berufsgenossenschaft pflichtversichert oder freiwillig unfallversichert? Dann müssen Sie sich bei Ihrer Berufsgenossenschaft (www.dguv.de) erkundigen, welche berufsgenossenschaftlichen Arbeitsschutzvorschriften für Sie gelten. Als Mitglied der Berufsgenossenschaft müssen Sie die nämlich beachten. Mehr dazu finden Sie in Teil II, 6. »Standort und Geschäftsräume« im Abschnitt »Arbeitsschutz«.

Arbeitsagentur

Die Arbeitsagentur (www.arbeitsagentur.de) ist für Sie erstens Anlaufstelle, wenn Sie mit Fördergeldern gründen (s. Teil I, 1. »Gründen aus der Arbeitslosigkeit«). Zweitens, wenn Sie Mitarbeiter beschäftigen und eine Betriebsnummer beantragen. Mehr dazu in Teil III, 10. »Vom Einzelkämpfer zum Chef«.

Ausländerbehörde

Stellem Sie ausländische Mitarbeiter ein, müssen Sie für diese eventuell eine Arbeitsgenehmigung der Ausländerbehörde Ihrer Stadt oder Gemeinde beschaffen.

Krankenversicherung

Sobald Sie eine selbstständige gewerbliche oder freiberufliche Tätigkeit aufnehmen, müssen Sie dies Ihrer gesetzlichen oder privaten Krankenversicherung melden. Diese überprüft hernach, ob Sie haupt-

oder nebenberuflich selbstständig sind. Mehr dazu in Teil III, 8. »Gesetzliche Krankenversicherung«. Eine Liste aller 196 gesetzlichen Krankenkassen finden Sie bei deren Spitzenverband (www.gkv-spitzenverband.de). Die privaten Kassen finden Sie über den Verband der privaten Krankenversicherung (www.pkv.de). Beschäftigen Sie sozialversicherungspflichtige Mitarbeiter? Auch diese müssen Sie bei der jeweiligen Krankenversicherung anmelden. Die Krankenversicherung ist nämlich Einzugsstelle für alle Sozialversicherungsbeiträge.

Bauaufsichtsbehörde

Parallel zur Gewerbeanmeldung müssen Sie sich eventuell um die baurechtliche Genehmigung Ihrer Betriebsstätte durch die Bauaufsichtsbehörde kümmern. Zuständig für Baugenehmigungen ist die untere Bauaufsichtsbehörde: In Landkreisen sind das die Landratsämter, in Städten die Bauordnungsämter (www.Internetseite-Ihrer-Stadt.de, Stichwort Baugenehmigung). Mehr dazu in Teil II, 6.»Standort und Geschäftsräume«.

Gut zu wissen: Baurechtliche Genehmigung contra Gewerbeerlaubnis

Die baurechtliche Genehmigung ist nicht gleichbedeutend mit der Gewerbeerlaubnis der Gewerbebehörde. Dies sind zwei unterschiedliche Genehmigungen, die die zuständigen Sachbearbeiter auch unabhängig voneinander erteilen.

Polizei oder Sondernutzungsabteilung der Stadtverwaltung

Haben Sie eine mobile Betriebsstätte, beispielsweise einen Verkaufswagen für Essen oder Kleidung, den Sie irgendwo aufstellen? Dann brauchen Sie unter Umständen eine Sondernutzungsgenehmigung der Polizei oder Sondernutzungsabteilung der Stadtverwaltung, um starten zu können. Je nach Größe des Wagens fallen hierfür Gebühren an. Die Adresse erfahren Sie über Ihre Stadt- oder Gemeindeverwaltung (www.Internetseite-Ihrer-Stadt.de, Suchwort »Sondernutzung«).

Steht Ihr Verkaufswagen auf Privatgelände, ersetzt der Mietvertrag mit dem Grundstücksinhaber die Nutzungsgenehmigung.

Gesundheitsamt

Wenn Sie bei Ihrer selbstständigen Tätigkeit mit Essen in Berührung kommen, etwa im Lebensmitteleinzelhandel oder in der Gastronomie, ist hierfür gemäß § 43 Infektionsschutzgesetz eine Bescheinigung des Gesundheitsamtes Ihrer Stadt- oder Gemeindeverwaltung erforderlich. Sind Sie in einem Heilberuf tätig und benötigen für Ihre Praxis eine Zulassung der Krankenkasse, müssen Sie die Praxis beim Gesundheitsamt anmelden. Auch Ihre Mitarbeiter brauchen in der Regel ein Gesundheitszeugnis oder eine Unbedenklichkeitserklärung des Hausarztes. Ob dies der Fall ist, erfahren Sie gleichfalls beim Gesundheitsamt.

Arbeitsschutzbehörde

Sobald Sie ein Gewerbe angemeldet oder einen freien Beruf angezeigt haben, erfährt das automatisch auch das Amt für Arbeitsschutz (auch als Aufsichtsbehörde für den Arbeitsschutz bezeichnet). Dies hat seinen guten Grund: Zum Schutz Ihrer Arbeitskräfte gibt es nämlich eine Reihe von Regeln, die Sie einhalten müssen, wenn Sie einen oder mehr Angestellte beschäftigen, selber in Ihrer Berufsgenossenschaft pflichtversichert oder freiwillig unfallversichert sind. Sind Sie nicht in der Berufsgenossenschaft, haben aber freie Mitarbeiter, die in Ihrem Unternehmen arbeiten, müssen Sie ihretwegen Arbeitsschutzvorschriften einhalten. Weitere Informationen zum Thema finden Sie in Teil II, 6. » Standort und Geschäftsräume« im Abschnitt »Arbeitsschutz«. Der Arbeitsschutz ist Teil der Gewerbeaufsicht, die in einigen Bundesländern bei der Bezirksregierung, beim Regierungspräsidium oder bei den Regierungen angesiedelt ist. Welches Amt für Sie zuständig ist, teilt Ihnen Ihre Gewerbebehörde mit.

Märkte

Eine historisch gewachsene Sonderbehandlung genießen Gewerbe, die auf Märkten, Messen und Leistungsschauen betrieben werden: das Marktprivileg. Dieser Grundsatz der Marktfreiheit (geregelt in den §§ 64-71b GewO) bedeutet, dass die Teilnahme an festgesetzten Messen, Ausstellungen und Märkten »marktfrei« ist. Wer sich also auf einer örtlichen Leistungsschau oder auf einer Messe präsentiert, muss weder ein Gewerbe angemeldet haben, noch eine Reisegewerbekarte oder eine Zulassung nach der Handwerksordnung besitzen (→ Gründung im Handwerk). An die Stelle der normalen Ladenöffnungszeiten treten die Öffnungszeiten aus dem Festsetzungsbescheid der entsprechenden Messe oder des entsprechenden Marktes etc.

Voraussetzung für die Marktfreiheit ist allerdings, dass die jeweilige Messe, Ausstellung und der jeweilige Markt (Wochenmarkt, Jahrmarkt, Spezialmarkt) vom Veranstalter beantragt und von der zuständigen Gewerbebehörde festgesetzt worden sind. Nur wenn die Festsetzung durch einen Bescheid erteilt ist, gelten die Marktprivilegien. Erkundigen Sie sich beim Veranstalter, ob dies für die von Ihnen besuchte Veranstaltung zutrifft. Allerdings bleiben auch bei festgesetzten Märkten die neben dem Gewerberecht erforderlichen Sondernutzungserlaubnisse der Straßenverkehrsbehörde notwendig, wenn Sie beispielsweise einen Verkaufswagen aufstellen wollen.

Sonstige Märkte, beispielsweise Trödelmärkte, die privat oder gewerblich von irgendjemand veranstaltet werden, haben kein Marktprivileg, hier gilt das Gewerberecht.

Reisegewerbe

Unter Reisegewerbe fallen seit jeher alle Gewerbetreibenden, die »auf der Straße unterwegs sind« – fliegende Händler, Hausierer, Wanderhändler, Kesselflicker, Scherenschleifer, Schauspieler, kurz, all diejenigen, die man früher und auch noch heute halb misstrauisch als »fahrendes Volk« bezeichnet. Heutzutage sind das Reisegewerbe und insbesondere das Schaustellergewerbe zwar insgesamt als wirtschaftlich bedeutender Gewerbezweig anerkannt, der Gesetzgeber ist dennoch skeptisch geblieben. Verbraucher beispielsweise werden bei Haustürgeschäften durch ein besonderes Haustürwiderrufsrecht geschützt (§§ 312 ff. BGB).

Gründung eines Reisegewerbes

Während Sie das normale stehende Gewerbe nur anzeigen müssen, brauchen Sie für ein Reisegewerbe gemäß § 55 GewO eine Erlaubnis (=Reisegewerbekarte), die Sie immer bei sich tragen müssen. Im Klartext bedeutet das: Das Reisegewerbe gehört zu den unten beschriebenen Gewerben, die eine behördliche Erlaubnis brauchen.

Gut zu wissen: Gesetzliche Definition eines Reisegewerbes

Laut gesetzlicher Definition nach § 55 GewO betreibt ein Reisegewerbe, wer »gewerbsmäßig ohne vorhergehende Bestellung außerhalb einer gewerblichen Niederlassung Waren verkauft, Bestellungen vertreibt oder ankauft, Leistungen anbietet oder Bestellungen auf Leistungen aufsucht oder unterhaltende Tätigkeiten als Schausteller oder nach Schaustellerart ausübt«.

Zu den Schaustellern gehören Kirmesbeschicker, die Fahrgeschäfte, Ausspielungsgeschäfte oder Schießgeschäfte anbieten. Bestimmte Tätigkeiten sind im Reisegewerbe verboten, etwa der Vertrieb von Giften, bestimmten medizinischen Produkten, Edelmetallen und Wertpapieren. Die Reisegewerbekarte kostet zwischen 100 und 500 Euro (Zirkus, Showunternehmer). Allerdings muss nur der Inhaber des Reisegewerbes eine eigene Reisegewerbekarte haben. Die Angestellten, die beispielsweise auf der Straße Eis verkaufen, brauchen keine eigene Karte, müssen aber eine beglaubigte Kopie vorzeigen.
Wenn Sie im Ausland tätig werden wollen, können Sie sich aufgrund Ihrer Reisegewerbekarte eine Gewerbelegitimationskarte ausstellen lassen. Wenn Sie als Reisegewerbetreibender mit Ihrem Verkaufsstand öffentliche Straßen oder Plätze nutzen, benötigen Sie dafür (genau wie die oben beschriebenen Marktteilnehmer) zusätzlich eine Sondernut-

Checkliste: Antrag auf eine Reisegewerbekarte

Für den Antrag auf eine Reisegewerbekarte benötigen Sie:

❏ Personalausweis
❏ Antragsformular vom Ordnungsamt
❏ Auszug aus dem Gewerbezentralregister. Dies müssen Sie parallel oder vorher beim Ordnungsamt beantragen.
❏ Führungszeugnis (bekommen Sie beim Einwohnermeldeamt)
❏ Steuerliche Unbedenklichkeitsbescheinigung (vom Finanzamt)

zungserlaubnis, einen sogenannten Standschein der Stadtverwaltung. Auch als Reisegewerbetreibender müssen Sie die Vorschriften des Ladenschluss- und des Feiertagsgesetzes beachten.

Gut zu wissen: Ausnahmen für die Reisegewerbekarte

Für bestimmte Tätigkeiten, die für die Behörden überschaubar und daher nicht riskant oder schon aufgrund anderer Vorschriften überwacht werden, ersetzt in der Regel der normale Gewerbeschein oder eine Gewerbeerlaubnis die Reisegewerbekarte. § 55a GewO zählt diese Fälle wie folgt auf:

❏ Verkauf von Waren, die *gelegentlich* von Messen, Ausstellungen, öffentlichen Festen oder aus besonderem Anlass mit Erlaubnis der zuständigen Behörde verkauft werden.
❏ Vertrieb von selbst gewonnenen Erzeugnissen (Urproduktion aus Land- und Forstwirtschaft, also Gemüse, Obst, Geflügel, Imkerei sowie Erzeugnisse aus Jagd und Fischerei).
❏ Tätigkeit in Ihrer Heimatgemeinde.
❏ Verkauf von Milch oder Milcherzeugnissen.
❏ Vermittlung und Abschluss von Versicherungs- und Bausparverträgen sowie Bankgeschäfte, da Versicherungsgesellschaften und Banken ohnehin überwacht werden.
❏ Mobiler Verkauf von Lebensmitteln jeweils an der gleichen Stelle.
❏ Straßenverkauf von Zeitungen.

Wenn Sie auf einem Wochenmarkt Lebensmittel und Druckwerke verkaufen, brauchen Sie auch keine Reisegewerbekarte, sondern allenfalls – wenn es kein festgesetzter Markt ist – einen normalen Gewerbeschein.

Fragen Sie im Zweifelsfall bei der Gewerbebehörde nach, was Sie brauchen.

Behördliche Auflagen

Genau wie eine Gewerbeerlaubnis kann die Behörde Ihre Reisegewerbeerlaubnis von Anfang an oder nachträglich mit Auflagen versehen. Eine vorgeschriebene Auflage ist beispielsweise die Haftpflichtversicherung für Schausteller, die riskante Fahrgeschäfte oder Attraktionen, etwa Bungee-Jumping, anbieten.

Einzelne Gewerbe

Handel

Wollen Sie ein Handelsunternehmen gründen, egal ob als Einzelhandel oder Großhandel, müssen Sie für die Gründung zwar vielfältige kaufmännische Kenntnisse mitbringen, jedoch keine besonderen rechtlichen Voraussetzungen erfüllen. Dabei ist es egal, ob sie einen Handel mit Floristik, Geschenkartikeln, Getränken, Textilien oder Möbeln beginnen.

Ausgenommen sind besondere Waren: Nach § 38 GewO ist der Handel mit Gebrauchtwaren überwachungspflichtig und der Handel mit Waffen, Tieren und freiverkäuflichen Arzneimitteln erlaubnispflichtig (§ 21 Waffengesetz, § 11 Tierschutzgesetz, § 50 Arzneimittelgesetz). Mehr dazu in den Abschnitten »Überwachungspflichtige Gewerbe« und »Erlaubnispflichtige Gewerbe«.

Gut zu wissen: Sonderfall Online-Handel

Besondere Vorschriften zum Online-Handel finden Sie in Teil III, 3. »Rund um den Vertrag«.

Lebensmitteleinzelhandel/Supermarkt

Wenn Sie ein Lebensmittelgeschäft oder einen Supermarkt eröffnen wollen, benötigen Sie unter bestimmten Voraussetzungen (etwa beim Verkauf gefahrbehafteter Lebensmittel wie zum Beispiel Fisch) eine amtsärztliche Bescheinigung (Gesundheitszeugnis). Nähere Auskünfte erhalten Sie beim Gesundheitsamt. Und für den Vertrieb bestimmter Lebensmittel ist wie bei Gastwirten eine Erstbelehrung beim Gesundheitsamt nach dem Infektionsschutzgesetz erforderlich.

Mobiler Handel

Verkaufen Sie nicht in einem festen Ladenlokal, sondern mit einem Verkaufswagen, betreiben Sie unter Umständen ein → Reisegewerbe. Bieten Sie alkoholische Getränke und zubereitete Speisen zum Verzehr an Ort und Stelle feil, benötigen Sie eine → Gaststättenerlaubnis.

Ladenschlussgesetz

Wenn Sie Ihr Geschäft eröffnen, müssen Sie die gesetzlich vorgeschriebenen Ladenschlusszeiten (in der Woche in der Regel zwischen 8 und 22 Uhr) einhalten. Sonn- und Feiertags dürfen Sie nicht verkaufen, mit Ausnahme der jeweils örtlich festgelegten verkaufsoffenen Sonntage. Ausnahmen bilden bestimmte Waren wie Zeitungen, Backwaren, Blumen und Verkaufsstellen in besonderen Lagen (Bahnhof, Tankstelle und Touristenorte). Informieren Sie sich bei Ihrer IHK, welche Vorschriften das für Ihr Bundesland geltende Ladenschlussgesetz hat.

Mehr zum Thema

❏ Hauptverband des deutschen Einzelhandels (www.einzelhandel.de)
❏ Gründungskonzept der Volks- und Raiffeisenbanken (www.vr-bankmodul.de/site/bracos/cgi-bin/braco.cgi?pdf=GK001.pdf).

Direktvertrieb

Wenn Ihnen das Verkaufen Spaß macht, Sie sich aber den Aufwand für Ladeneinrichtung und Anmietung teurer Geschäftsräume sparen wollen, können Sie sich auch im Direktvertrieb selbstständig machen. Das bedeutet: Sie verkaufen persönlich die Waren (oder Dienstleistungen) in der Wohnung Ihres Kunden.

Aus der Praxis: Beispiele für Direktvertriebsunternehmen

Beispiele für Direktvertriebsunternehmen sind Avon-Kosmetik, Felicitas-Finanzdienstleistungen für junge Familien, Lichtblick (alternativer Strom), Vorwerk und Tupperware. Weitere Beispiele seriöser Unternehmen finden Sie in der Mitgliederliste des Bundesverbandes Direktvertrieb Deutschland (www.bundesverband-direktvertrieb.de).

Was die Berufszulassung angeht, ist der Direktvertrieb rechtlich unproblematisch, besondere Berufsabschlüsse- und -ausbildungen sind nicht vorgeschrieben. Allerdings verlangen die Partnerunternehmen, deren Produkte Sie vertreiben, in der Regel kaufmännische und branchenbezogene Kenntnisse und verpflichten Sie, an umfassenden produktbezogenen Schulungen teilzunehmen. Sie sollen ja schließlich wissen, was Sie da an den Mann oder die Frau bringen. Sind Sie nicht als Außendienstmitarbeiter angestellt, müssen Sie als Direktvertriebler ein Gewerbe als selbstständiger → Handelsvertreter anmelden.

Illegaler Vertrieb

Vorsicht bei Networkmarketing oder Multi-Level-Marketing. Bei dieser Form des Vertriebs von Waren oder Dienstleistungen kommt es nicht nur oder manchmal sogar gar nicht auf das Verkaufen an, sondern hauptsächlich auf das Anwerben neuer Vertriebspartner. Das bedeutet: Der hierarchisch höher stehende Verkäufer macht seinen Gewinn nicht nur, indem er Waren verkauft, sondern indem er nachgelagerte Vertriebspartner anwirbt, für die er Provision kassiert. Die Grenze zum illegalen Schneeballsystem oder Pyramidensystem ist fließend. Beim Schneeballsystem hängt der Gewinn des Verkäufers lediglich vom Anwerben immer neuer Vertriebsmitglieder ab, die ihrerseits Einlagen leisten und Beiträge zahlen.

Aus der Praxis: Vorsicht bei Schneeballsystemen

Hochtrabende Versprechen und Bezeichnungen kennzeichnen häufig Schneeballsysteme, etwa »Rotatorgelddruckmaschine«, »0,00 Europlan bringt das große Geld« oder Domainnamen wie www.job-for-money.de.

Schneeballsysteme sind sittenwidrige Rechtsgeschäfte, die gemäß § 138 BGB nichtig sind. Sittenwidrig und damit nichtig sind auch die Verträge über die Teilnahme an solchen sittenwidrigen Rechtsgeschäften. Wenn Sie sich leichtfertig als Mitarbeiter in der Vertriebsorganisation haben anwerben lassen oder zur Finanzierung einen Darlehensvertrag mit der Vertriebsorganisation abgeschlossen haben, können Sie sich auf die Nichtigkeit dieser Verträge berufen und brauchen nicht zu zahlen. Lassen Sie sich unbedingt von der IHK beraten. Außerdem stellen Pyramiden- und Schneeballsysteme nach § 16 Abs. 2 UWG verbotene progressive Kundenwerbung dar.

Handelsvertreter

Ein Handelsvertreter vermittelt für ein oder mehrere Unternehmen in deren Namen und für deren Rechnung Geschäfte oder schließt die Geschäfte auch selber ab. Er verkauft also die Ware als Abschlussvertreter direkt vor Ort an die Kunden. Das ist zum Beispiel der Fall bei den Verkäuferinnen der Küchenmaschine Thermomix von Vorwerk. Oder er vermittelt nur das Geschäft als Vermittlungsvertreter, etwa als Vertreter, der Stromversorgungsverträge mit den alternativen Anbietern Yellow oder Lichtblick vermittelt. Im Gegensatz zum Vertragshändler, der die Waren (beispielsweise VWs oder Audis) vom Hersteller kauft und dann mit Gewinn an den Kunden weiterverkauft, vermittelt der Handelsvertreter nur das Geschäft. Vertragspartner werden letztlich Unternehmen und Endkunde. Typischerweise werden auch Dienstleistungen von Banken und Versicherungen durch Handelsvertreter an den Mann gebracht.

Um sich als Handelsvertreter selbstständig zu machen, melden Sie ein Gewerbe als Handelsvertreter (gemäß § 84 HGB) an. Viele Handelsvertreter betreiben ihr Handelsgewebe im Nebenberuf (gemäß § 92 b HGB) – etwa die zahlreichen Hausfrauen, die Tupperpartys veranstalten. An der Gewerbeanmeldung ändert der Nebenberuf nichts, wohl aber an der Steuer und Krankenversicherung. Weiteres zum Nebenberuf können Sie im 1. Teil des Buches »Gründen im Nebenberuf« nachlesen. Als Rechtsform für einen Handelsvertreter bieten sich abhängig von der Größe ihres Gewerbes Einzelunternehmen, e.K., OHG oder KG oder GmbH an. Eine bestimmte Ausbildung ist nicht vorgeschrieben. Wie beim Direktvertrieb beschrieben, brauchen Sie Produktkenntnisse, beim Umgang mit Lebensmitteln Kenntnisse der Lebensmittel- und Hygienevorschriften.

Gut zu wissen: Handelsvertreterverträge

Rechtlich nicht unproblematisch sind die Handelsvertreterverträge, die Sie mit Hilfe eines Anwalts abfassen oder überprüfen lassen sollten. Mehr dazu finden Sie in diesem Buch im Kapitel »Rund um den Vertrag, Vertriebsverträge«.

Wie gründen Sie einen Verlag?

So mancher Autor, dessen Manuskripte in irgendeiner Datei oder Schublade schlummern, weil sie in kein Verlagsprogramm passen, überlegt, selber als Verleger tätig zu werden, um seinen Büchern so den Weg zum Bestseller zu ebnen.

Aus der Praxis: Verlagsgründung

Autorin und Werbetexterin Sarah Ines Struck hat diesen Weg gewagt und 2004 zusammen mit einem Partner den auf Literatur rund um Liebe und Erotik spezialisierten Verlag Storia gegründet (www.storia-verlag.de).

Gründungsvoraussetzungen

Das Verlegen von Druckerzeugnissen, egal ob Buch oder Zeitung, ist kein freier Beruf, sondern ein zulassungsfreies Gewerbe, das Sie einfach beim zuständigen Gewerbeamt anmelden können. Eine Rechtsform ist nicht vorgeschrieben. Buchverlegerin Struck und ihr Geschäftspartner wählten für den Storia Verlag die Rechtsform der OHG, welche kein Gründungskapital, aber einen Eintrag ins Handelsregister erfordert. Gegründet hatten beide den Verlag als GbR, doch schon bald erwies sich der Unternehmensname »Sarah Ines Struck und Frank Hartmann Storia Verlag GbR« als zu sperrig für Buchkataloge und Verlagsverzeichnisse. So firmierten sie um, um ihrem Unternehmen auch offiziell den → Firmennamen Storia Verlag geben zu können.

Gut zu wissen: Der Börsenverein des deutschen Buchhandels

Bei den branchenspezifischen Rechtsfragen sollten Sie sich unterstützen lassen, beispielsweise vom Börsenverein des Deutschen Buchhandels und seinen Landesverbänden (www.boersenverein.de), der die Interessen von Verlag, Zwischenhandel und Buchhandel vertritt. Der Börsenverein nimmt Sie allerdings nur als Mitglied auf, wenn Sie dauerhaft als Verleger tätig sein wollen und dies durch ein Verlagsprogramm oder mehrere schon veröffentlichte Bücher nachweisen können. Der Mindestbeitrag liegt bei 480 Euro. Verleger, die über ihre ein, zwei im Selbstverlag veröffentlichten Bücher nicht hinauskommen, haben hier keine Chance.

Verlagsverträge

Einen Mustervertrag für Buchverlage nach dem Verlagsgesetz (für Ihre Verlagsverträge mit den Autoren, Übersetzern, Illustratoren, Literaturagenten und freien Lektoren) finden Sie auf der Website des Börsenvereins.

Registrierungspflichten

Durch die Registrierung Ihrer Verlagserzeugnisse bei der Buchhändler-Vereinigung erhalten Sie die International Standard Book Number (ISBN, www.german-isbn.org); die International Standard Serial Number (ISSN) für Zeitschriften und Zeitungen beim Nationalen ISSN-Zentrum in der Deutschen Nationalbibliothek (www.d-nb.de/wir/kooperation/issn.htm).

Pflichtexemplare

Jeden neuen Verlagstitel müssen Sie der Deutschen Nationalbibliothek (DNB) melden und ein Exemplar davon abliefern. Das machen Sie mit einer Meldung des betreffenden Buches an das Verzeichnis lieferbarer Bücher (www.vlb.de), die sie an die Deutsche Nationalbibliothek weiterleitet. In das Verzeichnis lieferbarer Bücher werden auch E-Books eingestellt. Mehr dazu auf http://info.libreka.de.

Gut zu wissen: Websitebetreiber und Netzpublikationen

Am 23. Oktober 2008 trat die neue Pflichtablieferungsverordnung (PflAV) in Kraft. Auch Netzpublikationen müssen nun bei der DNB abgeliefert werden. Dazu gehören neben Online-Zeitschriften und E-Books auch Webseiten, die themen- oder personenbezogene Informationen von öffentlichem Interesse transportieren. Das betrifft zum Beispiel Internetangebote von Rechtsanwaltskanzleien, die umfangreiche Informationen verbreiten. Nach Angaben der DNB sollen unter gewissen Umständen auch Blogs und Foren gesammelt werden. Die Abgrenzung zwischen Sammelgebiet und Nicht-Sammelgebiet werde in den Sammelrichtlinien, die Gesetz und Pflichtablieferungsverordnung präzisieren, vorgenommen. Zurzeit steckt die Online-Archivierung der DNB noch in der Aufbauphase. Diese Sammelrichtlinien werden jedoch in den nächsten Monaten erwartet und dann auf der Webseite verfügbar sein.

Als Anbieter von Informationen im Netz sollten Sie sich daher informieren, ob und was Sie der DNB eventuell zur Verfügung stellen müssen (www.d-na.de, Stichwort Netzpublikationen).

Titelschutz

Zwei weitere wichtige Punkte sind Markenrecht und Titelschutz. Um bei der Wahl Ihrer Titel keine fremden Rechte zu verletzen, sollten Sie sich bei der DNB informieren, ob der Titel noch frei ist und anschließend Ihren Titel durch eine Titelschutz-Anzeige im Börsenblatt für den Deutschen Buchhandel sichern (www.boersenblatt.net).

Zeitungs- und Zeitschriftenverlage

Auch als Gründer eines Zeitschriften- oder Zeitungsverlags oder einer einzelnen Zeitung brauchen Sie aufgrund der grundgesetzlichen Pressefreiheit keine Zulassung, müssen jedoch das in den Landespressegesetzen geregelte Presserecht beachten. Indem es Ihre journalistischen Sorgfaltspflichten konkretisiert und Verstöße ahndet, schützt es die Öffentlichkeit vor Falschinformation (u.a. durch Pressekodex, Recht auf Gegendarstellung, Trennung von Werbung und redaktionellem Teil, Zeugnisverweigerungsrecht von Journalisten, Impressumspflicht, usw.). Im Hinblick auf das Wirtschaftsunternehmen Zeitung oder Zeitschrift müssen Sie branchenspezifische Regeln bei Vertrieb und Anzeigenverkauf beachten: Wettbewerbsrecht bei der Abo-Gewinnung und Verifizierung der Auflagenhöhe durch die IVW (Informationsgemeinschaft zur Feststellung der Verbreitung von Werbeträgern: www.ivw.eu). Informationen und Musterverträge erhalten Sie bei dem Bundesverband der Zeitungsverleger (www.bvzv.de) und dem Verband Deutscher Zeitschriftenverleger (www.vdz.de).

Erlaubnispflichtige Gewerbe

Eigentlich herrscht in Deutschland Gewerbefreiheit. Das heißt, im Prinzip darf jeder Geschäfte machen, womit er will. Bestimmte Gewerbezweige, deren Ausübung andere Menschen oder die Umwelt in Gefahr bringen kann, hat der Gesetzgeber jedoch unter Beobachtung gestellt. Hier hängt die Gründung von einer behördlichen Erlaubnis ab, die nur erteilt wird, wenn der Gewerbetreibende bestimmte Voraussetzungen erfüllt.

Gut zu wissen: Erlaubnispflichtige Gewerbe

Zu den erlaubnispflichtigen Gewerben gehören neben dem oben beschriebenen Reisegewerbe: Betrieb von Schank- und Speisewirtschaften; Betrieb von Taxiunternehmen; Buchführungshelfer; Finanzdienstleister; Güterkraftverkehrsunternehmen; Handel mit freiverkäuflichen Arzneimitteln; Handel mit Waffen, Munition und Sprengstoff; Herstellung von Waffen und Arzneimitteln; Inkassobüros; Krankentransporte; Makler; Pflegedienste; Privatkrankenanstalten; Bewachungsgewerbe; Versicherungsvermittlung.

Fahrplan zur Gewerbeerlaubnis

Die Behörde macht die Erteilung der jeweiligen Gewerbeerlaubnis von Ihrer persönlichen Zuverlässigkeit, Ihrer fachlichen Eignung und teilweise obendrein noch von Ihrer finanziellen Leistungsfähigkeit und den räumlichen Voraussetzungen Ihrer Geschäftsräume abhängig. Sie müssen also der Gewerbebehörde ermöglichen, all dies zu überprüfen, indem Sie vor der Gewerbeanmeldung die Nachweise zusammentragen und bei der oben beschriebenen Gewerbeanmeldung vorlegen.

Checkliste: Benötigte Dokumente für die Prüfung der persönlichen Zuverlässigkeit bei Beantragung einer Gewerbeerlaubnis

❏ Führungszeugnis
❏ Auszug aus dem Gewerbezentralregister
❏ Steuerliche Unbedenklichkeitsbescheinigungen des Finanzamts
❏ Auszug aus dem Schuldnerverzeichnis
❏ Auszug aus dem Handelsregister (bei juristischen Personen)
❏ Falls vorhanden, Angaben zu den gesetzlichen Vertretern beziehungsweise geschäftsführungsberechtigten Gesellschaftern einer Personengesellschaft

Die Zuverlässigkeit prüft die Gewerbebehörde im Hinblick auf Ihr jeweiliges Gewerbe. Sie möchte wissen, ob Sie die Gewähr für eine künftige ordnungsgemäße Ausführung der gewerblichen Tätigkeit bieten. Unzuverlässig wäre ein Gewerbetreibender, der Lohnsteuern, Umsatzsteuern, Sozialversicherungsbeiträge nicht oder zu spät entrichtet, Schwarzarbeiter beschäftigt oder einschlägig verurteilt wurde. Als Versicherungsvermittler wären Sie unzuverlässig, wenn Sie wegen eines Verbrechens (also einer Straftat mit Mindestfreiheitsstrafe von einem Jahr) oder wegen einer Wirtschaftsstraftat rechtskräftig verurteilt worden wären: Diebstahl, Unterschlagung, Erpressung, Betrug, Untreue, Urkundenfälschung, Hehlerei, Wucher und Insolvenzstraftaten: betrügerischer Bankrott, Verletzung der Buchführungspflicht, Gläubigerbegünstigung oder Schuldnerbegünstigung.

Die Gewerbeämter müssen eine Prognose für die Zuverlässigkeit in der Zukunft abgeben. Liegen die Ursachen für die Unzuverlässigkeit schon lange zurück – beispielsweise eine strafrechtliche Verurteilung – kann sie trotzdem eine Erlaubnis erteilen. Mehr dazu können Sie in Teil II, 1., in den Abschnitten »Gründung im zweiten Anlauf« und »Gründung mit Vorstrafen« nachlesen.

Gut zu wissen: Weitere Prüfungskriterien bei der Beantragung einer Gewerbeerlaubnis

❏ Prüfung der fachlichen und sachlichen Eignung: Die fachliche Eignung und der Nachweis von bestimmten Kenntnissen und Fähigkeiten richten sich nach der jeweiligen Vorschrift in der Gewerbeordnung oder den gewerberechtlichen Nebengesetzen (Gaststättengesetz, Handwerksordnung). Vielfach hängt die Erlaubnis von einer zusätzlichen Fachkundeprüfung oder dem Nachweis einer Unterrichtung durch die Industrie- und Handelskammer ab.

❏ Prüfung der räumlichen Voraussetzungen: Nachweisbar durch Miet-, Pacht- oder Kaufvertrag über die Geschäftsräume oder Skizzen der Räume und sanitären Anlagen.

❏ Prüfung der geordneten wirtschaftlichen Verhältnisse: Geordnete wirtschaftliche Verhältnisse, also Ihre Fähigkeit, Ihre finanziellen Verpflichtungen zu erfüllen, spielen eine Rolle für Pfandleiher, Wachdienste, Auktionshäuser, Makler, Bauträger und Baubetreuer. Haben Sie schon eine Insolvenz hinter sich gebracht, müssen Sie der Gewerbebehörde sehr genau darlegen, dass Sie künftig Ihren finanziellen Verpflichtungen nachkommen können.

❏ Eine weitere Voraussetzung für bestimmte Gewerbe ist der Nachweis einer Haftpflichtversicherung. Um als Versicherungsvermittler arbeiten zu dürfen, müssen Sie beispielsweise eine Haftpflichtversicherung nachweisen. Mehr dazu finden Sie bei den einzelnen Gewerben und in Teil III, 9., im Abschnitt »Haftpflichtversicherungen«.

Gewerbezentralregister

Das Gewerbezentralregister (www.bundesjustizamt.de) kann zur Stolperfalle werden, wenn Sie ein Überwachungs- oder erlaubnispflichtiges Gewerbe anmelden wollen und die Behörde Ihnen mangels Zuverlässigkeit die Erlaubnis verweigert. In dem Register sind diverse einschlägige Informationen gesammelt: Eintragungen über Gewerbeuntersagungen, Rücknahmen von Konzessionen sowie Verzichtserklärungen, die Antragsteller abgegeben haben, um beispielsweise eine offizielle Ablehnung des Gewerbeantrags zu vermeiden. Ferner Bußgeldentscheidungen und strafrechtliche Verurteilungen wegen bei der Gewerbeausübung begangener Ordnungswidrigkeiten und Straftaten. Allerdings werden die Eintragungen über strafrechtliche Verurteilungen und Geldbußen nach einer Frist von maximal fünf Jahren ab dem Tag des ersten Urteils beziehungsweise nach dem Eintritt der Rechtskraft des Bußgeldbescheids gelöscht, auf Antrag und im Härtefall schon früher.

Gut zu wissen: Selbstauskunft über den eigenen Eintrag im Gewerbezentralregister

Gegen eine Gebühr von 13 Euro können Sie sich vor Eröffnung Ihres Gewerbebetriebs eine Auskunft aus dem Gewerbezentralregister zuschicken lassen. Diese müssen Sie bei Ihrem örtlich zuständigen Einwohnermeldeamt beantragen.

Überwachung bestimmter Gewerbe

Wenn die Gewerbebehörde es verlangt, müssen Sie ihr Auskünfte zum laufenden Geschäftsbetrieb oder zu Ihren persönlichen Verhältnissen geben. Mitarbeiter dürfen auch während der Geschäftszeiten Ihre Geschäftsräume betreten und Ihre Geschäftsbücher einsehen, um zu überprüfen, ob Sie die gewerberechtlichen Vorschriften einhalten und zuverlässig sind.

Wer darf die Erlaubnis beantragen?

Antragsberechtigt sind natürliche und juristische Personen. Bei Personengesellschaften muss jeder geschäftsführungsberechtigte Gesellschafter eine eigne Erlaubnis erhalten; bei GmbHs erhält die GmbH selbst diese Erlaubnis.

Aus der Praxis: Was kostet die Gewerbeerlaubnis?

Die Kosten der Erlaubnis variieren je nach Gemeinde und Verwaltungsaufwand zwischen 240 und 600 Euro. Eine Gaststättenkonzession kostet von 500 Euro (Kiosk) bis zu 3000 Euro (Restaurant). Übersichtstabellen bieten viele IHKs und Stadtverwaltungen im Internet an wenn Sie nach den Suchbegriffen »Kosten« und »Erlaubnis« suchen.

Überwachungspflichtige Gewerbe

Sogenannte überwachungspflichtige Gewerbe können Sie zwar ohne Erlaubnis eröffnen, müssen jedoch bei der Anmeldung eine Zuverlässigkeitsprüfung über sich ergehen lassen und im laufenden Betrieb die oben beschriebene Überwachung dulden.

Was zählt zu den überwachungspflichtigen Gewerben?

Dazu gehören nach § 38 Gewerbeordnung: der Handel mit Gebrauchtwaren, Teppichen, Elektronik, Autos, Fahrrädern, Edelmetallen. Außerdem Gewerbe, die bestimmte Dienste anbieten oder vermitteln, wie Auskunfteien, Detekteien, Partnerschaftsvermittlungsinstitute, Reisevermittler und Schlüsseldienste.

Stellt sich Ihre Unzuverlässigkeit heraus und hält die Behörde die Untersagung zum Schutze der Allgemeinheit oder der im Betrieb Beschäftigten für erforderlich, kann sie Ihnen nachträglich die Gewerbeausübung untersagen oder diese unter Auflagen stellen (beispielsweise Ihnen vorschreiben, alle Verkäufe detailliert zu dokumentieren).

Sanktionen bei Verstößen

Verstöße gegen die gewerberechtlichen Vorschriften können im schlimmsten Fall mit der Betriebsschließung sanktioniert werden. Ist Ihr Gewerbe erlaubnisfrei, kann die Gewerbebehörde Ihnen die Ausübung wegen mangelnder Zuverlässigkeit kostenpflichtig untersagen (§ 35 GewO). Betreiben Sie ein erlaubnispflichtiges Gewerbe und verstoßen im laufenden Betrieb gegen Vorschriften – beispielsweise gegen Lärmschutzauflagen oder Sperrzeiten – kann die Behörde die Gewerbeerlaubnis kostenpflichtig ganz oder teilweise widerrufen (nach den Vorschriften des Verwaltungsverfahrensgesetzes, VwVfG). Wenn Sie mit der Entscheidung der Behörde nicht einverstanden sind, können Sie gegen diese Verwaltungsentscheidung (=Verwaltungsakt) Ihrer Gewerbebehörde Widerspruch einlegen. Mehr dazu in Teil IV »Serviceteil: So setzen Sie Ihr Recht durch«.

Einzelne erlaubnispflichtige Gewerbe

Privatklinik und Geburtshaus

Ob Privatklinik für ästhetisch-plastische Chirurgie, Geburtshaus oder Private Nervenklinik – wenn Sie sich als Unternehmen mit einem privaten Kranken- oder Entbindungshaus selbstständig machen, brauchen Sie eine Konzession nach § 30 GewO, die Ihnen die Gewerbeaufsichtsbehörde (Bezirksregierung oder Regierungspräsidium) erteilt. Der Unterschied zur ambulanten Arztpraxis: An sich ist die Tätigkeit eines Arztes freiberuflich und die Eröffnung einer ambulanten Praxis richtet sich nach den oben beschriebenen Heilgesetzen und der Kassenzulassung. Die Klinikkonzession brauchen Sie jedoch für die stationäre (über Nacht) Behandlung von Kranken.

Als Inhaber und Manager der Klinik müssen Sie selber nicht Arzt oder Hebamme sein, brauchen aber ärztlich qualifiziertes Personal, beispielsweise für eine Schönheitsklinik einen Facharzt für plastische Chirurgie sowie einen Anästhesisten. Mehr Informationen finden Sie beim jeweiligen Fachverband (zum Beispiel dem Bundesverband Deutscher Privatkliniken, www.bdpk.de oder dem Deutschen HebammenVerband, www.hebammenverband.de) oder beim Fachverlag C.F. Müller,»Gründung einer Privatklinik, Leitfaden für niedergelassene Ärzte – mit Musterverträgen«, C.F. Müller/MedizinRecht.de, 2005 (www.MedizinRecht.de).

Pflegedienst

Die Gründung eines ambulanten Pflegedienstes oder Pflegeheims ist erlaubnispflichtig und richtet sich nach den Vorschriften des Pflegeversicherungsgesetzes. Dies stellt klar, wer pflegen darf und ob die Pflegekassen die Pflege bezahlen. Sie können einen ambulanten Pflegedienst gründen, bei dem Sie die Pflegebedürftigen zu Hause aufsuchen, oder Sie können ein Pflegeheim errichten, was natürlich finanziell und organisatorisch eine viel größere Herausforderung darstellt. In beiden Fällen aber brauchen Sie zur Gewerbeanmeldung beim Gewerbeamt die Zulassung als Pflegedienst vom Landesverband der Pflegekassen. Diese sind an die Krankenkassen angegliedert.

Gut zu wissen: Voraussetzungen der Zulassung durch die Pflegekassen

❏ Damit die Pflegekassen mit Ihnen einen Versorgungsvertrag abschließen, müssen Sie Ihre Fähigkeit und Ihre Kapazitäten zur pflegerischen Versorgung Ihrer Patienten nachweisen. Zuständig für die Prüfung ist der Medizinische Dienst der Krankenversicherung (www.mdk.de).
❏ Ferner müssen Sie den Nachweis Ihrer Zuverlässigkeit durch ein polizeiliches Führungszeugnis und Gesundheitszeugnis erbringen; Ihre Qualifikation und Erfahrung als Pflegefachkraft (Krankenschwester, Altenpfleger, Heilerziehungspfleger) sowie eine Weiterbildungsmaßnahme für leitende Funktionen nachweisen.
❏ Da Sie ausreichende Kapazitäten für die Pflege bereitstellen müssen – zur Not rund um die Uhr – brauchen Sie als Einzelgründerin ein Team. Gegebenenfalls müssen Sie daher mit anderen Pflegediensten kooperieren.
❏ Schließlich ist eine Betriebshaftpflichtversicherung notwendig.

Mehr zum Thema

❏ Internetseiten der Industrie- und Handelskammern, zum Beispiel www.stuttgart.ihk24.de, Stichwort »Pflegedienst«
❏ Die Pflegekassen sind bei den Krankenkassen angesiedelt. Informieren Sie sich beim Verband Ihrer Krankenkasse: AOK-Bundesverband, Bundesverband der Betriebskrankenkassen, IKK-Bundesverband, See-Krankenkasse, Bundesverband der landwirtschaftlichen Krankenkassen, Knappschaft, Verband der Angestellten-Krankenkassen e.V. und der AEV – Arbeiter-Ersatzkassen-Verband e.V.
❏ Bundesverband privater Anbieter sozialer Dienste e.V. (www.bpa.de)

Personen- oder Güterbeförderung

Personenbeförderung

Sie möchten Personen mit Bussen, Mietwagen oder Taxen befördern? Dann brauchen Sie eine Konzession der zuständigen Verkehrsbehörde. Rechtsgrundlage ist das Personenbeförderungsgesetz; Voraussetzungen Ihre persönliche Zuverlässigkeit und wirtschaftliche Leistungsfähigkeit sowie Ihre fachliche Eignung. Letztere erfordert eine Fachkundeprüfung vor der IHK, mehrjährige leitende Tätigkeit im Personenbeförderungsgewerbe oder eine einschlägige Ausbildung.

Mehr Informationen

❏ Bei Ihrer örtlich zuständigen Industrie- und Handelskammer
❏ Einzelverbände, zum Beispiel Taxi-Verband Deutschland (www.taxi-verband.de)

Post und Kurierdienste

Um Postdienstleistungen (Briefsendungen mit einem Einzelgewicht bis 1000 Gramm) zu erbringen, brauchen Sie nach dem Postgesetz eine Lizenz der Bundesnetzagentur. Erfüllen Sie die Lizenzierungsvoraussetzungen, haben Sie einen Rechtsanspruch auf die Erteilung der Lizenz für ein bestimmtes Gebiet. Den Antrag auf eine Lizenz stellen Sie bei der Bundesnetzagentur (www.bundesnetzagentur.de), Formulare können Sie dort herunterladen, Stichwort »Lizenzen gemäß §5 PostG« (Hotline: 0228/14-5555).

Für andere Kurierdienste (Pakete bis 20 kg, Briefe oder Umschläge mit Dokumenten bis 1000 Gramm, adressierte Pakete bis 20 kg, Beförderung von Büchern, Katalogen, Zeitungen oder Zeitschriften, ist keine Lizenz nötig; wer solche Postdienstleistungen erbringt, muss die Eröffnung, die Änderung und die Beendigung eines solchen Betriebs bei der Bundesnetzagentur anzeigen. Wenn Sie Briefsendungen als Subunternehmer (=Erfüllungsgehilfe) ausliefern, brauchen Sie keine Erlaubnis. Sie müssen Ihren Kurierdienst aber als Gewerbe anmelden und bei der Netzagentur kostenlos anzeigen, um dort registriert zu werden.

Kleintransporte bis 3,5 Tonnen zulässiges Gesamtgewicht (zGG)

Hier ist keine Lizenz nötig, der Gewerbeschein reicht.

Gütertransporte

Wollen Sie Güter in Kraftfahrzeugen, die einschließlich Anhänger ein höheres zGG als 3,5 Tonnen haben, transportieren, brauchen Sie eine Erlaubnis nach dem Güterkraftverkehrsgesetz (nationale Güterkraftverkehrserlaubnis innerhalb Deutschlands; EU-Lizenz innerhalb der EU). Zuständig für die Güterkraftverkehrserlaubnis und die EU-Lizenz ist die Verkehrsgewerbeaufsicht. Diese ist in der Regel bei der Stadtverwaltung im Rechtsamt oder in Landkreisen beim Landratsamt angesiedelt. Zuständig für bilaterale Genehmigungen für den Transport von Gütern von Deutschland aus in Nicht-EU-Länder und die CEMT-Genehmigung für den multilateralen Güterverkehr ist das Bundesamt für Güterverkehr (www.bag.bund.de).

Gut zu wissen: Voraussetzungen der Erlaubnis zum Transport von Gütern

❏ Persönliche Zuverlässigkeit, finanzielle Leistungsfähigkeit und fachliche Eignung, die Sie durch die üblichen, oben angeführten Nachweise erbringen. Sie können vorab selber eine Auskunft aus dem Verkehrszentralregister über die zu Ihrer Person gespeicherten Eintragungen beantragen (auf der Seite des Kraftfahrt-Bundesamtes www.kba.de).
❏ Mindesteigenkapital laut Berufszugangsverordnung für den Güterkraftverkehr (GBZugV)
❏ Unbedenklichkeitsbescheinigung der Berufsgenossenschaft für Fahrzeughaltungen
❏ Fachkundeprüfung der örtlich zuständigen IHK
❏ Spezialschulung beim Transport von Gefahrgut
❏ Sozialvorschriften für Fahrer ab Transporten von 2,8 t zGG: Lenk- und Ruhezeiten, Aufzeichnungspflichten

Berufsgenossenschaft

Als Transportunternehmer, egal, ob mit einem Fahrzeug unter oder über 3,5t zGG, sind Sie Pflichtmitglied in der Berufsgenossenschaft für Fahrzeughaltungen (www.bgf.de). Für Brief- und Zustelldienste ist die Unfallkasse Post und Telekom zuständig (www.ukpt.de).

Vertragsrecht

Mit Ihren Kunden schließen Sie Frachtverträge. Statt allgemeiner AGB können Sie die Vertragsbedingungen für den Güterkraftverkehrs-, Speditions- und Logistikunternehmer (VBGL) oder die Allgemeinen Deutschen Spediteurbedingungen (ADSp) verwenden.

Haftung und Versicherung

Als Frachtführer haften Sie für Verlust und Beschädigung des Transportguts. Sie brauchen daher eine Güterschadenhaftpflichtversicherung (über 3,5 t zGG Pflicht) sowie freiwillig ggf. Transport- und die Betriebshaftpflichtversicherung.

Scheinselbstständigkeit

Mehr zum Thema Scheinselbstständigkeit im Transportwesen finden Sie in Teil III, 8. »Altersvorsorge«.

Mehr zum Thema

❏ Broschüre der IHK Stuttgart: »Kurier-, Express- und Paketdienstleister (KEP) Leitfaden für Unternehmer«
❏ Bundesverband der Kurier-Express-Post-Dienste e.V., www.kurier.com, Tel. 040/4303374
❏ Bundesnetzagentur (www.bundesnetzagentur.de)
❏ Bundesamt für Güterverkehr (BAG), www.bag.bund.de, Tel. 0221/5776-0

Vermittler

Makler, Vermittler von Darlehen und Anlagen, Bauträger und Baubetreuer

Um sich als Makler, Vermittler von Darlehen und Anlagen, Bauträger und Baubetreuer selbstständig zu machen, brauchen Sie eine Erlaubnis gemäß § 34c GewO. Neben der persönlichen Zuverlässigkeit müssen Sie Ihre geordneten wirtschaftlichen Verhältnisse nachweisen. Einzelheiten regelt die Makler- und Bauträgerverordnung (MaBV). Personen, die die Erlaubnis erhalten haben, müssen die Einhaltung der Pflichten jedes Jahr von einem externen Prüfer nachweisen lassen.

Versicherungsvermittler

Versicherungsvermittler und -makler brauchen gemäß § 34d GewO eine Erlaubnis der IHK. Mit der Regelung wurde die EU-Vermittler-richtlinie in deutsches Recht umgesetzt. Die Erlaubnis setzt persönliche Zuverlässigkeit, wirtschaftlich geordnete Verhältnisse, eine (kostenpflichtige) Sachkundeprüfung bei der IHK und eine Berufshaftpflichtversicherung voraus.

Keine Erlaubnis brauchen Vermittler, die an eine Bank, eine Versicherung oder ein Vermittlungsunternehmen gebunden sind – soweit diese uneingeschränkt für die Vermittlertätigkeit haften und unter der Kontrolle der BaFin (Bundesanstalt für Finanzdienstleistungsaufsicht) stehen. Das bedeutet, dass Finanzberater eines Beratungsunternehmens auch weiterhin keine besondere Qualifikation nachweisen müssen.

Versicherungsvermittler können sich bei der IHK entweder über ihr Versicherungsunternehmen als gebundener Vermittler oder aufgrund der Erlaubnis als ungebundener Vermittler im Vermittlerregister registrieren lassen. Weitere Ausnahmen von der Erlaubnispflicht gelten beispielsweise für geringfügige Vermittlungstätigkeiten. Mehr Informationen finden Sie in der Versicherungsvermittlungsverordnung und bei Ihrer örtlichen IHK.

Vermittlung von Finanzprodukten

Für die Vermittlung von Finanzprodukten, Kapitalanlagen, Anlageberatung und die Anlage- und Abschlussvermittlung brauchen Sie nach der Gewerbeordnung eine Erlaubnis (§ 34c Abs. 1 Nr. 3 GewO in Verbindung mit § 2 Abs. 6 Satz 1 Nr. 8 Kreditwesengesetz). Versicherungsvermittler sind meistens zugleich Handelsvertreter ihres jeweiligen Auftraggebers.

Leihhaus, Pfandleihe

Ein Leih- oder Pfandleihhaus vergibt zwar ähnlich wie eine Bank Kredite (2008 rund 470 Millionen Euro), ist aber kein Kreditinstitut, sondern nur ein erlaubnispflichtiges Gewerbe (§ 34 GewO). Leihhäuser oder auch Pfandkreditinstitute vergeben auf die beliehenen Pfandsachen Kredite. Pfandsachen können sein: Schmuck, Uhren, Porzellan, Technische Geräte und Elektronik, jedoch weder Optionsscheine noch andere Wertpapiere. Voraussetzung für die Erlaubnis ist neben der persönlichen Zuverlässigkeit die finanzielle Leistungsfähigkeit: Für eine Pfandleihe müssen Sie mindestens für die ersten sechs Monate des Gewerbebetriebes die erforderlichen Mittel und Sicherheiten zur Verfügung haben. Der Verband nennt einen Gründungskapitalbedarf von mindestens 150.000 Euro. Eine Aus- und Fortbildung beispielsweise zum Edelstein- oder Schmuckexperten, damit Sie den Wert der beliehenen Gegenstände schätzen können, ist nicht vorgeschrieben aber ratsam. Einzelvoraussetzungen zur Annahme und Verwertung nicht abgeholten Pfandes sowie zur Lagerung und Versicherung der Pfandgegenstände enthält die Pfandleihverordnung. Mehr Informationen erhalten Sie beim Zentralverband des Deutschen Pfandkreditgewerbes (www.pfandkredit.org).

Weitere genehmigungsbedürftige Gewerbe

Sicherheits- und Wachdienst

Auch zur Eröffnung eines Wach- oder Sicherheitsdienstes brauchen Sie eine Gewerbeerlaubnis gemäß § 34a GewO, die neben Ihrer persönlichen Zuverlässigkeit den Nachweis der erforderlichen Mittel und eine 40-stündige Unterrichtung durch die IHK voraussetzt. Weitere Voraussetzungen finden Sie in der Bewachungsverordnung, die Sie wie von den anderen Gesetzen gewohnt unter www.gesetze-im-internet.de finden.

Fahrschulen

Fahrlehrer brauchen eine Ausbildung nach dem Fahrlehrergesetz und müssen der Straßenverkehrsbehörde für die Zulassung ihre persönliche Zuverlässigkeit, Berufserfahrung sowie eine Prüfung beim TÜV nachweisen.

Erlaubnispflichtiger Handel

Der Verkauf von Waffen, lebendigen Tieren und freiverkäuflichen Arzneimitteln ist erlaubnis- beziehungsweise überwachungspflichtig (§ 21 Waffengesetz, § 11 Tierschutzgesetz, § 50 Arzneimittelgesetz). Für den Zoohandel und den Waffenhandel sind die persönliche Zuverlässigkeit und eine IHK-Fachkundeprüfung nachzuweisen. Und für den Handel mit freiverkäuflichen Arzneimitteln ist gemäß den §§ 33, 43 und 50 Arzneimittelgesetz eine IHK-Fachkundeprüfung notwendig.

Personalvermittlung und Zeitarbeit

Angehende selbstständige Personalvermittler, die selber Mitarbeiter einstellen wollen, um sie dann zu »verleihen«, brauchen nach dem Arbeitnehmerüberlassungsgesetz eine Erlaubnis der Regionaldirektion (früher Landesarbeitsamt), also der den Arbeitsagenturen übergeordneten Behörde. Eine Auflistung der Regionaldirektionen mit Webadresse finden Sie auf der Seite der Bundesarbeitsagentur (www.arbeitsagentur.de, Suchbegriff »Regionaldirektionen«).

Glück im Spiel, Pech in der Liebe

Jedes Gewerbe in Kombination mit Spielen ist nach den §§ 33c bis 33i GewO erlaubnispflichtig. Ob Sie nur Geldautomaten oder Spielautomaten aufstellen, ob Sie eine Spielhalle mit Paintballschießen einrichten oder planen, irgendwann eine ganze Spielbank zu besitzen: Ohne das Okay Ihrer Gewerbebehörde geht es nicht. Der Grund liegt auf der Hand. Glücksspiele & Co sind hochgradig suchtgefährdend – da will die Behörde ein Händchen drauf haben. Zur Gewerbeerlaubnis kommen noch die baurechtlichen Vorschriften und der Jugendschutz. Das Glücks- und Gewinnspielrecht ist ein eigenes komplexes Rechtsgebiet, sodass Sie sich hierbei bei der Gewerbebehörde informieren und von einem auf dieses Rechtsgebiet spezialisierten Anwalt beraten lassen sollten (s. auch Teil IV, 1 »Wie finde ich den passenden Berater?«).

Wer wird Wirt? Gründung in der Gastronomie

Sie möchten eine Gaststätte, Kneipe oder auch ein Hotel eröffnen? Dann gelten für Sie auch die oben beschriebenen Vorschriften der Gewerbeordnung für die Eröffnung eines erlaubnispflichtigen Gewerbes sowie zusätzlich das Gaststättengesetz. Generell empfehlenswert für eine Gründung in der Gastronomie ist das Durchgehen Ihres Konzeptes mit einem Fachmann des Branchenverbandes Deutscher Hotel- und Gaststättenverband DEHOGA (www.dehoga-bundesverband.de). Im Folgenden erhalten Sie einen Überblick über die wichtigsten Punkte für Gastronomie-Gründer.

Wer braucht eine Gaststättenkonzession?

Die Gaststättenerlaubnis oder Konzession gemäß § 2 Gaststättengesetz brauchen Sie nur, wenn Sie alkoholische Getränke ausschenken oder zubereitetes Essen, das vor Ort gegessen wird, anbieten. Lediglich eine Gewerbeanmeldung hingegen ist unter anderem notwendig für: den Ausschank von alkoholfreien Getränken; die Ausgabe von Kostproben im Einzelhandel, die Bewirtung in Ferienwohnungen; den Betrieb einer Kantine; für Pizza- oder Party-Services oder Caterer. Auch als Miet- oder Leihkoch brauchen Sie keine Konzession. Je nachdem entscheiden die Behörden bei Imbissbuden: Nehmen die Kunden ihre Currywurst mit, geht es ohne Erlaubnis; gibt es einen Stehtisch mit Sonnenschirm, ist eventuell eine Gaststättenerlaubnis nötig.

Was kostet die Gaststättenerlaubnis?

Die Erlaubnis kostet je nach Art Ihres Betriebs (ob Imbissbude mit Stehtisch, Restaurant oder Bar) zwischen 50 und 5000 Euro. Die Erlaubnis gibt es auch zeitlich befristet, beispielsweise für ein Straßenfest. Um Wartezeiten zu vermeiden, können Sie eine vorläufige Gaststättenerlaubnis beantragen.

Checkliste: Nachweise zur Erlangung einer Gaststättenkonzession

- ❏ Persönliche Zuverlässigkeit
- ❏ Geeignete Räumlichkeiten: Die Geschäftsräume müssen für die jeweilige Art von Gaststätte, sei es eine Theaterkneipe, eine Disko oder ein Ausflugslokal, geeignet sein und Bau-, Sicherheits- und sonstigen Vorschriften entsprechen.
- ❏ Die Gaststätte darf keine öffentlichen Interessen verletzen. Eine Disko unmittelbar neben einer Kirche wäre beispielsweise unzulässig.
- ❏ Unterrichtungsnachweis über lebensmittel- und hygienerechtliche Kenntnisse: Informationen zum geltenden Lebensmittelhygienerecht erhalten Sie bei der IHK. Arbeitgeber müssen ihre Mitarbeiter über die Hygienevorschriften belehren.
- ❏ Gesundheitszeugnis gem. § 43 Infektionsschutzgesetz
- ❏ Handelsregisterauszug für Gründer, die aufgrund ihrer Rechtsform dort eingetragen sind.
- ❏ Versicherungen: Der Abschluss einer Betriebshaftpflichtversicherung ist nicht vorgeschrieben.
- ❏ Urheberrechtsabgabe
- ❏ Sondersteuern
- ❏ Unfallversicherung
- ❏ Arbeitsgenehmigung
- ❏ Baugenehmigung

Musik hören und Urheberrechtsabgabe bezahlen

In Gaststätten, Kneipen und Hotels werden Musik und Filme abgespielt. Hierfür müssen Sie als Nutzer nach dem Urheberrechtswahrnehmungsgesetz den Verwertungsgesellschaften Geld für die Nutzung von urheberrechtlich geschützten Werken bezahlen. Gaststätten müssen daher über die DEHOGA Mitglied in der Bundesvereinigung der Musikveranstalter (BVMV) sein. Die Tarife für die unterschiedlichen Nutzungsarten, beispielsweise für Unterhaltungs- und Tanzmusik mit Musikern, mit Tonträgerwiedergabe, für die Wiedergabe von Hörfunksendungen, etc., erfragen Sie bei der Gesellschaft für musikalische Aufführungs- und mechanische Vervielfältigungsrechte (GEMA, www.gema.de) oder bei der DEHOGA.

Nichtrauchergesetze

Seit Januar 2008 ist in der gesamten Gastronomie das Rauchen verboten. Allerdings können Gastwirte unter anderem Raucherclubs eröffnen, um trotz der Nichtraucherschutzvorschriften ihren Gästen das Rauchen zu ermöglichen. Eine schnelle Übersicht über die Nichtraucherschutzgesetze der Bundesländer und die möglichen Ausnahmen vom Rauchverbot in der Gastronomie finden Sie über Wikipedia (http://de.wikipedia.org/wiki/Rauchverbot).

Sondersteuern: Getränke- und Vergnügungssteuer

Wenn Sie nicht gerade in Niedersachsen, Schleswig-Holstein oder Bayern gründen, kann es sein, dass Ihre Stadt oder Gemeinde auf Alkohol und andere Getränke nach einem bestimmten Prozentsatz des Einzelhandelspreises Getränkesteuern erhebt. Eine weitere kommunale Steuer, die Ihre Gaststätte betreffen könnte, wenn Sie nicht gerade in Bayern gründen, ist die Vergnügungssteuer auf Veranstaltungen und Spielautomaten. Erkundigen Sie sich bei Ihrer Stadtverwaltung, ob und wenn ja, in welchem Umfang Ihr Unternehmen betroffen ist.

Unfallversicherung

Für Ihre Unfallversicherung und die Ihrer Mitarbeiter ist die Berufsgenossenschaft Nahrungsmittel und Gaststätten zuständig (www.bgn.de,
Tel. 06 21 / 44 56-0.

Ausländische Mitarbeiter

Gehören Sie zu den vielen Gastwirten, die Ausländer beschäftigen?
Dann achten Sie darauf, dass diese eine gültige Arbeitsgenehmigung
haben oder informieren Sie sich bei Ihrer örtlichen Ausländerbehörde,
ob diese entbehrlich ist, beispielsweise weil Ihr Mitarbeiter aus einem
EU-Beitrittsstaat kommt. Andernfalls drohen Ihnen fühlbare Geldbußen.

Baugenehmigung

Wenn Sie eine Gaststätte unverändert von Ihrem Vorgänger übernehmen, ist das unproblematisch. Doch sobald Sie nur irgendeine Kleinigkeit anders machen, die Gaststätte sanieren, eine Mauer einreißen oder
außen eine Leuchtreklame mit Ihrem Namen anbringen, brauchen Sie
eine Genehmigung der Bauaufsichtsbehörde. Mehr dazu finden Sie im
Kapitel »Standort und Geschäftsräume« dieses Teils.
Sobald Ihr Restaurant etwas größer ist und vielleicht eine Bühne hat,
auf der Sie die eine oder andere Veranstaltung abhalten oder über
einen größeren Nachbarraum verfügt, der 200 Personen fasst, ist es
zugleich eine Versammlungsstätte, die die Voraussetzungen der landesrechtlichen Versammlungsstättenverordnung erfüllen muss. Diese
regelt alles Mögliche von den baulichen Voraussetzungen einer Treppe
bis hin zu den Notausgängen. Informieren Sie sich gegebenenfalls bei
Ihrer Bauaufsichtsbehörde.
In der Startothek-Datenbank der KfW-Mittelstandsbank finden Sie ein
kostenloses Fallbeispiel für die Gründung einer Gaststätte (www.star-
tothek.de).

Mehr zum Thema

❏ Im Dehoga-Shop (www.dehoga-shop.de) finden Sie Ratgeber und Vertragsmuster zu allen rechtlich, steuerlich und betriebswirtschaftlich relevanten Punkten. Zudem kann es sinnvoll sein, eine Brauerei oder einen Getränkehändler zu finden, die mit Ihnen einen Brauereivertrag oder Getränkebezugsvertrag schließt → Darlehensvertrag.

Gründung im Handwerk

Manche werden das geflügelte Wort »Handwerk hat goldenen Boden« zwar bestreiten, dennoch haben gute und tüchtige Handwerker nach wie vor ausgezeichnete Chancen als Selbstständige wirtschaftlich erfolgreich zu sein. Das Handwerk ist zwar ein Gewerbe, seine Vorschriften finden sich aber außer in der Gewerbeordnung in der Handwerksordnung (HwO). Um zu wissen, welche rechtlichen Gründungsvoraussetzungen für Sie gelten, müssen Sie zunächst prüfen, ob das Handwerk zulassungspflichtig oder zulassungsfrei ist.

Zulassungspflichtige Handwerke

Handwerksordnung (HwO), Anlage A, *Verzeichnis der Gewerbe, die als zulassungspflichtige Handwerke betrieben werden können*

❏ Maurer und Betonbauer

❏ Zimmerer

❏ Straßenbauer

❏ Brunnenbauer

❏ Stukkateure

❏ Gerüstbauer

❏ Metallbauer

❏ Karosserie- und Fahrzeugbauer

❏ Ofen- und Luftheizungsbauer

❏ Dachdecker

❏ Wärme-, Kälte- und Schallschutzisolierer

❏ Steinmetzen und Steinbildhauer

❏ Maler und Lackierer

❏ Schornsteinfeger

❏ Chirurgiemechaniker

❏ Feinwerkmechaniker

- Zweiradmechaniker
- Informationstechniker
- Landmaschinenmechaniker
- Klempner

- Kälteanlagenbauer
- Kraftfahrzeugtechniker
- Büchsenmacher
- Installateur und Heizungs-
  bauer

- Elektrotechniker
- Tischler
- Seiler
- Konditoren
- Augenoptiker
- Orthopädietechniker
- Zahntechniker
- Glaser

- Elektromaschinenbauer
- Boots- und Schiffbauer
- Bäcker
- Fleischer
- Hörgeräteakustiker
- Orthopädieschuhmacher
- Friseure
- Glasbläser und Glasapparate-
  bauer

- Vulkaniseure und Reifen-
  mechaniker

Um sich in einem der 41 zulassungspflichtigen Handwerke selbstständig zu machen, müssen Sie in der Handwerksrolle, die bei der Handwerkskammer geführt wird, eingetragen sein. Ohne die Eintragung dürfen Sie nicht starten. Wenn Sie nicht in die Handwerksrolle eingetragen werden, bleiben Ihnen nur die unten genannten Ausnahmen.

Gut zu wissen: Voraussetzungen für den Eintrag in die Handwerksrolle

Um eingetragen zu werden, müssen Sie eine der folgenden Voraussetzungen mitbringen:

- Einen Meisterbrief in Ihrem oder einem ähnlichen Handwerk. Wenn Sie beispielsweise Konditor sind, können Sie sich auch mit einer Bäckerei in die Handwerksrolle eintragen lassen.

❏ Eine Ausübungsberechtigung als sogenannter Altgeselle, falls das Handwerk nicht von der Altgesellenregel ausgenommen ist und in jedem Fall den Meisterbrief erfordert. Letzteres betrifft Schornsteinfeger, Augenoptiker, Hörgeräteakustiker, Orthopädietechniker, Orthopädieschuhmacher und Zahntechniker.

❏ Falls Sie als Betriebsinhaber selber weder Meister noch ausübungsberechtigt sind, reicht es, wenn ein von Ihnen angestellter Betriebsleiter die Eintragungsvoraussetzungen (Meisterprüfung oder Ausübungsberechtigung) mitbringt.

Ebenfalls in die Handwerksrolle können sich eintragen lassen:

❏ Ingenieure oder TU-Absolventen mit einem Studium, das einem eintragungspflichtigen Handwerk entspricht;

❏ Personen mit einer dem Meisterbrief gleichwertigen deutschen oder ausländischen Prüfung;

❏ Personen mit einer Ausnahmebewilligung;

❏ Eine GbR und eine GmbH können sich in die Handwerksrolle eintragen lassen, vorausgesetzt, der Betriebsleiter (Geschäftsführer oder geschäftsführender Gesellschafter) erfüllt die oben beschriebenen Voraussetzungen dafür (Meisterbrief, Ausübungsberechtigung).

Mit einem Meisterbrief dürfen Sie Lehrlinge ausbilden. Als Altgeselle dürfen Sie Lehrlinge dann ausbilden, wenn Sie den entsprechenden pädagogischen Teil der Meisterprüfung oder eine Ausbildereignerprüfung abgelegt haben. Altgesellen haben selbst eine Gesellenprüfung in dem zulassungspflichtigen Handwerk oder einem verwandten zulassungspflichtigen Handwerk oder eine Abschlussprüfung in einem dem Handwerk entsprechenden anerkannten Ausbildungsberuf. Außerdem haben sie sechs Jahre Berufserfahrung, vier davon in leitender Stellung.

Zulassungsfreie Handwerke

Um sich mit einem zulassungsfreien Handwerk oder einem handwerksähnlichen Gewerbe selbstständig zu machen, müssen Sie der

Gut zu wissen: Auskunft aus der Handwerksrolle

Wenn Sie wissen wollen, ob ein bestimmter Betrieb in der Handwerksrolle eingetragen ist oder nur eine Briefkastenfirma ist und wer der Betriebsleiter ist, weil Sie ihm einen Auftrag erteilen wollen oder sich umgekehrt als Subunternehmer von ihm beauftragen lassen wollen, können Sie eine Auskunft aus der Handwerksrolle erfragen. Solche Einzelauskünfte sind kostenlos.

Handwerkskammer die Aufnahme Ihrer Tätigkeit anzeigen, nicht aber in der Handwerksrolle eingetragen sein.

Handwerksordnung, Anlage B, *Verzeichnis der zulassungsfreien Handwerke (Anlage B1)*

Fliesen-, Platten- und Mosaikleger

Estrichleger

Uhrmacher

Metallbildner

Metall- und Glockengießer

Gold- und Silberschmiede

Rolladen- und Jalousiebauer

Drechsler (Elfenbeinschnitzer) und Holzspielzeugmacher

Böttcher

Damen- und Herrenschneider

Modisten

Segelmacher

Schuhmacher

Raumausstatter

Brauer und Mälzer

Textilreiniger

Gebäudereiniger

Feinoptiker

Betonstein- und Terrazzohersteller

Behälter- und Apparatebauer

Graveure

Galvaniseure

Schneidwerkzeugmechaniker

Parkettleger

Modellbauer

Holzbildhauer

Korbmacher

Sticker

Weber

Kürschner

Sattler und Feintäschner

Müller

Weinküfer

Wachszieher

Glasveredler

Glas- und Porzellanmaler

Edelsteinschleifer und –graveure	Fotografen
Buchbinder	Buchdrucker: Schriftsetzer; Drucker
Siebdrucker	Flexografen
Keramiker	Orgel- und Harmoniumbauer
Klavier- und Cembalobauer	Handzuginstrumentenmacher
Geigenbauer	Bogenmacher
Metallblasinstrumentenmacher	Holzblasinstrumentenmacher
Zupfinstrumentenmacher	Vergolder
Schilder- und Lichtreklamehersteller	

Handwerksordnung, Anlage B2, *Verzeichnis der handwerksähnlichen Gewerbe*

Eisenflechter	Bautentrocknungsgewerbe	Bodenleger
Asphaltierer (ohne Straßenbau)	Fuger (im Hochbau)	Holz- und Bautenschutzgewerbe (Mauerschutz und Holzimprägnierung in Gebäuden)
Rammgewerbe (Einrammen von Pfählen im Wasserbau)	Betonbohrer und -schneider	Theater- und Ausstattungsmaler
Herstellung von Drahtgestellen für Dekorationszwecke in Sonderanfertigung	Metallschleifer und Metallpolierer	Metallsägen-Schärfer
Tankschutzbetriebe (Korrosionsschutz von Öltanks für Feuerungsanlagen ohne chemische Verfahren)	Fahrzeugverwerter	Rohr- und Kanalreiniger

Kabelverleger im Hochbau (ohne Anschlussarbeiten)	Holzschuhmacher	Holzblockmacher
Daubenhauer	Holz-Leitermacher (Sonderanfertigung)	Muldenhauer
Holzreifenmacher	Holzschindelmacher	Einbau von genormten Baufertigteilen (z. B. Fenster, Türen, Zargen, Regale)
Bürsten- und Pinselmacher	Bügelanstalten für Herren-Oberbekleidung	Dekorationsnäher (ohne Schaufensterdekoration)
Fleckteppichhersteller	Klöppler	Theaterkostümnäher
Plisseebrenner	Posamentierer	Stoffmaler
Stricker	Textil-Handdrucker	Kunststopfer
Änderungsschneider	Handschuhmacher	Ausführung einfacher Schuhreparaturen
Gerber	Innerei-Fleischer (Kuttler)	Speiseeishersteller (mit Vertrieb von Speiseeis mit üblichem Zubehör)
Fleischzerleger, Ausbeiner	Appreteure, Dekateure	Schnellreiniger
Teppichreiniger	Getränkeleitungsreiniger	Kosmetiker
Maskenbildner	Bestattungsgewerbe	Lampenschirmhersteller (Sonderanfertigung)
Klavierstimmer	Theaterplastiker	Requisiteure
Schirmmacher	Steindrucker	Schlagzeugmacher

Zulassungspflichtige Handwerke ohne Handwerksrolle

Haben Sie aus irgendwelchen Gründen weder einen Meisterbrief noch eine Ausübungsberechtigung noch eine Ausnahmebewilligung und deshalb keine Chance auf eine Eintragung in die Handwerksrolle, dürfen Sie dennoch das Handwerk selbstständig ausüben, wenn eine der folgenden Konstellationen vorliegt:

❑ Normale handwerkliche Nebenbetriebe (etwa die Bäckerei im Supermarkt) müssen von einem Meister oder Altgesellen geleitet werden. Sogenannte unerhebliche handwerkliche Nebenbetriebe müssen jedoch nicht in der Handwerksrolle eingetragen sein (§ 3 HwO). Ein Nebenbetrieb setzt einen Hauptbetrieb voraus, also beispielsweise ein Einzelhandelsgeschäft, mit dem der Nebenbetrieb wirtschaftlich und organisatorisch verbunden ist. Unerheblich im Sinne von § 3 HwO ist die Nebentätigkeit, wenn der durchschnittliche Umsatz und die durchschnittliche Arbeitzeit eines Einmannunternehmens im entsprechenden Handwerkszweig nicht überschritten werden. Die entsprechenden Durchschnittszahlen nennt Ihnen Ihre örtliche Handwerkskammer. Sie sollten sie allerdings gegenrechnen, indem Sie selber ausrechnen, welchen Umsatz ein solcher kleiner Nebenbetrieb wohl macht.

❑ Auch Handwerksbetriebe, die industriell produzieren, müssen nicht in der Handwerksrolle eingetragen sein. Sie sind statt bei der Handwerkskammer Mitglied der IHK. Das betrifft in erster Linie produzierende Handwerksbetriebe (Bäcker oder Fleischer). Maßgeblich dafür ist die Frage, ob der Chef oder die Chefin noch selber Hand anlegt oder alles an Hilfskräfte delegiert sowie die Ausbildung der Mitarbeiter und die Größe des Betriebs.

❑ Hilfsbetriebe dürfen nach § 3 HwO ebenfalls ohne Eintragung in die Handwerksrolle handwerkliche Tätigkeiten ausüben. Voraussetzung ist, dass der Hilfsbetrieb unselbstständig ist und dem Hauptbetrieb, welcher nicht handwerklich ist, wirtschaftlich dient – etwa die Kfz-Werkstatt einer Spedition, eines Reiseunternehmens oder eines Gebrauchtwarenhändlers.

❏ Eine weitere Möglichkeit für ein kleines Segment von Handwerkern, auch ohne Eintragung in die Handwerksrolle ein zulassungspflichtiges Gewerbe auszuüben, ist die Teilnahme am Marktverkehr. Das klingt kompliziert, ist es aber nicht. Personen, die nur auf Märkten Waren anbieten oder Bestellungen für Waren und Leistungen entgegennehmen, betreiben kein stehendes Gewerbe, für das die Handwerksordnung gilt, sondern Marktverkehr (Details dazu finden Sie im 1. Teil im Kapitel »Der Weg zum Gewerbebetrieb« im Abschnitt »Märkte«. Zwar können Sie nicht auf einem Wochenmarkt oder einer Messe Ihre Werkstatt auspacken und loslegen, aber Sie können handwerklich hergestellte Produkte verkaufen.

❏ Auch wenn Sie Ihr Handwerk als Reisegewerbe ausüben, müssen Sie nicht in der Handwerksrolle eingetragen sein. Sind Sie beispielsweise Telekommunikationselektriker mit einem mobilen Computerrettungsdienst brauchen Sie keine Werkstatt, sondern können von unterwegs aus Bestellungen entgegennehmen. Sie brauchen aber eine Reisegewerbekarte. Lesen Sie dazu im 1. Teil, »Der Weg zum Gewerbebetrieb« im Abschnitt »Reisegewerbe«, nach.

Gut zu wissen: Achtung bei Bestellungen!

Gemäß § 55 GewO betreibt nur derjenige ein Reisegewerbe, wer in eigener Person (also nicht durch Hilfskräfte) gewerbsmäßig ohne vorhergehende Bestellung außerhalb seiner gewerblichen Niederlassung oder ohne eine solche zu haben, Waren feilbietet oder Bestellungen vertreibt oder Bestellungen aufkauft. Um das zu erreichen, ist entscheidend, dass Sie zumindest beim ersten Kundenkontakt diesen ohne vorhergehende Bestellung aufgesucht haben.

Ablauf der Gründung

Zur Gründung eines Handwerksbetriebs müssen Sie persönlich zur Handwerkskammer gehen, sich dort ausweisen und die Gebühr für die Eintragung in die Handwerksrolle beziehungsweise in das Verzeichnis der zulassungsfreien Handwerke oder handwerksähnlichen Gewerbe zahlen. Die Handwerkskammer stellt Ihnen über die Eintragung eine Bestätigung aus; dies ist die Handwerkskarte. In der Handwerkskarte stehen Name und die Anschrift des selbstständigen Handwerkers, der Betriebssitz, das zu betreibende Handwerk und bei Ausübung mehrerer Handwerke diese Handwerke sowie der Zeitpunkt der Eintragung in die Handwerksrolle. Mit der Handwerkskarte melden Sie beim Gewerbeamt Ihr Gewerbe an. Ab hier läuft es wie bei den nichthandwerklichen Gewerbebetrieben: Das Gewerbeamt informiert das Finanzamt, die Berufsgenossenschaft und die weiteren Behörden. Lesen Sie hierzu nach in Teil II, 2 »Der Weg zum Gewerbebetrieb«.

Mit der Eintragung in die Handwerksrolle (für die zulassungspflichtigen Handwerke) bzw. in das Verzeichnis der zulassungsfreien Handwerke und handwerksähnlichen Gewerbe werden Sie Pflichtmitglied Ihrer zuständigen Handwerkskammer. Als Gründer oder sogenannter Junghandwerker sind Sie im ersten Jahr Ihrer Gründung von der Beitragspflicht befreit, bis zum vierten Jahr Ihrer Gründung zahlen Sie ermäßigte Beiträge: im zweiten und dritten Jahr nur den halben Grund- und Zusatzbeitrag, im vierten Jahr zwar den Grund- aber nicht den Zusatzbeitrag, wenn Ihr Gewinn 25.000 Euro nicht übersteigt. Gemischt-gewerbliche Handwerksbetriebe werden zusätzlich Mitglied der → Industrie- und Handelskammer. Näheres hierzu finden Sie im 2. Teil des Buches, »Der Weg zum Gewerbebetrieb«. Handwerksbetriebe, die nur noch industriell produzieren, scheiden aus der Handwerkskammer ganz aus und werden Mitglied der IHK.

Eine Ausnahme besteht für Orthopädieschuhmacher: Nach § 30 b Gewerbeordnung dürfen Sie orthopädischer Maßschuhe nicht industriell, sondern nur im Handwerksbetrieb herstellen und müssen als Orthopädieschuhmachermeister in die Handwerksrolle eingetragen sein.

Bestimmte Kenntnisse müssen Sie nachweisen, wenn Sie als öffentlich bestellter und vereidigter Sachverständiger oder als Installateur in das jeweilige Verzeichnis Ihrer Handwerkskammer eingetragen werden wollen. Eine Besonderheit gibt es noch für die Schornsteinfeger. Sie müssen als Bezirksschornsteinfeger für den jeweiligen Kehrbezirk bestellt werden.

Handwerksinnung

In einer Handwerksinnung haben sich die selbstständigen Handwerker gleicher oder ähnlicher Handwerke freiwillig zusammengeschlossen: Bäckerinnung, Augenoptikerinnung, Bestatterinnung, Kosmetikerinnung, Gebäudereiniger usw. Die verschiedenen Innungen eines Kreises bilden die Kreishandwerkerschaft. Eine Übersicht darüber finden Sie im Informationsportal www.who-is-who-im-handwerk.de. Mitglied zu sein ist nicht vorgeschrieben aber nützlich, denn die Innungen, die jeweils von einem Obermeister geleitet und von der Handwerkskammer beaufsichtigt werden, bieten Beratung und Hilfe bei rechtlichen und wirtschaftlichen Fragen wie: Wie nimmt man an öffentlichen Ausschreibungen teil? Oder: Wie geht man mit der Berufsgenossenschaft um, wenn sie einen Arbeitsunfall nicht anerkennt? Außerdem ist die Innung zuständig für die Meisterschulungen und die Abnahme von Gesellenprüfungen. Werbetechnisch ist die Innung auch ein Vorteil. Als Mitglied der Innung dürfen Sie außen an Ihrem Betrieb ein Schild mit der Aufschrift »Mitglied in der Innung der Gas- und Wasserinstallateure« und dem zum Teil recht hübschen Zunftzeichen anbringen. Wichtig für Sie als Gründer ist zudem, dass Sie sich in einer der 14 regionalen Innungskrankenkassen und zwei Direktversicherungen, die ursprünglich von den Innungen gegründet wurden, gesetzlich krankenversichern können. Aufgrund des seit 1.1.2009 geltenden einheitlichen Beitragssatzes für die Krankenversicherung von 15,5 Prozent unterscheiden sich die Innungskrankenkassen bei der Beitragshöhe allerdings nicht mehr von anderen gesetzlichen Krankenkassen.

Sonstige Besonderheiten

Als Handwerksbetrieb stehen Ihnen mit Ausnahme der Partnerschaftsgesellschaft theoretisch alle unten beschriebenen Rechtsformen offen. Der überwiegende Teil der Gründer im Handwerk macht sich allerdings als Einzelunternehmer oder Einzelkaufmann selbstständig, der andere Teil wählt die GmbH oder wandelt sich später zur GmbH um (➔ Rechtsform). Vertragliche Besonderheiten für Handwerker gibt es bei den Werkverträgen und den AGB (➔ Verträge). Als Handwerker unterliegen Sie der Rentenversicherungspflicht. Mehr dazu in Teil III, 8. »Versicherung«.

Mehr zum Thema

❏ Zuständig ist die Handwerkskammer des Bezirks, in dem Sie Ihre Werkstatt oder Ihren Handwerksbetrieb haben. Die Adresse und weitere Informationen finden Sie über den Zentralverband des Deutschen Handwerks (www.zdh.de).

❏ Buchtipp für Gründer im Handwerk: »Erfolgreich selbstständig im Handwerk«, Adolf Spaniol, Holzmann Buchverlag 2008

❏ Tipps rund ums Handwerk: www.handwerk.com

❏ Adressen, Ansprechpartner und Handwerksorganisationen finden Sie im Verzeichnis »Who is who im Handwerk?« (www.who-is-who-im-handwerk.de)

❏ Bundesverband der Innungskrankenkassen (www.ikk.de)

❏ Informationen zum Handwerk ohne Meisterbrief finden Sie in dem Buch »Selbstständig ohne Meisterbrief« von Michael Wörle, Econ Taschenbuch Verlag.

❏ Berufsverband unabhängiger Handwerkerinnen und Handwerker (www.buh.de)

❏ Existenzgründerportal für Handwerker (www.bis-handwerk.de)

3. Welche Rechtsform passt zu Ihrem Unternehmen?

Welches Rechtskleid passt, hängt von Gegenstand und Größe Ihrer Gründung ab. Sind Sie Freiberufler, Gewerbetreibender oder Handwerker? Welche Rechtsform ist Mindestvoraussetzung für eine Mitgliedschaft in einem Fachverband? Welchen Namen wollen Sie Ihrem Unternehmen geben? Und: Wie hoch ist Ihr Startkapital? Weitere Gesichtspunkte für die Wahl einer bestimmten Rechtsform sind die Haftung – unbeschränkt oder beschränkt –, die steuerlichen Gestaltungsmöglichkeiten und natürlich der Gründungs- und der laufende Geschäftsaufwand. Lassen Sie sich bei der Entscheidung eventuell von einem Steuerberater beraten.

Einzelunternehmer

Die einfachste Rechtsform, die Sie wählen können, ist das Einzelunternehmen. Jede und jeder kann es gründen; ein vorgeschriebenes Mindestkapital gibt es nicht. Diese Rechtsform müssen Sie in dem Sinne gar nicht wählen. Ein gewerbliches Einzelunternehmen entsteht ganz von alleine in dem Moment, in dem Sie Ihre selbstständige gewerbliche beziehungsweise freiberufliche Tätigkeit aufnehmen.
Als Einzelunternehmer sind Sie der Boss, niemand kann Ihnen in Ihre unternehmerischen Entscheidungen reinreden. Dafür haften Sie auch mit Ihrem ganzen privaten und betrieblichen Vermögen ohne Einschränkung. Auf der anderen Seite: Auch wenn Sie Geld von Ihrem betrieblichen Vermögen für private Zwecke (Urlaubsreise oder Ähnliches) abzwacken, stört das beim Einzelunternehmen im Gegensatz zu Gesellschaften niemanden.
Ihre sonstigen Pflichten hängen von der Größe Ihres Einzelunternehmens ab.
Als nicht ins Handelsregister eingetragener Gewerbebetrieb haben Sie keine Pflicht zur kaufmännischen Buchführung und Bilanzierung. Das ändert sich, wenn der Geschäftsbetrieb Ihres Einzelunternehmens

irgendwann so umfangreich wird, dass Sie es als Handelsgewerbe ins Handelsregister eintragen müssen oder es freiwillig eintragen. Mehr dazu auf den folgenden Seiten.

Unabhängig von einer Eintragung ins HR entsteht für gewerbliche Einzelunternehmen aufgrund von Steuervorschriften die Pflicht zur kaufmännischen Buchführung, wenn der Umsatz 500.000 Euro oder der Gewinn 50.000 Euro jährlich übersteigen (§ 141 Abgabenordnung). Freiwillig oder weil Ihre Bank es verlangt, können Sie auch schon vorher kaufmännisch buchen.

Steuern

Als Einzelunternehmer sind Sie sowohl einkommensteuerpflichtig als auch gewerbesteuerpflichtig. Solange Sie als Neugründer und Kleinunternehmer mit Ihrem Umsatz und Ihrem Gewinn jedoch innerhalb der Freigrenzen bleiben, zahlen Sie keine oder nur ermäßigte Steuern. Von der Umsatzsteuerpflicht sind Sie ebenfalls befreit, wenn Ihre Umsätze unterhalb bestimmter Grenzen liegen, es sei denn, Sie verzichten auf die Umsatzsteuerbefreiung. Mehr dazu im Kapitel »Steuern – was will das Finanzamt von Ihnen?«

Freiberufliches Einzelunternehmen

Das Pendant zum gewerblichen Einzelunternehmer ist der freiberufliche Einzelunternehmer. Gegründet wird ein freiberufliches Einzelunternehmen formlos, einfach durch die Aufnahme der freiberuflichen Tätigkeit. Dass Sie eine freiberufliche Tätigkeit aufgenommen haben, müssen Sie allerdings binnen eines Monats nach Aufnahme der Tätigkeit beim Finanzamt bekannt geben. Soweit nach den einschlägigen Berufsgesetzen Zulassungen und Erlaubnisse erforderlich sind, müssen Sie diese bei Tätigkeitsbeginn vorzeigen. Mehr dazu in Teil II, 1. »Der Weg in den freien Beruf«.

Anders als das gewerbliche Einzelunternehmen kann das freiberufliche Einzelunternehmen so groß werden, wie es will, es entsteht keine Pflicht, es in irgendein Register einzutragen. Allerdings muss es (auch ohne Handelsgewerbe zu sein), wie das gewerbliche Einzelunternehmen ab der genannten Größe von 500.000 Euro Umsatz oder 50.000 Euro Gewinn jährlich, gemäß § 141 AO kaufmännisch buchen und bilanzieren. Das Finanzamt will eben wissen, was mit dem Geld passiert ist. Unterhalb dieser Grenze reicht die Einnahmenüberschussrechnung.

Besteuert wird der freiberufliche Einzelunternehmer wie der gewerbliche Einzelunternehmer. Mit Ausnahme der Gewerbesteuer, die beim freiberuflichen Einzelunternehmen nicht anfällt.

Eingetragener Kaufmann

Der eingetragene Kaufmann ist ein kaufmännischer Einzelunternehmer. Wer Kaufmann ist, steht im Handelsgesetzbuch: Als Gewerbetreibender sind Sie entweder Kaufmann, wenn Sie sich als Kaufmann im Handelsregister haben eintragen lassen. Oder wenn Ihr Unternehmen einen nach Art und Umfang in kaufmännischer Weise eingerichteten Geschäftsbetrieb erfordert. Gründe für die Notwendigkeit eines kaufmännischen Geschäftsbetriebs sind unter anderem Jahresumsatz oder Gewinn (Anhaltspunkte sind die in § 141 AO genannten 500.000 Euro beziehungsweise 50.000 Euro); Umfang und Anzahl der Geschäftsvorgänge, Umfang der Warenzirkulation, Höhe des Cashflows oder Anzahl der Kunden.

Ist Ihr Unternehmen dagegen so übersichtlich, dass ein kaufmännischer Geschäftsbetrieb nicht nötig ist, sind Sie zunächst auch kein Kaufmann, sondern lediglich Kleingewerbetreibender. Als solcher können Sie sich allerdings zum Kaufmann machen, indem Sie sich im Handelsregister eintragen lassen.

Ihre Rechtsform ist in beiden Fällen die des eingetragenen Kaufmannes oder der eingetragenen Kauffrau, abgekürzt e.K. oder e.Kfm. oder e.Kfr. Daneben gibt es noch den Kaufmann qua Rechtsform, über den Sie in den Abschnitten GmbH und AG mehr erfahren. Zugelassen ist die Rechtsform des e.K. für alle natürlichen Personen.

Vorteile und besondere Merkmale des eingetragenen Kaufmanns

❏ Bei der Haftung für Geschäftsschulden ermöglicht der e.K. keine Haftungsbeschränkung.

❏ Als e.K. sind Sie grundsätzlich steuerpflichtig (Einkommen-, Gewerbe-, ggf. Kirchensteuer und Umsatzsteuer). Solange Sie als Gründer mit Ihrem Gewinn die Grenzen der Freibeträge nicht überschreiten, fallen allerdings noch keine Steuern an, dazu mehr in Teil III, 7. »Steuern – was will das Finanzamt von Ihnen?«.

❏ Steuerlich vorteilhaft ist die Rechtsform des e.K. (ebenso wie die der Personengesellschaften GbR, OHG, KG und GmbH & Co KG) gegenüber den Kapitalgesellschaften GmbH und AG insofern, als nicht die Gesellschaft, sondern der Kaufmann beziehungsweise der einzelne Gesellschafter einkommensteuerpflichtig ist und Gewinne und Verluste aus dem Gewerbebetrieb mit Gewinnen und Verlusten aus anderen Einkommensquellen verrechnen kann.

❏ Die Verlustverrechnung ist selbstverständlich auch freiberuflichen Einzelunternehmern beziehungsweise Freiberufler-GbRs gestattet. Haben Sie beispielsweise Einnahmen aus einer vermieteten Wohnung, die Sie versteuern müssten, macht aber Ihr Unternehmen Verluste, dürfen Sie diese von den zu versteuernden Einnahmen aus der vermieteten Wohnung abziehen.

❏ Was Ihre Aufzeichnungs- und Buchführungspflichten angeht, unterliegen Sie als Kaufmann der Pflicht zur Führung kaufmännischer Bücher. Dazu gehören die doppelte Buchführung, die Inventur zum Jahresende, bei der Sie Warenbestand überprüfen und eventuell nachzählen müssen und außerdem der Jahresabschluss. Wenn Sie sich als Existenzgründer nur deshalb für diese Rechtsform entschieden haben, weil sie finden, dass e.K. so gut klingt, sollten Sie noch mal überlegen, ob es notwendig ist, sich den Aufwand anzutun.

❏ Allerdings dürfte es genau in diesem Punkt bald eine Erleichterung für kleine Kaufleute geben. Mit dem geplanten Inkrafttreten des Bilanzrechtsmodernisierungsgesetzes (BilMoG) am 1. Januar 2010 sollen eingetragene Einzelkaufleute (sowie kleine OHGs und KGs) von der Buchführungs- und Bilanzierungspflicht befreit sein – vorausgesetzt, sie bleiben im Gründungsjahr oder an zwei aufeinander folgenden Geschäftsjahren mit ihrem Umsatz unter 500.000 Euro und mit ihrem Gewinn unter 50.000 Euro. Wenn es soweit ist, sollten Sie sich bei Ihrer IHK erkundigen, ob Sie von der Erleichterung profitieren können.

❏ Ins Handelsregister müssen die Firma, der Name des Inhabers, die Erteilung und Entziehung der Prokura und im Falle des Falles die Eröffnung des Insolvenzverfahrens und ggf. die Löschung der Firma eingetragen werden.

❏ Publizitätspflichten haben Sie als e.K. keine, müssen Ihren Jahresabschluss also weder elektronisch noch anderweitig veröffentlichen.

Der Gründungsaufwand für einen Einzelkaufmann ist noch verhältnismäßig bescheiden. Außer der Anmeldung beim Gewerbeamt ist nur die Eintragung ins Handelsregister nötig, die ca. 100 bis 250 Euro kostet. Auch mit einem land- oder forstwirtschaftlichen Betrieb (Urproduktion) können Sie sich als Kaufmann eintragen lassen.

Sonderrechte der Kaufleute

Wenn Sie sich durch die Eintragung ins Handelsregister zum Kaufmann gemacht haben und mit einem anderen Kaufmann Geschäfte abschließen, müssen Sie aufpassen. Für solche Handelsgeschäfte enthält das Handelsgesetzbuch nämlich Sonderregeln, die einerseits bewirken, dass Sie Geschäfte schneller abschließen können als Nichtkaufleute, mit denen Sie sich unter Umständen aber auch weiterreichender als gewollt verpflichten.

Gut zu wissen: Handelsrechtliche Sonderregeln

Ein Bürgschaftsversprechen (mit dem Sie sich unter Umständen finanziell auf Jahre hinaus binden) ist bei einem Kaufmann gemäß § 350 HGB bereits wirksam, wenn er es mündlich abgibt (»Ich bürge für die Rückzahlung dieses Darlehens«). Bei Nichtkaufleuten ist für die Wirksamkeit immer eine schriftliche Erklärung notwendig.

3. Welche Rechtsform passt zu Ihrem Unternehmen?

Schweigen im Geschäftsverkehr kann als Zustimmung zum Vertrag gewertet werden. Dies betrifft das → kaufmännische Bestätigungsschreiben. Mehr dazu lesen Sie im Kapitel »Rund um den Vertrag«. Wenn Sie Waren einkaufen, müssen Sie diese unverzüglich untersuchen und Mängel sofort rügen, sonst gilt die Ware als angenommen (§ 377 HGB).

Halten Sie ein Termingeschäft nicht ein, bei dem Lieferung zu einem bestimmten Zeitpunkt vereinbart ist (etwa ein Firmenauto am Eröffnungstag), kann der Gläubiger vom Vertrag sofort zurücktreten, anstatt Nacherfüllung anzumahnen.

GbR

Die Gesellschaft bürgerlichen Rechts (GbR) ist eine Rechtsform, in der sich mindestens zwei gewerbliche Einzelunternehmer oder Freiberufler zusammengeschlossen haben. Sie wird auch BGB-Gesellschaft genannt, weil sie im BGB, also dem Bürgerlichen Gesetzbuch, geregelt ist – im Gegensatz zu anderen Gesellschaften, etwa der GmbH oder der Aktiengesellschaft, für die Spezialgesetze wie das GmbH-Gesetz oder das Aktiengesetz gelten. Genau wie die OHG und die KG ist die GbR eine Personengesellschaft, bei der Mitglieder persönlich haften. Im Gegensatz zu Kapitalgesellschaften (GmbH und Aktiengesellschaft) ist eine Personengesellschaft keine eigenständige juristische Person, sie ist aber teilrechtsfähig. Das bedeutet, dass die GbR selber klagen oder verklagt werden kann. Sie kann auch Gesellschafterin einer GmbH oder AG sein oder im Grundbuch eingetragen werden. Für Unternehmer, die ihre Haftung begrenzen wollen, ist die GbR nicht die richtige Wahl, denn alle Gesellschafter haften für Verbindlichkeiten der Gesellschaft unbeschränkt mit ihrem privaten Vermögen als Gesamtschuldner.

Bei einer Personengesellschaft wie der GbR zahlt nicht die Gesellschaft, sondern die einzelnen Gesellschafter Steuern. Besteuert wird der Anteil am Gewinn der GbR, den der jeweilige Gesellschafter hat. Stehen beispielsweise dem Seniorpartner einer Anwaltskanzlei 50 Prozent des Gewinns zu und seinen beiden Juniorpartnern je 25 Prozent, zahlt er

Steuern auf die Hälfte des Gewinns, die beiden anderen Gesellschafter jeweils auf ein Viertel. Haben die Gesellschafter im Gesellschaftsvertrag keine Regelung getroffen, steht jedem ein gleich hoher Gewinnanteil zu. Praktisch bedeutet dies, dass die Gesellschaft eine Einkommensteuererklärung abgeben muss, die Höhe und Verteilung des Gewinns festsetzt. Übt die GbR ein Gewerbe aus, fällt auf ihren Gewinn Gewerbesteuer an und sie muss zusätzlich eine Gewerbesteuererklärung abgeben.

Gut zu wissen: Freiberufler und Gewerbetreibende in einer GBR

Haben Sie sich als Freiberufler mit anderen Freiberuflern zu einer GbR zusammengeschlossen, fällt keine Gewerbesteuer an. Aber Vorsicht: Sobald nur einer der Gesellschafter keine freiberufliche, sondern eine gewerbliche Tätigkeit ausübt, wandelt sich die gesamte GbR für das Finanzamt in eine gewerbliche GbR um.

Ist die GbR umsatzsteuerpflichtig, muss sie monatlich die Umsatzsteuer voranmelden und einmal jährlich eine Umsatzsteuererklärung abgeben. Da hierbei zunächst keine kaufmännische Buchführung vorgeschrieben ist, genügt zur Gewinnermittlung eine Einnahmenüberschussrechnung. Erst ab einer Umsatzhöhe von 500.000 Euro beziehungsweise einem Gewinn von 50.000 Euro ist die Buchführung gesetzlich vorgeschrieben, in vielen Fällen allerdings schon vorher sinnvoll. Mehr dazu in Teil III, 7. »Steuern – was will das Finanzamt von Ihnen?«.

Gesetzliche Veröffentlichungspflichten für den Jahresabschluss existieren für die GbR nicht, was sie für viele Unternehmer attraktiv macht. Gegenüber Banken oder anderen Geschäftspartnern mit berechtigtem Interesse allerdings müssen Sie ggf. dennoch die finanziellen Karten auf den Tisch legen.

Ein gutes Modell, um rasch und unkompliziert Geldgeber ins Boot zu holen, ist die GbR nicht. Gesellschafter können nicht einfach einen GbR-Anteil kaufen, sondern der Gesellschaftsvertrag muss ausdrücklich erlauben, dass weitere Gesellschafter aufgenommen werden können und was gelten soll, wenn ein Gesellschafter wieder aussteigt. Dafür ist der Gründungsaufwand für eine GbR zunächst erfreulich niedrig. Es reicht im Grunde, mündlich zu erklären, dass man mit einem Gesellschafter einen gemeinsamen Gesellschaftszweck verfolgen möchte.

Aus der Praxis: Gründung einer GbR

Die 17-jährigen Schüler Jörg und Timon wollen gemeinsam Webdesign und Erstellung von Werbebannern anbieten. Sobald sie jedoch die Genehmigung vom Vormundschaftsgericht haben, können sie zum Gewerbeamt marschieren und ein Gewerbe als Webdesign, Jörg Maier und Timon Friedrich, anmelden. Schon ist die GbR gegründet.

Wächst das Unternehmen, ist spätestens dann ein Gesellschaftsvertrag sinnvoll. Dieser regelt den Gesellschaftszweck, bestimmt den Geschäftsführer und seine Vertretung; legt die interne Haftungsverteilung fest; die Vergütung, die die Geschäftsführer und Mitarbeiter für ihre Tätigkeit erhalten; die Entnahme, also die Frage, wann Geld für eigene Zwecke aus dem GbR-Vermögen entnommen werden darf; Gewinn- und Verlustverteilung; Informations- und Kontrollrechte sowie den Ein- und Austritt eines Gesellschafters.

Bürogemeinschaft

Mitglieder einer Bürogemeinschaft, die nur Miete, Strom und Telefonanschluss teilen, bilden hinsichtlich ihrer Berufsausübung keine GbR. Auch wenn mehrere Selbstständige der gleichen Fachrichtung – mehrere Journalisten etwa – ein Büro teilen, haftet der eine nicht für Fehler des anderen. Allerdings bilden die Mitglieder einer Bürogemeinschaft im Hinblick auf gemeinsame Verpflichtungen (Miete, Strom und Telefongebühren) eine gemeinschaftlich haftende Kostenteilungsgemeinschaft – und somit in Bezug auf die Kostenteilung eine GbR. Die Folge: Gegenüber Gläubigern haften sie in diesem Punkt gesamtschuldnerisch und jeder Gläubiger kann von jedem Mitglied der Bürogemeinschaft Bezahlung der Schulden verlangen. Schriftliches Fixieren der Bürogemeinschaftsregeln hilft hier, Streit zu vermeiden.

Gut zu wissen: Fachliche Zusammenarbeit führt zur GbR

Beginnen die Mitglieder einer Bürogemeinschaft, fachlich zusammenzuarbeiten, kann sie sich zu einer GbR entwickeln.

Vorsicht auch hier in steuerlicher und gewerberechtlicher Hinsicht: Wenn Freiberufler und Gewerbetreibende eine Bürogemeinschaft haben und sich daraus durch fachliche Zusammenarbeit eine GbR entwickelt, bekommt die GbR gewerberechtlichen Status. Mehr dazu in Teil II, 1. »Der Weg in den freien Beruf«.

Mehr zum Thema

❏ Mustergesellschaftsverträge finden Sie beispielsweise auf der Seite der IHK Stuttgart: www.stuttgart.ihk24.de/produktmarken/ recht_und_fair_play/handel_und_gewerbe/ Wahl_der_Rechtsform-Gesellschaftsrecht/ Gruendung_einer_GbR.jsp
❏ »Die optimale Rechtsform« von Thomas Münster, Redline Wirtschaft 2006

Offene Handelsgesellschaft (OHG)

Die GbR ist die Rechtsform für den gemeinsamen Betrieb eines Gewerbes oder einer freiberuflichen Tätigkeit. Die OHG ist eine Sonderform der GbR. Ihr Gesellschaftszweck ist der gemeinsame Betrieb eines Handelsgewerbes, das in das Handelsregister eingetragen werden muss, zum Beispiel als Autohaus Mühren & Hoven OHG HONDA-Vertragshändler. Für die OHG gelten die §§ 105-160 HGB.

Der Name der OHG kann eine Fantasiebezeichnung sein (»Rosarot OHG«), eine Sachfirma (Schraubengroßhandel OHG), eine Personen- oder eine Mischfirma (»AUTOPOINT von Gehlen & Reinhardt OHG«). Der Rechtsformzusatz OHG ist obligatorisch.

Jeder der Gesellschafter kann die Gesellschaft alleine nach außen vertreten. Jeder Gesellschafter haftet unbeschränkt mit seinem Privatvermögen für die Verbindlichkeiten der OHG; eine Haftungsbeschränkung ist nicht möglich. Um in das private Vermögen der Gesellschafter zu vollstrecken, sind eigene Vollstreckungstitel gegen den einzelnen Gesellschafter nötig. Daneben kann in das Gesellschaftsvermögen der OHG vollstreckt werden. Die OHG ist wie die GbR als Personengesellschaft teilrechtsfähig, kann klagen und verklagt werden. Ferner kann die OHG Rechte erwerben und Verbindlichkeiten eingehen, Gesellschafterin einer anderen Handelsgesellschaft sein und selber Grundstücke erwerben.

Besteuert werden wie bei der GbR die Gewinnanteile der Gesellschafter. Die Gewerbesteuer zahlt die OHG. Als Handelsgewerbe bestehen für die OHG die gleichen Buchführungspflichten wie für den eingetragenen Kaufmann. Allerdings werden durch das Bilanzrechtsmodernisierungsgesetz (BilMoG), das 2010 in Kraft treten soll, auch Personenhandelsgesellschaften wie die OHG und KG, die nur einen kleinen Geschäftsbetrieb unterhalten, von der handelsrechtlichen Buchführungs- und Bilanzierungspflicht befreit. Jahresabschlüsse müssen nur offengelegt werden, wenn die OHG eine bestimmte Größenklasse überschreitet. Mehr dazu in Teil III, 7. »Steuern – was will das Finanzamt von Ihnen?«.

Gegründet wird die OHG durch den Abschluss eines Gesellschaftsvertrages – wie bei der GbR auch mündlich, aber um Streit zu vermeiden, ist die Schriftform ratsam. Ein Mindestkapital ist ebenso wenig nötig wie bei der GbR.

Gut zu wissen: Nachträgliche Änderungen am OHG-Vertrag

Thomas Münster empfiehlt in seinem Buch »Die optimale Rechtsform«, den Vertrag sorgfältig und mit Beratung durch einen Rechtsanwalt oder Steuerberater auszuhandeln, da er später nur noch mit dem Einverständnis aller Gesellschafter geändert werden kann.

Nach außen wirksam wird die OHG, sobald sie ins Handelsregister eingetragen und die Eintragung von einem Notar öffentlich beglaubigt wird. Für die Beglaubigung und den Handelsregistereintrag fallen Gebühren an; hinzu kommen Kosten für Anwalt und Steuerberater.

Kommanditgesellschaft (KG)

Dass alle Gesellschafter – wie etwa bei der OHG – unbeschränkt mit ihrem persönlichen Vermögen haften, ist natürlich nichts für Kapitalgeber, die sich möglichst risikolos an Ihrer Gesellschaft beteiligen wollen. Hierfür ist die Kommanditgesellschaft (KG) die richtige Gesellschaftsform. Die Kommanditgesellschaft ist eine OHG mit einem zusätzlichen beschränkt haftenden Gesellschafter an Bord. Diese Personengesellschaft besteht also aus mindestens einem unbeschränkt persönlich haftenden Komplementär und einem Kommanditisten, der nur bis zur Höhe seiner Kapitaleinlage haftet.

Gut zu wissen: Wechsel von OHG zu KG

Haben Sie Ihr Unternehmen als OHG gegründet, wird es durch die Aufnahme eines Kommanditisten zur KG oder indem einer der Gesellschafter sich entschließt, künftig als Kommanditist zu agieren und Sie dies ins Handelsregister eintragen.

Der Firmenname der KG kann wie bei der OHG ein Fantasie-, Sach- oder Personenname sein; der Rechtsformzusatz KG ist auch hier obligatorisch; Mindestkapital ist gleichfalls nicht erforderlich.

Die Haftung für die Verbindlichkeiten der Gesellschaft hängt vom Status des Gesellschafters ab: Die Komplementäre haften neben dem Gesellschaftsvermögen der KG mit ihrem Privatvermögen – und Geschäftsführer dürfen auch nur die Komplementäre werden. Die Kommanditisten hingegen, also die beschränkt haftenden Gesellschafter, haften nur bis zu Höhe ihrer Einlage. Das macht die KG für Kapitalgeber und Investoren interessant.

Wie bei der OHG zahlt nicht die Gesellschaft, sondern jeder Gesellschafter auf seinen Gewinnanteil Einkommensteuer. Praktisch sieht das so aus, dass der Komplementär gegenüber dem Finanzamt eine

Gut zu wissen: Haftungslücke für Kommanditisten in der Gründungsphase

Vorsicht: In dem kurzen Zeitraum zwischen der Gründung der KG durch Aufnahme der Geschäfte und der Eintragung ins Handelsregister haftet auch ein Kommanditist persönlich. Er kann dem vorbeugen, indem er durch einen Passus im Gesellschaftsvertrag seinen Beitritt als Kommanditist erst mit der Eintragung ins Handelsregister wirksam werden lässt.

Feststellungserklärung abgeben muss, die die Einkünfte der KG und ihre Verteilung auf die Gesellschafter feststellt. Die Höhe der Einkommensteuer eines Gesellschafters hängt von dessen individuellen Verhältnissen ab – etwa davon, ob er noch andere Einkünfte mit den Gewinnen oder Verlusten der KG verrechnen kann.

Der Kommanditist muss in seiner Einkommensteuererklärung etwaige Verluste der KG nur bis zur Höhe seiner Einlage tragen, kann diese Verluste aber auch nur bis zur Höhe seiner Einlage mit Gewinnen aus anderen Einkunftsquellen verrechnen.

Die Gewerbe- und die Umsatzsteuer bezahlt die KG; die kaufmännischen Buchführungspflichten sind dieselben wie bei der OHG.

GmbH & Co. KG

Eine Sonderform der KG ist die GmbH & Co. KG – eine KG, bei der die persönlich haftende Gesellschafterin eine GmbH ist. Der Rechtsformzusatz lautet dann GmbH & Co. KG, konkret etwa »Gebr. Holtappels Tabakwaren- und Genußmittel-Handelsgesellschaft m.b.H. & Co. KG«. Dass diese Rechtsform interessant ist, hat steuerliche Gründe. Die Gesellschafter wollen einerseits wie eine Personengesellschaft besteuert werden – also jeder Gesellschafter individuell, mit der Möglichkeit, Gewinne und Verluste aus ihren unterschiedlichen Einkünften miteinander verrechnen zu können. Andererseits soll auch der Komplementär nicht unbeschränkt haften, was durch die Rechtsform einer GmbH gegeben ist.

Gut zu wissen: Einzelunternehmer als GmbH & Co. KG

Was auf den ersten Blick kompliziert klingt, ist unter Umständen auch eine Möglichkeit für einen Einzelunternehmer, der dann in Personalunion Kommanditist und Geschäftsführer der Komplementärs-GmbH ist.

In jedem Falle sollten Sie sich von einem Steuerberater bei der Wahl der für Sie günstigsten Möglichkeit unterstützen lassen.

Partnerschaftsgesellschaft

Die Partnerschaft oder Partnerschaftsgesellschaft (PartG) steht Angehörigen eines → freien Berufes gemäß § 1 Abs. 2 Partnerschaftsgesellschaftsgesetz (PartGG) zur Verfügung – so etwa Partnerschaften von Architekten, Steuerberatern und Wirtschaftsprüfern, aber auch von freiberuflichen Kreativen, also Journalisten oder Grafikern. Diese Personengesellschaft ist das nichtgewerbliche Pendant zur OHG. Allerdings kann die PartG im Gegensatz zur OHG ihre Haftung im Außenverhältnis beschränken.

Zur Gründung ist (im Gegensatz zur GbR) ein schriftlicher Gründungsvertrag nötig. Die Anmeldung wird wirksam, wenn sie vom Notar öffentlich beglaubigt und im Partnerschaftsregister beim zuständigen Registergericht angemeldet wurde. Das ist das Amtsgericht, in dem Ihre Gesellschaft ihren Sitz registriert hat. Mit der Anmeldung ist Ihr Unternehmensname geschützt.

Aus der Praxis: Eintrag einer Personengesellschaft

Ein Beispiel ist das »Textkonsulat Evers Erdmann Schumacher Tugan Partnerschaft von Journalisten« (www.textkonsulat.de), das am 05. Sep. 2008 eingetragen wurde.

Wenn Sie weitere Beispiele für Partnerschaftsgesellschaften suchen, finden Sie diese im Partnerschaftsregister (www.handelsregister.de).

Der Name der Partnerschaft muss aus dem Nachnamen mindestens eines Partners, der Berufsbezeichnung aller darin enthaltenen freien Berufe (»Journalisten«, »Architekten«) und natürlich dem Zusatz »und Partner« oder »Partnerschaft« bestehen. Mehr dazu finden Sie im übernächsten Kapitel »Der Name Ihres Unternehmens«. Die Geschäftsführung obliegt allen Partnern gemeinsam. Einzelne Partner können jedoch von der Führung der sonstigen Geschäfte, etwa der Organisation des laufenden Geschäftsbetriebs, ausgeschlossen werden.

Gut zu wissen: Pro und Contra Partnerschaft

Der Haftungsvorteil der Partnerschaftsgesellschaft ist die gesetzliche Haftungsbeschränkung gemäß § 8 Abs. 2 PartGG: Danach haften für berufliche Fehler nur die Partner, die mit der Bearbeitung eines Auftrags befasst waren – und zwar mit ihrem privaten Vermögen neben dem Partnerschaftsvermögen. Das Problem in der Praxis ist jedoch, dass oft mehrere Partner an einem Auftrag arbeiten, sodass letztlich doch wieder alle gemeinsam haften, wenn ein Schaden entsteht und die Haftungsbegrenzung ins Leere läuft. Um diese Mithaftung effektiv auszuschließen, bleibt letztlich nur die Gründung einer GmbH oder einer GmbH & Co. KG.

Auch unabhängig von einer Partnerschaftsgesellschaft bieten diverse berufsrechtliche Vorschriften (Wirtschaftsprüferordnung, Steuerberatergesetz, Baukammergesetz und andere) die Möglichkeit, für einen einzelnen Auftrag mit dem Auftraggeber eine Haftungsbeschränkung auf einen Höchstbetrag zu vereinbaren. Vorausgesetzt, der Partner schließt zugleich eine Berufshaftpflichtversicherung ab, die eintritt, wenn ein Schaden entsteht. Sie können diese Haftungsbegrenzung auch in Ihre Allgemeinen Geschäftsbedingungen (AGB) aufnehmen.

Besteuert wird die Partnerschaft wie die freiberufliche GbR.

Gut zu wissen:
Partnergesellschaften aus Freiberufler und Gewerbetreibenden

Vorsicht: Wer als Freiberufler gemeinsam mit Gewerbetreibenden eine Personengesellschaft wie beispielsweise eine GbR oder eine Partnerschaftsgesellschaft betreibt, ist steuerlich Gewerbetreibender. Dies regelt die sogenannte Abfärberegelung in § 15 Absatz 3 EStG. Lassen Sie sich als Freiberufler, die mit gewerblichen Selbstständigen eine GbR gründen, beraten, um unerwünschte Steuerfolgen zu vermeiden.

Kaufmännische Buchführungs- und Offenlegungspflichten hat die Partnerschaftsgesellschaft nicht, da sie keine Handelsgesellschaft ist. Zur Gewinnermittlung reicht die Einnahmenüberschussrechnung aus.

Mehr zum Thema

❏ Kostenlose Musterverträge für den Gesellschaftsvertrag finden Sie bei Ihren Berufsverbänden.
❏ Für eine Partnerschaft von Journalisten: www.djv.de/fileadmin/ DJV/Journalismus_praktisch/Arbeitsfelder/ Arbeitsfelder_Freie/Vertraege/PartnRTF.rtf
❏ Mustervertrag für Rechtsanwälte: www.kfw-mittelstandsbank.de
❏ Download »Partnerschaft« des Instituts für Freie Berufe in Nürnberg (www.ifb-gruendung.de)

Gesellschaft mit beschränkter Haftung (GmbH)

Die klassische GmbH

Die GmbH ist ebenso wie die AG eine Kapitalgesellschaft. Sobald sie gegründet ist, existiert sie losgelöst von den gründenden Personen als juristische Person und ist mit ihrer Geschäftsführung unabhängig von den Gesellschaftern. Als Rechtsform steht die GmbH jedem Gründer offen, egal ob Gewerbetreibender oder Freiberufler. Gesellschafter der GmbH können natürliche und juristische Personen sowie Personengesellschaften sein.

Gut zu wissen: Kaufmannseigenschaft von GmbH (und AG)

Die GmbH (und auch die AG) selber ist Kaufmann kraft Rechtsform und ohne Rücksicht auf den Gegenstand des Unternehmens. Also betreibt der Gründer einer GmbH, unabhängig davon, ob er selber Freiberufler oder Gewerbetreibender ist, ein kaufmännisches Handelsgewerbe, das ins Handelsregister eingetragen werden muss – und somit gewerbesteuerpflichtig ist.

Gegründet wird die GmbH durch einen schriftlichen, notariell zu beurkundenden Gesellschaftsvertrag. Die Einzelheiten regelt das Gesetz betreffend die Gesellschaften mit beschränkter Haftung (GmbH-Gesetz). Der Mindestinhalt des Gesellschaftsvertrages: Firma und Sitz der Gesellschaft, Gegenstand des Unternehmens, Betrag des eingezahlten Stammkapitals (mindst. 25.000 Euro), Zahl der Nennbeträge der einzelnen Stammeinlagen und die Namen der Gründungsgesellschafter.

Gesellschafter einer GmbH müssen nicht selber Geschäftsführer sein, dürfen aber dem Geschäftsführer Weisungen erteilen und müssen den Jahresabschluss feststellen und damit den Gewinn festsetzen. Bei einer Einpersonen-GmbH erübrigen sich die Weisungen – der Alleingesellschafter ist zugleich der geschäftsführende Gesellschafter, der schalten und walten darf, wie er möchte.

Zur Gründung der GmbH ist gemäß GmbH-Gesetz ein Mindestkapital von 25.000 Euro nötig. Besteht eine GmbH aus zwei oder mehr Personen, reicht zur Gründung die Einzahlung der Hälfte des gesetzlichen Mindeststammkapitals, also mindestens 12.500 Euro. Gründet ein Einzelunternehmer eine GmbH, reicht die Einzahlung des halben Stammkapitals, aber nur, wenn er für die andere Hälfte ausreichende Sicherheiten hinterlegt.

Gut zu wissen: GmbH-Gründung leicht gemacht mit dem Musterprotokoll

Seit November 2008 gibt es für unkomplizierte GmbH-Gründungen (mit einem Geschäftsführer und maximal drei Gesellschaftern) ein schnelles und kostengünstiges Verfahren. Statt mit einem Gesellschaftsvertrag wird die GmbH mit dem neu eingeführten **Musterprotokoll,** einer Art vorformuliertem Mustergesellschaftsvertrag, gegründet. Dieser enthält bereits den vorgeschriebenen Mindestinhalt eines GmbH-Gesellschaftsvertrages und muss vom Gründer nur noch ausgefüllt und vom Notar beurkundet werden. Trotz Musterprotokoll sollten Sie sich jedoch mit einem Rechts- oder Steuerberater zusammensetzen, nur dann können Sie sicher sein, alle Besonderheiten Ihrer Gründung berücksichtigt zu haben.

Der Alleingesellschafter muss das Stammkapital nach dem Abschluss des Gesellschaftsvertrages und vor der Anmeldung im Handelsregister erbringen, erst dann wird die GmbH eingetragen. Bei einer Mehrpersonengesellschaft müssen die Gesellschafter ihre durch den Gesellschaftsvertrag festgesetzten Geschäftsanteile vor der Anmeldung auf ein entsprechendes Konto einzahlen, damit die GmbH gegründet werden kann.

Gut zu wissen: Sacheinlagen statt Geld

Außer in Geld kann das Mindestkapital für die GmbH-Gründung auch aus Sacheinlagen in Form von Gebäuden oder Mobiliar bestehen.

Im Gegensatz zu den Personengesellschaften sind die Gesellschaftsanteile ohne Weiteres übertragbar und vererblich – allerdings nur durch einen notariellen Vertrag.

Was die GmbH attraktiv macht, ist die Haftungsbeschränkung. Die Gesellschafter der GmbH haften nur bis zur Höhe ihres Anteils am Stammkapital. Bei Pflichtverletzungen, die er beispielsweise im Zusammenhang mit der Überschuldung und Insolvenz seines Unternehmens begeht, haftet der Geschäftsführer jedoch meistens mit seinem Privatvermögen. Auch wenn die Gesellschaft Kredite aufnimmt, fordern viele Kreditgeber, dass die Gesellschafter hierfür mit ihrem Privatvermögen bürgen. Und: Einen Schutz vor strafrechtlicher Verfolgung bietet die Haftungsbeschränkung ohnehin nicht.

Aus der Praxis: GmbH schützt nicht vor strafrechtlicher Verfolgung

Dass der Schutz vor strafrechtlicher Verfolgung durch Haftungsbeschränkung bei der GmbH nicht gegeben ist, zeigt das Beispiel von Franjo Pooth, Gründer der mittlerweile insolventen Maxfield GmbH. Bei Franjo Pooth, Ehemann des Werbe- und Medienstars Verona Pooth, kam zivil- und strafrechtliche Haftung zum Tragen. Pooth wurde Anfang März 2009 vom Düsseldorfer Amtsgericht zu einem Jahr Gefängnis auf Bewährung unter anderem wegen Bestechung verurteilt. Am gleichen Tag erkannte er einen Bankenanspruch auf Zahlung von einer Million Euro an. Er hatte für einen Kredit an sein insolventes Unternehmen Maxfield privat gebürgt.

Die Geschäftsführer der GmbH müssen handelsrechtliche Bücher führen und einen Jahresabschluss erstellen, der im Vergleich zu OHG, KG und e.K. nicht nur Bilanz und Gewinn- und Verlustrechnung (GuV) sondern einen detaillierten Anhang enthalten muss. Außerdem müssen sie die Angaben offenlegen. Details dazu finden Sie in Teil III, 7. »Steuern – was will das Finanzamt von Ihnen?« im Abschnitt »Offenlegung von Jahresabschlüssen«.

Die GmbH ist nicht einkommen- sondern körperschaftsteuerpflichtig und unterliegt der Gewerbesteuer. Ein Unterschied zu den Personengesellschaften besteht beim Geschäftsführergehalt. Dieses mindert nämlich von vornherein den zu besteuernden Gewinn.

Unternehmergesellschaft (haftungsbeschränkt)

Seit dem 1. November 2008 gibt es eine neue Rechtsformvariante für GmbH-Gründer: Die Unternehmergesellschaft (haftungsbeschränkt) oder UG (haftungsbeschränkt). Sie wird auch als Mini-GmbH oder

Ein-Euro-GmbH bezeichnet, weil der Gründer sie bereits mit einem Euro Startkapital gründen kann. Zweck der Unternehmergesellschaft ist es, Existenzgründern mit wenig Geld zu ermöglichen, irgendwann eine echte GmbH zu gründen und dafür nicht auf zweischneidige Lösungen wie die Gründung einer englischen Limited zurückgreifen zu müssen – zumindest war dies eines der Ziele des MoMiG (Gesetz zur Modernisierung des GmbH-Rechts und zur Bekämpfung von Missbräuchen). Diesem Ziel dient auch das im Abschnitt »Die klassische GmbH« erläuterte Musterprotokoll, das als vorformulierter Gesellschaftsvertrag auch bei der UG (haftungsbeschränkt) verwendet werden darf.

Abgesehen von der verbilligten Gründung gelten für die Mini-GmbH jedoch die gleichen Pflichten und Risiken wie für eine normale GmbH. Existenzgründer sollten die Rechtsform also nicht unterschätzen. Im Handelsregister jedenfalls finden Sie zahlreiche neue Unternehmergesellschaften, die nach dem 1. November 08 gegründet wurden. Einige davon haben tatsächlich nur 1 Euro Stammkapital angegeben. Steuerberater raten indes dazu, auch eine Mini-GmbH von vornherein mit mehr als einem Euro zu kapitalisieren. Zudem sind der Alleingesellschafter oder die Gesellschafter verpflichtet, das volle Stammkapital von 25.000 Euro allmählich anzusparen. Vorgeschrieben ist, jährlich ein Viertel des Jahresgewinns als Ansparrücklage in die Bilanz einzustellen.

Statt »GmbH« muss im Handelsregister als Rechtsformzusatz »Unternehmergesellschaft (haftungsbeschränkt)« oder »UG (haftungsbeschränkt)« stehen. Der Zusatz entfällt erst, wenn die Gesellschaft ein Stammkapital von 25.000 Euro eingezahlt hat und somit in eine normale GmbH umgewandelt werden kann. Diese Umwandlung geschieht nur auf Wunsch von Alleingesellschafter oder Gesellschaftern und setzt von diesen gemäß § 57c GmbH-Gesetz das Fassen eines Kapitalerhöhungsbeschlusses (Erhöhung des Stammkapital auf 25.000 Euro oder mehr) und den Beschluss auf Umfirmierung von UG (haftungsbeschränkt) auf GmbH voraus. Die Kosten vom Wechsel hin zur »echten« GmbH sind nicht unerheblich, weil alles vom Gesellschaftsvertrag und Handelsregistereintrag (Notarkosten!) bis hin zur

Geschäftspost geändert werden muss. Konsultieren Sie bei der Entscheidung pro oder kontra Unternehmergesellschaft in jedem Fall einen Steuerberater.

Mehr zum Thema

❑ Hinweise für Gründer auf der Homepage des Bundesministerium der Justiz (BMJ)!

Ausländische Gesellschaft mit beschränkter Haftung: Limited

Unter den ausländischen Rechtsformen wurde auch deutschen kleinen und mittelständischen Unternehmern die englische Limited vor einigen Jahren als günstige Alternative zur GmbH angepriesen, sodass es in Deutschland rund 20.000 Unternehmen in der Rechtsform der Limited gibt. Lange bevor in Deutschland die Unternehmergesellschaft eingeführt wurde, konnte die britische Limited schon mit einem Eigenkapital von nur einem britischen Pfund gegründet werden und bietet dennoch die Haftungsbeschränkung einer GmbH. Auch dauert die Gründung nur wenige Tage im Gegensatz zu mehreren Wochen bei der GmbH. Gesellschafter können jederzeit hinzugenommen werden. Satzungsänderungen sind billiger als bei der GmbH, weil keine notarielle Beurkundung notwendig ist.

Lästig und letztlich teuer bei der Ltd.-Gründung ist jedoch, dass diese in England gegründet werden muss, was in der Regel die Einschaltung einer Agentur nötig macht, und dass neben dem deutschen Jahresabschluss auch in England nach internationalen Rechnungslegungsstandards bilanziert werden muss. Zudem gilt englisches Recht, was zusätzliche Risiken birgt. Schließlich ist das Image einer Ltd. bei den Banken nicht besonders gut, was wiederum Kredite verteuert. Dazu trägt bei, dass viele dank der günstigen Voraussetzungen billig gegründeten Ltd. oft ebenso schnell wieder vom Markt verschwinden wie sie gegründet wurden. In Zukunft dürfte die Unternehmergesellschaft (haftungsbeschränkt), die ja auch schon mit nur einem Euro

Startkapital gegründet werden kann, dafür sorgen, dass die Bedeutung der Ltd. sinkt. Lassen Sie sich in jedem Fall von Ihrem Steuerberater beraten, ob die Ltd. eine sinnvolle Alternative für Sie sein kann.

Aktiengesellschaft (AG)

Eine weitere Kapitalgesellschaft ist die Aktiengesellschaft (AG). Theoretisch steht sie freiberuflichen wie auch gewerblichen Gründern offen. Angesichts komplexer Gründungsformalitäten und finanzieller Voraussetzungen für das Stammkapital (50.000 Euro), sowie zahlreicher Anforderungen an Satzung, Organe, Aktien, Grundkapital, Sonderrechte usw. sowie harter Sanktionen bei Verstößen gegen das Aktiengesetz, sollten Sie im Rahmen einer Ein- bis Zweipersonengründung von der AG Abstand nehmen – es sei denn, Sie planen einen baldigen Börsengang, Ihr Investor möchte sich nur an einer AG beteiligen oder andere triftige Gründe mehr.

Auch gibt es in der AG personell etliche obligate Posten zu besetzen: über Gesellschafterversammlung und Vorstand steht als drittes Organ ein Aufsichtsrat.

Gut zu wissen: AG-Gründung als Einzelperson? Lieber nicht.

Selbst wenn Sie also als Einzelperson die Aktiengesellschaft gründen (als Alleingesellschafter, der zugleich Vorstand der AG ist), brauchen Sie mindestens drei weitere Personen, die den Aufsichtsrat der Gesellschaft bilden. Nicht zuletzt müssen Sie als Alleingesellschafter eine externe Gründungsprüfung durchführen lassen, die mit Aufwand und Kosten verbunden ist.

Sollten Sie nach ihrer Gründung feststellen, dass Ihre bisherige Rechtsform Ihren Bedürfnissen nicht mehr genügt, können Sie diese immer noch in eine AG umwandeln.

Vorratsgesellschaften

Anstatt eine Aktiengesellschaft neu zu gründen, können Sie auch eine Vorratsgesellschaft kaufen. Im Klartext bedeutet das: Sie erwerben eine vorgegründete, also bereits im Handelsregister eingetragene, aber noch nicht geschäftlich aktiv gewesene Gesellschaft. Der Kaufpreis richtet sich nach dem Stammkapital von 50.000 Euro zuzüglich einer Gründungskostenpauschale. Vorratsgesellschaften gibt es auch in Form der GmbH.

Kooperationen

Kooperationen sind keine eigene Rechtsform, sondern eine Form der Zusammenarbeit zwischen mehreren Unternehmen mit dem Ziel, wettbewerbsfähiger zu werden. Angenommen, Sie besitzen ein kleines Handwerksunternehmen. In diesem Fall könnten Sie sich mit anderen Handwerksunternehmen zu einer Arbeitsgemeinschaft verbinden, um Aufträge für Großprojekte zu akquirieren und durch gemeinsamen Einkauf und Vertrieb günstige Konditionen bei Lieferanten und Abnehmern zu erlangen.

Um eine Kooperation dauerhaft zu machen, Rechte und Pflichten der Partner zu bestimmen und für den Streitfall vorzusorgen, kann ein Rechtsrahmen für eine Kooperation sinnvoll sein. Hierfür kommen die üblichen Rechtsformen angefangen von der GbR oder OHG bis hin zur GmbH in Frage. Alternativen sind der eingetragene Verein, die eingetragene Genossenschaft, die GmbH – oder die AG.

Mehr zum Thema

❏ www.existenzgruender.de, Suchbegriff »Kooperationen«.
❏ Kooperationen im Handwerk auf www.handwerk.com.
❏ Mehr zu den Rechtsformen Verein und Genossenschaft finden Sie im Existenzgründungsportal des BMWi (www.existenzgruender.de).

4. Weitere Wege zum eigenen Unternehmen

Unternehmenskauf und Betriebsübernahme

Einen Betrieb zu übernehmen – sei es etwa eine freiberufliche Praxis oder ein Handwerksunternehmen – hat Vorteile. Das Unternehmen ist bereits etabliert, die Geschäftsräume sind eingerichtet und bei den Kunden ist der Name im Idealfall bekannt und beliebt. Anstatt eines kompletten Unternehmens können Sie auch Bestandteile davon übernehmen, beispielsweise nur den Kundenstamm oder nur den Warenbestand. Wahlweise können Sie den fremden Betrieb kaufen oder pachten. Die Übernahme eines Unternehmens hat allerdings auch rechtliche Konsequenzen, die Sie neben den betriebswirtschaftlichen Gesichtspunkten, die für eine Unternehmensübernahme sprechen, berücksichtigen sollten:

❏ Hat Ihr Vorgänger Schulden gemacht, die Sie übernehmen müssen? Wie hoch sind diese?

❏ Wird das Unternehmen vielleicht nur deshalb verkauft, weil eine Weiterentwicklung an diesem Standort (Mischgebiet) baurechtlich nicht zulässig ist? Begrenzt das auch Ihren künftigen Geschäftserfolg? Gibt es Planungen der Stadt, die den Wert des Unternehmens in naher Zukunft erheblich mindern – etwa den Bau einer U-Bahn, die auf Monate hinaus den Eingang zum Ladenlokal unpassierbar macht?

❏ In welchem Zustand ist der Betrieb insgesamt? Rechnen Sie Erhaltungsaufwendungen und Anschaffungskosten für Maschinen, Fahrzeuge und Gebäude mit in den Kaufpreis ein.

❏ Gibt es Mitarbeiter, deren Arbeitsverhältnisse Sie übernehmen müssen?

❏ Existieren weitere Vertragsbeziehungen, in die Sie einsteigen müssen, beispielsweise bei einer Gaststätte Getränkeabnahmeverpflichtungen?

❑ Ist die Kundenkartei ihr Geld wert oder ist die Hälfte der angeblichen Stammkunden bereits selig verstorben?

❑ Warum will der Voreigentümer *verkaufen*? Ein gut laufendes Unternehmen könnte er auch verpachten. Wie lange versucht er schon, seinen Betrieb an den Mann oder die Frau zu bringen?

Aus der Praxis: Unternehmenskauf mit Tücken

Dass nicht alles, was angeboten wird, auch seinen Preis wert ist, erlebte Existenzgründerin Annegret Wilmers, die sich mit einem Edel-Secondhand-Modeladen in einem Hamburger Vorort selbstständig machte. Als Grundstock hatte sie der Vorbesitzerin (auf Kredit) per Handschlag für mehrere tausend Euro einen Stapel Designermode abgekauft – angeblich Mangelware und Vorjahresmode aus Hamburger Edelboutiquen. Das böse Erwachen kam wenige Tage nach der Eröffnung. Sie wolle die Tasche zurückgeben, sagte eine Kundin. Sie habe in der Außentasche der vermeintlichen DKNY-Tasche, für die sie 59 Euro bezahlt hatte, ein Schildchen gefunden: »20 Euro, Made in Mallorca«.

Annegret beschwerte sich bei der Vorbesitzerin, doch die ließ sie abblitzen. Das sei ein Einzelfall für den sie nichts könne, vermutlich habe Annegret Wilmers die Fake-Tasche sogar selber unter die Designerware gemischt. Annegret konnte ihr nicht das Gegenteil beweisen und blieb auf den Waren sitzen. Hinzu kam, dass von den versprochenen Stammkunden drei gestorben, zwei im Altersheim und die restlichen offenbar unbekannt verzogen waren.

Um unangenehme Überraschungen wie diese zu vermeiden, müssen Sie sich vor der Übernahme genau über das Unternehmen informieren. Welche Erträge wirft es ab, wie sehen die Bilanzen der letzten drei Jahre aus, wie hat sich der Betrieb entwickelt? Dabei sollten Sie unbedingt professionelle Hilfe in Anspruch nehmen – etwa bei den Industrie- und Handelskammern, bzw. der Handwerkskammer, bei Ihrem Berufsverband oder sogar Ihrer Gewerkschaft.

Kaufpreis und Unternehmenskaufvertrag

Der wichtigste Punkt Ihres Kaufvertrages ist der Kaufpreis. Dieser ist Verhandlungssache und hängt natürlich stark von der jeweiligen Nachfrage ab. Unternehmer, die ihr Unternehmen verkaufen, das sie einst vor vielen Jahren gegründet haben, wollen verständlicherweise einen guten Preis erzielen und damit nicht selten ihren Ruhestand sichern.

Für Sie als Käufer sind jedoch nicht Geld und Arbeit, die der Vorbesitzer in das Unternehmen investiert hat, maßgeblich, sondern der Gewinn, den Sie als Käufer in Zukunft mit dem Unternehmen erzielen können – der sogenannte **Ertragswert.** Um diesen Wert zu ermitteln, wird die Entwicklung des Unternehmens aufgrund der Gewinne der letzten fünf Jahre und der Investitions- und Kostenplanung für die nächsten fünf Jahre hochgerechnet. Berücksichtigt wird bei der Kaufpreisfindung zudem der hypothetische Gewinn (der alternative Kapitalertrag), den der Käufer erzielen könnte, wenn er sein Geld am Kapitalmarkt anlegen würde, anstatt damit ein Unternehmen zu kaufen.

Die zweite wichtige Messgröße für die Bewertung ist der **Substanzwert.** Das ist der Preis, den ein Käufer aktuell für alle Vermögensgegenstände des Unternehmens zusammengerechnet bezahlen müsste: Maschinen, Gebäude, Grundstück, Fahrzeuge und Waren.

Der dritte Faktor für die Ermittlung des Unternehmenswertes ist der **Firmenwert**. In diesem sind alle nicht materiellen Werte des Unternehmens erhalten: Die Bekanntheit seiner Marken, seine Attraktivität für die Mitarbeiter und die Größe und Güte der Kundenbeziehungen.

Die Unternehmensbewertung ist komplex, weshalb Sie sich hier von Fachleuten beraten lassen sollten. Bei großen Verkäufen gestattet der Verkäufer den Kaufinteressenten und den Beratern vorher eine sogenannte Due Diligence, also eine Analyse des Kaufobjekts, um sich (selbstverständlich absolut vertraulich) ein Bild von dem Kaufobjekt zu machen. Bei kleineren Verkäufen spart man sich die Due Diligence, gleichwohl wird ein Fachmann herangezogen, meist ein Wirtschaftsprüfer, Steuerberater oder Unternehmensberater, die den Wert des Unternehmens ermitteln. Ebenso wie Sie ein Auto Probe fahren, ist es auch ratsam, im laufenden Betrieb Probe zu arbeiten. Nur so können Sie sicherstellen, dass Sie das Unternehmen tatsächlich kaufen wollen.

Checkliste: Der Unternehmenskaufvertrag

Wenn Sie das Unternehmen kaufen wollen, sollten Sie im Unternehmenskaufvertrag über folgende Elemente eine Einigung erzielen:

❏ Was wird genau verkauft? Die Geschäftsausstattung, die Geräte- oder Maschinenausstattung, der Warenbestand, die Kundenkartei, Geschäftsunterlagen? Wichtig ist die exakte Bestandsaufnahme nach Art und Menge und Zustand für Gewährleistungsrechte.

❏ Wie wird verkauft? Regeln Sie Übergang und Bestandsaufnahme der Waren. Der Warenwert muss zu Tageseinkaufspreisen festgesetzt werden.

❏ Übergang oder Änderung der Firma im Handelsregister: Wie und wann wird der Betrieb übergeben? Das ist wichtig für den Übergang der Gewährleistungspflichten. Gegebenenfalls müssen Sie sich von Haftungsansprüchen freistellen lassen.

❏ Übernahme von Verbindlichkeiten: Der Verkäufer muss die Unternehmenssteuern und ggf. Sozialversicherungsbeiträge zahlen.

❏ Übergang von Rechtsverhältnissen: Der Käufer muss etwaige Arbeitnehmerverhältnisse weiterführen und in bestehende Mietverhältnisse, Versicherungs-, Leasing- und Versorgungsverträge eintreten.

❏ Konkurrenzschutzklausel: Der Verkäufer muss sich verpflichten, nicht unmittelbar neben dem verkauften Unternehmen ein Konkurrenzunternehmen zu eröffnen.

❏ Kaufpreis: Einmalzahlung, Raten- oder Rentenzahlung? Was spricht steuerlich und haftungstechnisch für die eine, was für die andere Variante?

Auch die folgenden Punkte erfordern Ihr ganz besonderes Augenmerk:

Steuerschulden

Als Nachfolger haften Sie nach § 75 AO für betriebliche Steuerschulden Ihres Vorgängers, die im Kalenderjahr vor der Übernahme entstanden sind. Diese Haftung können Sie nicht ausschließen, allerdings haften Sie maximal bis zu Höhe des Bestands des übernommenen Vermögens. Behauptet Ihr Vorgänger, er habe keine Steuerschulden, sollte er dies mit einer Negativbescheinigung vom Finanzamt bestätigen lassen. Sicherheitshalber sollten Sie sich vertraglich zusichern lassen, dass er Ihnen etwaige Steuernachzahlungen ersetzt.

Haftung bei Übernahme der Firma

Aus unternehmerischen Gründen kann es durchaus interessant und sinnvoll sein, den Firmennamen, also den in das Handelsregister eingetragenen Unternehmensnamen, Ihres Vorgängers zu übernehmen. In diesem Fall haften Sie gemäß § 25 HGB allerdings für alle im geschäftlich begründeten Verbindlichkeiten des früheren Inhabers gegenüber Lieferanten, Subunternehmern und Kunden. Und zwar auch dann, wenn Sie die Firma um einen Nachfolgezusatz ergänzen, etwa »Bestattungen Rübenacker e.K., Inhaber: Hans Meier«. Alle in dem Betriebe begründeten Forderungen gelten in diesem und ähnlichen Fällen den Schuldnern gegenüber als auf Sie, den Erwerber, übergegangen. Wenn Sie die Haftung ausschließen wollen, müssen Sie die vereinbarte Haftungsbeschränkung entweder ins Handelsregister eintragen, sie den Altgläubigern bekannt machen – oder Sie müssen darauf verzichten, den Firmennamen fortzuführen.

Arbeitskräfte

Wenn Sie mit der Unternehmensübernahme auch eine Arbeitskraft mit übernehmen, haften Sie unter anderem für deren Gehalt der letzten zwölf Monate vor Übernahme und etwaig nicht bezahlte Lohnsteuer. Regeln Sie daher vor Abschluss des Kaufvertrages, welche Zahlungen noch offen sind.

Freistellung von Gewährleistungsansprüchen

Als Unternehmenskäufer haften Sie für Gewährleistungsansprüche für Waren und Leistungen Ihres Vorgängers. Kommen Kunden auf Sie zu, weil das von Ihrem Vorgänger verkaufte Tierfutter schimmelig war, müssen Sie dem Kunden Ersatz liefern oder das Geld für das Futter zurückerstatten. Im Nachhinein ausschließen können Sie die Gewährleistungsansprüche nicht. Sie müssen daher im Kaufvertrag regeln, dass Sie Ihren Vorgänger gegebenenfalls in Regress nehmen können, also im Beispiel sich die Kosten für das Ersatzfutter von ihm zurückholen können.

Kauf oder Pacht eines Unternehmens?

Sie können nicht genügend Kapital aufbringen, um das Unternehmen zu kaufen? Dann kann die Pacht eine Alternative sein. Nicht zuletzt sind die Pachtzinszahlungen unter Umständen im Ergebnis günstiger als die Kosten einer Fremdfinanzierung beim Unternehmenskauf – und Sie können den Pachtzins von der Steuer absetzen. Andererseits bilden Sie kein Eigentum, das als Sicherheit für betrieblich notwendige Kredite dienen könnte.

Für den Verpächter hat die Verpachtung den Vorteil, dass er seine stillen Reserven nicht aufdecken muss, was er sonst bei einem Verkauf des Unternehmens müsste. Lassen Sie sich auch in diesem Fall beraten, was in Ihrem Fall und bei Ihrer finanziellen Ausgangslage machbar und sinnvoll ist.

Wenn Sie das Unternehmen nicht kaufen, sondern pachten, müssen Sie festlegen, was Gegenstand des Pachtvertrags sein soll: Entweder das ganze Unternehmen mit Firma, Know-how, Kundenstamm oder nur die Räume und die Einrichtung. Sie müssen sich einigen über die Rechte und Pflichten des Pächters und des Verpächters. Wer trägt zum Beispiel die öffentlichen Abgaben, die auf dem verpachteten Grundstück ruhen? Da der Pächter eine Erhaltungspflicht für die Pachtsache hat, er also die Räume und das Inventar instand halten und ausbessern muss, sollte der Umfang dieser Pflicht im Vertrag konkretisiert sein. Maßgeblich dafür ist die Erhaltungsvereinbarung, die festlegt, wer die Instandhaltungs- und gegebenenfalls Investitionsausgaben trägt. Gegebenenfalls können

Sie den Pachtvertrag auch mit einem Kaufvertrag kombinieren, indem Sie die beweglichen Teile des Betriebsvermögens kaufen.

Um die Höhe der Pacht zu ermitteln, müssen Sie im Prinzip den gleichen Aufwand betreiben wie zur Ermittlung des Unternehmenswertes. Die Pachtzahlung an sich können Sie – quasi wie einen Kaufpreis – als Einmalpacht vereinbaren oder sie in einem regelmäßig zu bezahlenden Bruchteil oder Prozentsatz vom Umsatz des Unternehmens abzahlen. Beachten Sie bei der Pachtung überdies: Welche Erbregelungen gibt es? Können Sie den Betrieb auch im Erbfall weiterführen?

Gaststättenpachtverträge sind überdies häufig mit Getränkebezugspflichten oder Brauereiverträgen verbunden. Klären Sie, ob Sie diese Verpflichtungen übernehmen müssen.

Weitere gesetzliche Voraussetzungen zur Weiterführung eines Betriebs

Bei Übernahme eines Unternehmens müssen Sie als Gewerbetreibender – genau wie bei der Gründung eines Unternehmens – gewerbe-, bau-, sozialversicherungsrechtliche und steuerliche Pflichten erfüllen. Vergessen Sie nicht, dass Sie als »Übernehmer« all diese Voraussetzungen in Ihrer Person erfüllen müssen, damit nicht plötzlich eine Behörde Ihrem Start einen Riegel vorschiebt. Um im Einzelfall nichts zu übersehen, lassen Sie sich am besten bei der → Startothek der KfW-Mittelstandsbank beraten.

Aus der Praxis: Übernahme einer Galerie

Herbert Bodden, der als Kunstmaler arbeitet, hat das Angebot bekommen, eine kleine Galerie zu übernehmen. Daraus ergeben sich eine Vielzahl von Vorschriften, die er zu bedenken hat.

Status: Für Bodden ändert sich durch den Betrieb der Galerie sein Status vom Freiberufler zum Gewerbetreibenden, sodass er ein Gewerbe anmelden muss. Will er weiterhin selber künstlerisch tätig sein, muss er künstlerische und gewerbliche Tätigkeit trennen, damit er nicht für seine künstlerische Tätigkeit Gewerbesteuer zahlen muss.

Gewerbeanmeldung: Eine Anzeige des Gewerbes beim Gewerbe-amt ist auch bei einer Betriebsübernahme nötig.

Je nach Art seines Galeriebetriebs sind weitere gewerberechtliche Erlaubnisse notwendig:

- ❏ Lässt Bodden dort regelmäßig Künstler auftreten oder veranstal-tet er Vernissagen, braucht er eventuell eine Gewerbeerlaubnis nach § 33 a Gewerbeordnung für die »Schaustellung von Perso-nen«. Eröffnet er zusätzlich eine Kneipe, muss er die Vorausset-zungen für die Gaststättenkonzession erfüllen. Hierfür müssen die Räumlichkeiten der Galerie bestimmten Auflagen zum Schutz der Allgemeinheit und der Gäste (Toilette, Beleuchtung, Notausgang, Sicherheit, etc.) sowie zum Schutz der Nachbarn (Lärmschutz) genügen.

- ❏ Genehmigung der Betriebsstätte/Baugenehmigung: Bodden soll-te auf jeden Fall bei der Bauaufsichtsbehörde überprüfen, ob die Galerie baurechtlich zulässig ist. Wenn er die Galerie umbaut, braucht er eine Baugenehmigung oder eine Genehmigung der Nutzungsänderung.

- ❏ Mitarbeiter: Wenn er Mitarbeiter beschäftigt, muss er sie in der Berufsgenossenschaft versichern und sie bei Kranken- und Ren-tenversicherung anmelden.

- ❏ Bodden selber muss in der Künstlersozialkasse nachfragen, ob er trotz gewerblicher Tätigkeit weiterhin in der KSK bleiben kann.

- ❏ Eventuell muss er bestehende Galerieverträge mit den ausgestell-ten Künstlern übernehmen.

- ❏ Versicherungen: Unerlässlich für die empfindlichen Kunstwerke sind Kunstversicherungen, die den Transport von Tür zu Tür beziehungsweise von Nagel zu Nagel sowie die Lagerung absi-chern.

Beteiligung am Unternehmen

Wer sich nicht sofort die Verantwortung für das ganze Unternehmen aufladen möchte, kann sich zunächst auch erst einmal an einem

Unternehmen beteiligen. Hierfür gibt es rechtlich unterschiedlichste Herangehensweisen:

Kauf einer stillen Beteiligung

Als stiller Beteiligter können Sie sich an jeder Rechtsform beteiligen. Sie schließen mit dem Eigentümer einen Vertrag, kaufen damit diesem oder den Gesellschaftern einen Anteil ab und werden dafür am Gewinn beziehungsweise auch am Verlust des Unternehmens beteiligt. Die Höhe Ihrer Haftung ist auf die Summ der Einlage beschränkt, das heißt, Sie zahlen maximal so viel wie Sie für den Gesellschaftsanteil ausgegeben haben. Als stiller Gesellschafter sind Sie in der Regel nicht befugt, sich in die Geschäftsführung einzumischen oder die Gesellschaft zu vertreten. Sie haben aber das Recht, sich über die Situation des Betriebes zu informieren und eine Abschrift des Jahresabschlusses zu verlangen. Die stille Beteiligung an einer Handelsgesellschaft ist in den §§ 230 ff. HGB geregelt.

Beteiligung an GbR oder OHG

Möchten Sie selber die Geschicke des Unternehmens mitbestimmen, müssen Sie prüfen, ob Sie für das Unternehmen auch persönlich und unbeschränkt haften wollen. Sobald Sie sich nämlich mit einem oder mehreren weiteren Einzelunternehmern zu einer GbR zusammenschließen oder mit einem anderen Einzelkaufmann zu einer OHG, haften Sie für das neue Unternehmen unbeschränkt persönlich. Für Altverbindlichkeiten, die vor Ihrem Eintritt in die Gesellschaft entstanden sind, können Sie allerdings die Haftung ausschließen.

Beteiligung an KG oder GmbH

Möchten Sie die volle persönliche Haftung vermeiden? Dann stellen Sie sicher, dass die Rechtsform des zu kaufenden Unternehmens eine Haftungsbeschränkung zulässt. Dies wäre etwa bei einer GmbH der Fall: Hier ist Ihre Haftung als Teilhaber auf das Stammkapital der GmbH beschränkt. Eine Alternative wäre die KG, an der Sie sich als

Kommanditist beteiligen, der nur bis zur Höhe seines Gesellschaftsanteils, der Einlage, haftet.

Mehr zum Thema

❏ Unternehmensbörse des BMWi (www.nexxt.org)
❏ Übernahmen in Handwerk, Gastronomie und Dienstleistung: www.betriebsuebernahmen24.de
❏ Merkblätter und Leitfäden der IHK und der Handwerkskammer.
❏ Beraterbörse der KfW-Mittelstandsbank (www.kfw-mittelstandsbank.de)
❏ »Die erfolgreiche Unternehmensnachfolge – vom Profi vorgedacht und vorgemacht«, Carl Ludwig Prinz zu Hohenlohe-Langenburg, Redline Wirtschaft 2006

Franchising – Lizenz zum Abkupfern

Eine Form der Unternehmensneugründung ist die Gründung als Franchisenehmer, das sogenannte Franchising. Der Clou dabei ist, dass Sie zwar ein eigenes, neues Unternehmen gründen, dabei aber legal das erfolgreiche Geschäftsmodell eines anderen kopieren und sein Wissen und seine Marken nutzen. Vom Franchising-Giganten McDonald's bis hin zum kleinen Nachhilfeinstitut gibt es Tausende von Franchiseunternehmen. Nach IHK-Angaben setzen jährlich zwischen 6000 und 8000 Existenzgründer ihre berufliche Hoffnung auf dieses Klonmodell. Auch als Kleinunternehmer mit einem Startkapital ab 2000 Euro können Sie Franchisenehmer werden – ob als Reparaturbetrieb, Bildungsanbieter, Wellness-Institut und anderes.

Franchise-Vereinbarung

Die rechtliche Grundlage für Ihr Geschäftsleben als Franchiser bildet der Franchise-Vertrag. Dabei handelt es sich um keinen gesetzlich definierten Vertrag, sondern um eine Mischung aus verschiedenen Vertragstypen. Mit dem Vertrag räumt der Franchisegeber dem Franchisenehmer das Recht ein, Handelswaren oder Marken, Warenzeichen, eine Geschäftsform, Vertriebsmethoden und Know-how zu nutzen und damit bestimmte Waren oder Dienstleistungen zu vertreiben. Der Franchisenehmer bezahlt dafür die Franchisegebühr. Diese setzt sich aus einer Eintrittsgebühr, laufenden Gebühren sowie Aufschlägen auf die verkauften Waren zusammen. Unternehmerisch muss sich der Franchisenehmer im Rahmen des Konzepts seines Franchise-Gebers bewegen. Andernfalls drohen ihm Vertragsstrafen und schließlich die Kündigung des Vertrags. Wer beispielsweise die Franchiserechte für McDonald's erhalten hat, darf und muss das rote McDonald's-M nutzen, die Kleiderordnung einhalten und das Rezept für die Cheeseburger nachbacken. Ließe er sich einfallen, seinen Mitarbeitern grüne Häubchen aufzusetzen, gäbe es empfindliche Vertragsstrafen.

Welche fachlichen und persönlichen Voraussetzungen Sie mitbringen müssen, richtet sich nach dem jeweiligen Gewerbe oder freien Beruf, das in dem Franchise-Unternehmen ausgeübt wird. Als Hersteller von Fertighäusern beispielsweise müssen Sie handwerkliche Kenntnisse beim Hausbau mitbringen, als Koch küchentechnisches Know-how, usw.

Der Vorteil einer Gründung mit Franchising liegt auf der Hand: Sie reduzieren Ihr unternehmerisches Risiko, weil Sie auf ein bewährtes Geschäftsmodell setzen. Dafür gehen Sie das Risiko ein, dass das Modell doch nicht so gut ist wie gedacht. Es gibt keine Mindeststandards für Franchisegeber. Jeder, der möchte, kann sein eigenes Geschäftsmodell als Franchising anbieten. Sie als Franchisegründer müssen also selber beurteilen, ob das Franchisekonzept hält, was es verspricht. Ein guter Ansprechpartner, um die Güte von Franchisegebern einzuschätzen, sind die Banken. Als Kreditgeber haben sie ein Interesse daran, nur erfolgreiche Franchisegründungen mit Krediten zu unterstützen und daher in der Regel einen ziemlich guten Überblick über die Qualität der Franchise-Angebote und der laufenden Franchise-Vertragsbeziehungen. Die folgende Checkliste der KfW-Mittelstandsbank gibt Ihnen Anhaltspunkte, die Sie bei Ihrem Franchise-Angebot beachten sollten. Den Vertrag abschließen sollten Sie allerdings unbedingt mit einem Berater an Ihrer Seite.

Checkliste: Wie gut ist das Franchise-Angebot?

❏ Existiert das Franchise-System seit mindestens zwei Jahren am Markt?

❏ Wie viele Franchise-Nehmer gibt es bereits?

❏ Gibt es die Möglichkeit, vor Vertragsabschluss andere Franchise-Nehmer kennen zu lernen?

❏ Wird vom Franchise-Nehmer fachliche und kaufmännische Erfahrung gefordert?

❏ Wird die rechtliche und wirtschaftliche Selbstständigkeit des Franchise-Nehmers vertraglich vereinbart?

❏ Nimmt der Franchise-Geber Einfluss auf die Preisgestaltung seiner Systempartner?

❏ Kann der Franchise-Nehmer mindestens 20 Prozent der eingesetzten Waren frei beziehen?

❏ Ist bei einem vorgeschriebenen Mindestumsatz oder einer Mindestabnahmemenge der für den Franchise-Nehmer geplante Umsatz realistisch und rentabel?

❏ Bietet der Franchise-Geber individuelle Beratung, regelmäßige Schulungen und den Erfahrungsaustausch mit »Franchise-Kollegen«?

❏ Gibt es ein Handbuch und bietet es aussagekräftige Informationen zu Gründung und Betriebsführung?

❏ Ist im Franchise-Konzept eine wirkungsvolle Betreuung – auch im Krisenfall – vorgesehen?

❏ Bietet der Franchise-Geber zusätzliche Serviceleistungen wie Werbung, PR-Maßnahmen oder Einkaufsvergünstigungen an?

❏ Sind Einstiegsgebühr und laufende Gebühren, zahlbar in Prozent vom Bruttoumsatz, angemessen und marktgerecht? Welche Leistungen sind durch diese Gebühren abgedeckt, welche werden gesondert berechnet?

❏ Gibt der Franchise-Geber Unterstützung bei der Erstellung eines Liquiditätsplans und einer Erfolgsvorschau?

❏ Ist der Franchise-Geber Mitglied im Deutschen Franchise-Verband (DFV)? Wird Ihnen Gebietsschutz garantiert?

❏ Welches geltende Länderrecht ist im Franchise-Vertrag vereinbart?

❏ Welche Möglichkeiten des Unternehmensverkaufs gibt es bei einer Beendigung der Partnerschaft?

❏ Wird ein nachvertragliches Wettbewerbsverbot vereinbart? Falls dies zutrifft – wird eine Vertragslaufzeit unter Berücksichtigung von Verlängerungsoptionen für mindestens 10 Jahre vereinbart?

(Quelle: KfW-Mittelstandsbank)

Mehr zum Thema

❏ KfW-Mittelstandbank (www.kfw-mittelstandsbank.de) und Franchise-Börse der KfW mit Franchise-Angeboten, für die eine Gründerförderung beantragt werden kann (www.nexxt.org, Tel. 030/ 20264-5900)

❏ Unter www.franchise-net.de und www.franchiseportal.de finden Sie zahlreiche auch kleinere Franchiseangebote und Praxistipps rund um Ihren Start als Franchise-Unternehmer.

❏ Branchenverband Deutscher Franchise Verband (www.dfv.de)

❏ Deutscher Franchise-Nehmer-Verband www.dfnv.de, der Ihnen auch spezialisierte Verbandsanwälte empfehlen kann

Ausgründungen

Wenn das Unternehmen, in dem Sie bisher als Angestellte oder Angestellter gearbeitet haben, Sparpläne schmiedet und nicht nur einzelne Mitarbeiter, sondern ganze Abteilungen auszulagern beginnt, kann Ihnen das den Anstoß zur Ausgründung geben. Angenommen, Sie haben jahrelange Erfahrung in der Personalabteilung gesammelt. Dann könnten Sie sich als externes Personalbüro ausgründen und Ihrem alten Unternehmen die Lohnbuchhaltung künftig als Dienstleistung anzubieten. Und wenn Sie als Angestellter die EDV Ihrer alten Firma gepflegt haben, bietet die Selbstständigkeit die Chance, Ihre Kenntnisse auch noch anderen Kunden gewinnbringend anzubieten. Aufpassen müssen Sie, dass Sie als Einzelunternehmer, der sich ausgründet, weder → scheinselbstständig noch arbeitnehmerähnlicher Selbstständiger sind, was Auswirkungen auf Ihre Sozialversicherungspflicht hat. Ein anderes Motiv für eine Ausgründung können Forschungs- und Entwicklungsergebnisse sein, die in der alten Firma nicht so richtig zum Leistungsangebot passen.

Aus der Praxis: Ausgründung in der Elektrobranche

Preisträger des Deutschen Gründerpreises 2008 in der Kategorie »Startup« war die Torqeedo GmbH. Die beiden Geschäftsführer haben eine neue Antriebstechnik für elektrische Außenbordmotoren entwickelt und erfolgreich auf den Markt gebracht. Der eine brachte als Physiker und Elektrotechniker das technische Know-how, der andere als Vertriebs- und Marketingleiter das betriebswirtschaftliche Wissen mit.

Vorsicht beim Transfer von Know-how

Bei jeder Form der Ausgründung werden Produkte, Mitarbeiter, Dienstleistungen, Technologien oder Know-how aus der vorherigen Beschäftigung in das neue Unternehmen transferiert. An diesen Firmenwerten bestehen jedoch Eigentums- und gewerbliche Schutzrechte (Patente, Lizenzen, Markenrechte), über deren Transfer Sie sich – mit professioneller Beratung – mit Ihrem Mutterunternehmen einigen müssen.

Rechtsform der Ausgründung

Da Ausgründungen so vielfältig sind wie die Menschen, die sich ausgründen, existiert für diese Art der Gründung keine einheitliche Rechtsform. Lösen Sie sich im Einvernehmen von Ihrer Muttergesellschaft, könnten Sie sogar als Tochterunternehmen im Gesamtunternehmen bleiben, also als sogenanntes Spin-out. Eine andere Variante ist die Ausgründung mit finanzieller Unterstützung Ihres Mutterunternehmens als »sponsored Spin-off« oder das Nutzen von Strukturen Ihres Mutterunternehmens, beispielsweise für die Verwaltung Ihres Unternehmens.

Viele Gründer von Spin-offs, der Bezeichnung für technologieorientierte Ausgründungen aus Unis und Forschungsinstituten, bevorzugen die Rechtsform der GmbH. Diese Rechtsform bietet den jeweiligen Kapitalgebern (Gründerfonds, Seedfonds, Venture-Capital-Gesellschaften) eine gute Möglichkeit, sich während der Startphase von mehreren Jahren bis zu ihrem Exit als Gesellschafter an dem Unternehmen zu beteiligen. Je nach Kapitalgeber hält der Kapitalgeber bis zu 50 Prozent der Anteile am Unternehmen und unterstützt es durch Darlehen und Beratung. Ein Spin-off kann aber auch in der Rechtsform der Aktiengesellschaft gegründet werden. Über die Ausgabe der Aktien am Kapitalmarkt kann der Mutterkonzern Kapital für die Gründung akquirieren.

Belegschaftsinitiative

In einer Wirtschaftskrise können plötzlich einfache Angestellte, die es sich nie im Leben hätten träumen lassen, zu Unternehmern oder Unternehmensbesitzern werden – und zwar mittels einer Belegschaftsinitiative. Hierbei übernehmen die Mitarbeiter das Unternehmen, um es weiterzuführen. An der Fortführungsgesellschaft beteiligen sie sich mit eigenem Kapital und übernehmen unternehmerische Verantwortung. Diese kann auch von den Managern des Unternehmens betrieben werden, dann spricht man von einem Management Buy Out (MBO). Die Belegschaftsinitiative selbst hat die Rechtsform einer GbR.

Im Gegensatz zu einem Unternehmenskauf, den Sie in aller Ruhe planen können, entstehen Belegschaftsinitiativen oft vor dem turbulenten Hintergrund einer Insolvenz oder einer drohenden Betriebsstilllegung. Um Erfolg zu haben, ist es umso wichtiger, dass Sie und Ihre Kollegen sich bei einer solchen Belegschaftsinitiative professionell beraten und eine Machbarkeitsstudie erstellen lassen, beispielsweise bei Ihrer Gewerkschaft, beim Wirtschaftsministerium oder der Förderbank Ihres Bundeslandes. Dort können Sie auch finanzielle Förderung beantragen. Die Voraussetzung für eine Belegschaftsinitiative ist natürlich, dass die bisherigen Gesellschafter bereit sind, das von der Schließung betroffene Unternehmen oder Teile davon zu verkaufen.

Mehr zum Thema

❑ »Arbeitsplatzerhalt durch Belegschaftsinitiativen«, herausgegeben von Klaus Kost, Hans Böckler Stiftung 2004
❑ Informationen zur Förderung von Belegschaftsinitiativen erhalten Sie beim Deutschen Gewerkschaftsbund (www.dgb.de) und beim jeweiligen Landeswirtschaftsministerium.
❑ Existenzgründerportal Baden-Württemberg: www.newcome.de/existenzgruendung
❑ Informationen zum Forschungstransfer erhalten Sie beim BMWi, www.exist.de.

5. Der Name Ihres Unternehmens

»Nomen est Omen« oder »der Name ist Programm« heißt es. Gemeint ist, dass der Name den Charakter und die Fähigkeiten seines Trägers bestimmt und ihm bestimmte Eigenschaften verleiht. Eine Ärztin mit dem Nachnamen Hackebeil etwa dürfte es als Chirurgin schwer haben. Begeht sie einen Kunstfehler, heißt es, »klar, bei dem Namen!«. Namen wie »Rübenacker Bestattungen« regen zum Lachen an, denn jeder fragt sich, wo die Särge wohl landen. (Unter www.echtenamen.de finden Sie weitere kuriose Unternehmernamen). Logisch, dass große Unternehmen Fachleute beauftragen, um für ihre Produkte und Firmen den richtigen Namen zu finden, der positive Assoziationen und Gefühle weckt. Als Gründer allerdings müssen Sie in der Regel auf eigene Faust einen schönen Unternehmensnamen suchen. Aber Vorsicht! Nicht alles, was schön klingt, ist auch erlaubt.

Das Handelsrecht schreibt vor, dass ein Firmenname (bei Kaufleuten) und eine Unternehmens- oder Etablissementbezeichnung (bei Freiberuflern) Ihr Unternehmen kennzeichnen und es von andern unterscheiden sollen. Teilen Sie das Schicksal »Hansi Müller« zu heißen mit ungefähr fünf weiteren Namensvettern in Ihrer Stadt und sind die anderen fünf auch Unternehmer, muss Ihr Firmenname eine Unterscheidung enthalten, beispielsweise einen anderen Vornamen oder

Stadtteil, zum Beispiel Hansi Müller Südstadt e.K. oder Hansi Gerhard Müller Elektrohandlung OHG.

Auch in wettbewerbs- und markenrechtlicher Hinsicht müssen Sie aufpassen, dass Ihr Name keine fremden Rechte verletzt – besonders, wenn Sie Fantasienamen verwenden. Es könnte nämlich sein, dass schon jemand anders dieselbe oder eine ähnliche Idee hatte und der Name entweder als Firmenname im Handels- oder Partnerschaftsregister eingetragen oder aber als Marke geschützt ist. Bei bekannten Firmennamen wie Tchibo oder Haribo ist das kein Problem, doch um bei vermeintlich neuen Fantasienamen von vornherein auf der sicheren Seite zu sein, können Sie bei den Industrie- und Handelskammern für rund 100 Euro pro Firma eine Firmen- und Markennamenrecherche beauftragen. Auch Anwaltskanzleien bieten Firmennamenrecherchen für rund 200 Euro an. Natürlich können Sie auch selber kostenlos in den Datenbanken des Deutschen Patent- und Markenamtes (DPMA, www.dpma.de) und im elektronischen Handelsregister (www.handelsregister.de) recherchieren, indem Sie dort Ihren Wunschnamen eingeben und schauen, welche Unternehmen angezeigt werden. Namensagenturen prüfen darüber hinaus die Auslandstauglichkeit des Namens, damit Ihr auf deutsch gut klingender Name etwa im Ausland nicht plötzlich mit einem Schimpfwort assoziiert wird.

Eine wichtige Einschränkung gibt es bei den Registerabfragen: Finden können Sie dort natürlich nur im Handels- beziehungsweise Partnerschaftsregister eingetragene Firmennamen, mangels Registrierung nicht aber Unternehmenskennzeichen und Bezeichnungen – es sei denn, diese sind als Marke eingetragen. Da bleibt Ihnen nur die Möglichkeit, Ihren Wunschnamen in eine Internetsuchmaschine einzugeben und zu sehen, ob Ihr Name bereits anderweitig vergeben ist – im schlimmsten Fall etwa an eine Seite, mit deren Inhalten Sie nicht in Verbindung gebracht werden möchten, oder mit einem Anbieter mit gleichem oder sehr ähnlichem Portfolio.

Ihr Name als Kaufmann: Die Firma

Im Geschäftsverkehr ist die Firma keine alternative Bezeichnung für das Unternehmen, sondern der Name, unter dem ein Kaufmann seine Geschäfte betreibt und seine Unterschrift abgibt. Wenn Sie also ein Unternehmen begründen, das ins Handelsregister eingetragen wird, müssen Sie dafür einen Firmennamen wählen und diesen auch im Geschäftsverkehr nutzen. Sinn der Übung: Ihre Geschäftspartner und die Öffentlichkeit sollen wissen, mit wem sie es zu tun haben. Vorteil für Sie: Niemand anders darf Ihren Firmennamen nutzen – und falls doch, können Sie ihn abmahnen.

Sie haben die Wahl zwischen einer Personenfirma, einer Sachfirma, einer reinen Fantasiefirma oder einer Mischfirma.

Aus der Praxis: Beispiele für Namensgebungen nach Firmengebieten

Das zu Beginn des Kapitels erwähnte Bestattungsunternehmen Rübenacker hätte folgende Möglichkeiten. Es könnte als »Hubert Rübenacker e.K.« firmieren (Personenfirma); als »Naturholzbestattungen Bielefeld e.K.« (Sachfirma), als »Ruhe sanft im Rübenacker e.K.« (Fantasiefirma) oder als »Naturholzbestattungen Hubert Rübenacker e.K.« (Mischfirma) firmieren.

Die Tatsache, dass Sie als im Handelsregister eingetragene Rechtsform einen Fantasienamen nutzen dürfen, ist ein starkes Argument für die Wahl einer kaufmännischen Rechtsform. Das in Teil III, 2. »Der Weg zum Gewerbebetrieb« im Abschnitt »Verlag« beschriebene Beispiel des Storia Verlags zeigt, dass die Möglichkeit, offiziell einen Fantasienamen wählen zu können, auch den Ausschlag für die Umwandlung einer GbR in eine OHG geben kann. So wurde aus der ehemaligen »Sarah Ines Struck und Frank Hartmann Storia Verlag GbR« die Storia Verlag OHG.

Im Geschäftsverkehr brauchen Sie den Rechtsformzusatz nicht ständig zu nennen. Es reicht also, statt von der Storia Verlag OHG einfach vom Storia Verlag zu reden. Ausnahmen sind das → Impressum (ob

Gut zu wissen: Rechtszusätze am Firmennamen

Wichtig ist bei allen im Handelsregister eingetragenen Unternehmen der jeweilige Rechtsformzusatz, denn er gibt an, um welche Gesellschaftsform es geht und wie der Unternehmer haftet. Fehlt beim Firmenname der Rechtsformzusatz, weiß der Geschäftspartner, dass er es nicht mit einem Kaufmann zu tun hat, sondern mit einem Kleingewerbetreibenden oder einem Freiberufler.

nun Print oder Online) oder die → Geschäftspost, wo der Zusatz nicht fehlen darf.

Wenn nichts anderes gewünscht wird, bleibt eine eingetragene Firma bestehen, wenn der Inhaber wechselt. Der neue Inhaber hat aber die Wahl. Er kann nicht nur den Firmennamen komplett wechseln – was wegen den in Teil II, 3., im Abschnitt »Unternehmenskauf und Betriebsübernahme« beschriebenen Haftungsrisiken sinnvoll sein kann, er kann auch zu der fortgeführten Firma eine Änderung hinzufügen: beispielsweise »Ruhe sanft im Rübenacker e.K. Inhaber: Johannes Müller«. Bevor das Registergericht Ihre Firma einträgt, bittet es die IHK beziehungsweise Handwerkskammer um Stellungnahme, ob diese den einzutragenden Namen für zulässig hält. Sie sollten sich daher vorher erkundigen, ob die Kammer Ihren Wunschnamen für zulässig hält und eventuell eine Alternative parat haben.

Ihr Name als Freiberufler und Nichtkaufmann

Als Freiberufler und als gewerblicher Kleinunternehmer sind Sie kein Kaufmann und nicht im Handelsregister eingetragen und brauchen demnach auch keine Firma, unter der Sie Ihre Geschäfte abwickeln. Bei dem Namen Ihres Unternehmens spricht man einfach von der Unternehmensbezeichnung. Dafür gelten zwar nicht die handelsrechtlichen Vorschriften, aber erlaubt ist trotzdem nicht alles. Die Unternehmensbezeichnung muss im Geschäftsverkehr nämlich eine wichtige Funktion erfüllen: Sie muss Ihren Geschäftspartnern und der Öffentlichkeit eindeutig klar machen, mit wem sie es zu tun haben. Bei Unternehmen, die im Handelsregister eingetragen sind, ist das kein Problem. Dort steht ja alles Wichtige im Register: Wer Inhaber ist, wann er Geburtstag hat, wer Geschäftsführer ist, wer Prokura hat, etc. Bei nicht im HR eingetragenen Unternehmen muss hingegen die Unternehmensbezeichnung alleine vermitteln, mit wem Geschäftspartner es zu tun haben.

Einzelunternehmen

Der Namen nicht eingetragener Einzelunternehmen muss daher immer den Vor- und Nachnamen des voll haftenden Inhabers enthalten. Bei Freiberuflern reicht der Familienname aus. Zusätzlich zum Eigennamen sind Branchen- und Berufsbezeichnungen, Buchstabenkombinationen und Fantasiebegriffe erlaubt. Selbstverständlich dürfen Berufsbezeichnungen, die eine bestimmte Ausbildung oder Prüfung erfordern, beispielsweise Arzt oder Ingenieur, nur verwendet werden, wenn der Unternehmer die jeweiligen gesetzlichen Anforderungen erfüllt, sprich, als Arzt oder Ingenieur, zugelassen ist.

Aus der Praxis: Name eines Freiberufler-Einzelunternehmens

Die freiberufliche PR-Journalistin Ute Harland (www.textgewandt.de) hat ihrem Büro im Gemäuer des hessischen Schlosses Lichtenberg den Namen »text*gewand*t Ute Harland« gegeben – ein Wortspiel mit dem gewandten Umgang mit Sprache und dem Gewand, welches damals wie heute gut passen musste.

Gesellschaft bürgerlichen Rechts

Der Name einer GbR muss Vor- und Nachname aller Gesellschafter enthalten. Branchen- und Berufsbezeichnungen, aber auch Buchstabenkombinationen und Fantasiebegriffe dürfen nur zusätzlich zum Namen verwendet werden. Beispielsweise »Dr. Heinz Ehring und Günter Horst, Rechtsanwälte«. Wenn Sie unsicher sind, welche Namenskombination für Ihr Unternehmen passt, lassen Sie sich doch einfach vom Mitgliederverzeichnis Ihres Berufsverbandes inspirieren.

Name der Partnerschaftsgesellschaft

Die Partnerschaftsgesellschaft muss im Namen mindestens den Nachnamen eines Partners tragen, zudem alle in der Partnerschaft vertretenen freien Berufe und schließlich den Rechtsformzusatz »Partner«, »Partnerschaft« oder »Partnerschaftsgesellschaft«. Der Zusatz »& Partner« ist mittlerweile für die GbR nicht mehr erlaubt, weil er auf eine Partnerschaftsgesellschaft hinweist. Allerdings werden Sie feststellen, dass zahlreiche alteingesessene Kanzleien noch den Zusatz Partner haben, obgleich sie als GbR organisiert sind. Problematisch für Freiberufler sind Kürzel wie »& Co« oder »& Sohn« im Unternehmensnamen, die auf eine kaufmännische Rechtsform hindeuten. Im schlimmsten Fall führen sie dazu, dass das Finanzamt an Ihrer Freiberuflichkeit zweifelt und Ihnen Gewerbesteuer aufbrummt. Wenn Sie einen derartigen Zusatz im Namen tragen, sollten Sie darauf achten, dass ansonsten aus Ihrem Namen klar hervorgeht, dass Sie Freiberufler sind.

Aus der Praxis: Name einer Partnerschaftsgesellschaft

Der Berliner Journalist Marcus Pfeil hat im Jahr 2006 mit drei Kollegen die Partnerschaft »MedienManufaktur Wortlaut & Söhne« (www.wortlaut-soehne.de) gegründet. Angesichts des Leistungsportfolios des Journalistenbüros (»Wir schreiben für Zeitungen, Magazine oder Online-Medien und produzieren Radio- und Fernsehbeiträge«) ist aber völlig klar, dass hier nicht Kaufleute, sondern qualifizierte und unabhängige Freiberufler am Werk sind, die sich in der Unternehmensbezeichnung »MedienManufaktur Wortlaut & Söhne« humorvoll selbst beschreiben (à la »hier legt der Chef noch selber Hand an«).

Ihr Name im Geschäftsverkehr

Wenn Sie nicht nur im stillen Kämmerlein vor sich hin arbeiten, sondern Publikumsverkehr haben oder eine Gastwirtschaft betreiben, müssen Sie auf einem Schild an der Hauswand oder am Eingang Vor- und Nachname des Inhabers und den Unternehmensnamen anbringen. Sind die Namen aus der kaufmännischen Firma ersichtlich (etwa »Bestattungen Hubert Rübenacker e.V.«), genügt die Nennung der Firma. Bei einer GmbH reicht sogar ausschließlich der Name der Firma.

Ihr Name auf der Geschäftspost

Auch auf Ihrer Geschäftspost muss Ihr Unternehmensname zusammen mit weiteren Angaben stehen. Zu den Geschäftsbriefen gehören Briefe auf Papier und per E-Mail, auch Rechnungen, Auftragsbestätigungen, Faxe, Lieferscheine und Quittungen. Innerhalb einer laufenden Geschäftsbeziehung können Sie bei Mitteilungen und Nachrichten auf die Angaben verzichten.

Gut zu wissen: Welche Angaben auf Geschäftsbriefe gehören

❏ Bei Kleingewerbetreibenden, die nicht im Handelsregister eingetragen sind, gehören auf die Geschäftsbriefe: Vor- und Nachname und ladungsfähige Anschrift (kein Postfach), nach Belieben eine Berufsbezeichnung (z. B »Handel mit Blumen«). Auf keinen Fall dürfen Sie irreführende Kürzel, etwa »Schneider & Co«, verwenden, denn das kann den Anschein erwecken, Ihr Unternehmen sei im Handelsregister eingetragen (§ 15 b Gewerbeordnung). Freiberufliche Einzelunternehmer müssen Vor- und Nachnamen des Geschäftsinhabers angeben.

❏ Auf Geschäftsbriefe einer GbR sollten die Familiennamen aller Gesellschafter mit mindestens einem ausgeschriebenen Vornamen und eine ladungsfähige Adresse vermerkt sein. »Ladungsfähig« bedeutet, dass eine Person an dieser Adresse leibhaftig angetroffen werden kann, womit Postfachadressen ausscheiden. Trägt das Unternehmen einen Fantasienamen wie etwa »Scribble« für ein Schreibbüro, müssen zusätzlich zu diesem auf jeden Fall die Namen der Inhaber oder Gesellschafter genannt werden.

❏ Ausschließlich mit ihrem Firmennamen (ohne Vor- und Familiennamen) dürfen nur Selbstständige auftreten, die wegen ihrer Rechtsform im Handels- oder Partnerschaftsregister eingetragen sind, also eingetragene Kaufleute, OHGs, GmbHs und so weiter. Der Grund: Geschäftspartner, die mehr über sie erfahren wollen – beispielsweise wie der Geschäftsführer heißt – sind nicht auf umfassende Angaben auf der Geschäftspost angewiesen, weil sie zur Not ja im Handelsregister nachschauen können.

❏ Auf die Geschäftspost der Partnerschaftsgesellschaft gehören: die Firma wie sie im Partnerschaftsregister eingetragen ist, die Rechtsform (PartnG), Sitz der Gesellschaft; Registergericht und die Partnerschaftsregisternummer (§ 7 PartG, § 125 a HGB).
Kaufleute müssen folgende Pflichtangaben machen: Firma, Rechtsformzusatz, Ort ihrer Handelsniederlassung, das Registergericht und die Handelsregisternummer (§ 37 a HGB).
Bei der OHG muss als Rechtsform »OHG« angegeben werden (§ 125 a HGB), bei der KG der Rechtsformzusatz »KG« (§ 177 a HGB). Bei der GmbH & Co. KG muss die GmbH, die ja persönlich haftender Gesellschafter (=Komplementär) ist, zusätzlich angegeben werden.
Für GmbHs müssen nach § 35 a GmbHG zusätzlich alle Geschäftsführer und ihre Stellvertreter mit Nachnamen und mindestens einem ausgeschriebenen Vornamen genannt werden. Hat die GmbH einen Aufsichtsrat, muss dessen Vorsitzender mit Familiennamen und mindestens einem ausgeschriebenen Vornamen hinzugefügt werden.
Bei Aktiengesellschaften müssen nach § 80 Aktiengesetz zusätzlich alle Vorstandsmitglieder sowie der Vorsitzende des Aufsichtsrates mit Familiennamen und mindestens einem ausgeschriebenen Vornamen angegeben werden. Der Vorsitzende des Vorstandes muss als solcher zu erkennen sein.

Sinnvolle Ergänzungen

Sinnvoll, aber nicht gesetzlich vorgeschrieben für Ihre Korrespondenz sind Ihre Telefon- und Faxnummer, Ihre E-Mail-Adresse und Ihre

Homepage, Ihr Postfach und Ihre Bankverbindung. Wo auf Ihrer Geschäftspost Sie die Angaben platzieren, ist egal. Üblich ist die Fußzeile. Ist Ihre Geschäftspost zugleich eine Rechnung, von der Sie die Vorsteuer geltend machen wollen, muss sie die Voraussetzungen einer Rechnung erfüllen. Mehr dazu finden Sie in Teil III. 4. »Rund ums Geld« im Abschnitt »Richtig Rechnungen schreiben«.

6. Standort und Geschäftsräume

Anforderungen der Baubehörde

Außer der Gewerbebehörde müssen Sie als Gründer auch die Baubehörde von Ihrem Gründungsvorhaben überzeugen. Viele Geschäftsleute starten ihr Unternehmen erst einmal in den eigenen vier Wänden. Journalisten, Künstler, Nachhilfelehrer, ja selbst viele Handwerker und Reisegewerbetreibende brauchen am Anfang nicht mehr als einen Schreibtisch für den Computer oder eine Ecke für Werkzeugkiste oder Produktproben. Ob Sie ein eigenes, abgrenzbares Arbeitszimmer haben, ist zunächst lediglich für Ihre Steuererklärung interessant, wo Sie Teile der Kosten für ein häusliches Arbeitszimmer oder Atelier absetzen können. Allerdings nur dann, wenn dieses Arbeitszimmer auch nachweislich den Mittelpunkt Ihrer gesamten betrieblichen und beruflichen Tätigkeit darstellt.

Baurechtlich bedeutsam wird der Betrieb im eigenen Haus, sobald Sie nicht mehr allein vor sich hin arbeiten, sondern Lärm machen oder Kunden bei Ihnen ein- und ausgehen, oder wenn Sie eine Praxis, einen Laden, eine Werkstatt oder ein Atelier eröffnen und Kunden ihr Auto davor parken. Dann nämlich kommt es darauf an, ob Ihr Betrieb bauplanungsrechtlich zulässig ist. Falls er das nicht ist, kann die Baubehörde die Gründung oder den laufenden Betrieb verbieten. In bestimmten Bundesländern (Nordrhein-Westfalen oder Bayern) muss die Zweckentfremdung von Wohnraum laut Zweckentfremdungsverordnung sogar von der Gemeinde genehmigt werden. Wenn Sie über die berufliche Nutzung Ihrer Wohnung nicht einfach Stillschweigen bewahren, sollten Sie bei Ihrer Gemeinde anrufen und sich erkundigen, ob Sie hier etwas zu beachten haben.

Betrieb am richtigen Ort

Nach dem Bauplanungsrecht (Baunutzungsverordnung) darf nicht jedes Gewerbe beziehungsweise jedes Handwerk in jeder beliebigen Ecke einer Stadt eröffnet werden. Der Grund: Lärm von Gewerbe und Industrie soll aus Wohngebieten ferngehalten werden. Es gibt aber auch Mischgebiete, wo beides möglich ist. In reinen Wohngebieten dürfen beispielsweise keine Handwerksbetriebe eröffnet werden, in sogenannten allgemeinen Wohngebieten nur die »Nahversorger«, also Bäckereien, Friseure oder Kosmetikstudios, in Mischgebieten nicht wesentlich störende Handwerksbetriebe, etwa eine Tischlerei oder Schuhmacherwerkstatt. Alle übrigen Handwerksbetriebe dürfen nur in Gewerbegebieten angesiedelt sein.

Sicher planen: Vorbescheid beantragen

Wenn Sie sicher gehen wollen, dass die Bauaufsichtsbehörde Ihnen bei Ihrer Gründung keinen Strich durch die Rechnung macht, sollten Sie unbedingt einen Vorbescheid mittels des Behördenausdrucks »Antrag auf Erteilung eines Vorbescheides« beantragen. So können Sie grundsätzlich klären, ob Ihr Unternehmen an dem von Ihnen gewählten Standort bauplanungsrechtlich zulässig ist. Wenn Ihr Vorgänger an der gleichen Stelle einen gleichartigen Betrieb hatte, ist das unproblematisch, doch wenn Sie die von Ihnen angemieteten und gekauften Betriebsräume anders als bisher nutzen wollen, sollten Sie sich über die Rechtslage Klarheit verschaffen. Diesen Vorbescheid können Sie unproblematisch selber beantragen auch wenn den späteren eigentlichen Bauantrag ein Bauvorlageberechtigter, also Architekt oder Ingenieur, entwerfen müsste.

Baugenehmigung

Wenn Sie an Ihren neuen Geschäftsräumen eine Kleinigkeit ändern wollen – eine Mauer einreißen etwa, eine neue hochziehen oder eine

Leuchtreklame mit Ihrem neuen Unternehmensnamen anbringen wollen, brauchen Sie in der Regel eine Baugenehmigung für die Errichtung, Änderung oder den Abbruch einer baulichen Anlage. Wenn Sie Geschäftsräume anders als bisher nutzen wollen – beispielsweise, weil Sie in Ihrem Keller eine Beratungspraxis einrichten wollen oder in Ihrer Garage einen Handwerksbetrieb, brauchen Sie die Genehmigung der Bauaufsichtsbehörde für die sogenannte Nutzungsänderung.

Entspricht Ihr Bauvorhaben den gesetzlich vorgeschriebenen Anforderungen, haben Sie einen Anspruch auf Erteilung der Genehmigung. Allerdings müssen Sie etwas Zeit für die Genehmigung einplanen. Fragen Sie nach, wie lange Ihr Verfahren dauert und ob für Ihr Vorhaben eventuell ein vereinfachtes Verfahren greifen kann. Ausgenommen von der Genehmigungspflicht sind lediglich sehr kleine Bauvorhaben, die praktisch kein Gefahrenpotenzial in sich bergen. Weil Baubehörden unterschiedliche Ansichten dazu haben, was »klein« ist und was nicht, und weil jede vorherige Absprache das weitere Verfahren beschleunigt, sollten Sie sich in jedem Fall bei Ihrem Sachbearbeiter erkundigen.

Anforderungen an Veranstaltungsräume

Ihr Gewerbe oder Ihre freiberufliche Tätigkeit bringt viel Publikumsverkehr mit sich? Dann könnten Ihre Geschäftsräume rechtlich möglicherweise eine Versammlungsstätte darstellen. Das wäre zum Beispiel der Fall, wenn die Kneipe oder die Galerie, die Sie eröffnet haben, 200 Leute fasst. Für Versammlungsstätten gilt die jeweilige landesrechtliche Versammlungsstättenverordnung. Diese schreibt zum Schutz der Gäste und der Mitarbeiter vor, wie die Geschäftsräume auszusehen haben – von der Breite der Treppe bis hin zu den Notausgängen. Informieren Sie sich rechtzeitig bei Ihrer Baubehörde. Wenn Sie loslegen, ohne sich um Baurecht zu scheren, riskieren Sie, dass Ihnen die Baubehörde Ihren Betrieb stilllegt. Ein Risiko, dass Sie in dem Zusammenhang nicht unterschätzen sollten, ist Ihr Versicherungsschutz. Rutscht ein Gast in der Toilette aus und bricht sich das Bein oder erleiden Gäste eine Rauchvergiftung, prüft die Versicherung sehr genau, ob die Toiletten beziehungsweise die Lüftungsanlage den Anforderungen entsprachen, bevor sie zahlt.

Den Bauantrag richtig stellen

Die Kosten für die Genehmigung Ihres Bauantrags richten sich nach der Größe und dem Umfang Ihres Vorhabens und reichen von 50 Euro für eine einfache Nutzungsänderung bis hin zu mehreren tausend Euro für eine umfangreichere Baugenehmigung. In dem Antrag müssen Sie Ihr Bauvorhaben genau beschreiben. Beantragen Sie den Bau einer Sache, den Abriss, die Änderung, die Renovierung, etc.? Eine Baugenehmigung muss in der Regel von einem Fachmann (Architekt, Statiker, Ingenieur, Installateur, etc.) beantragt werden. Nur bei sehr einfachen Maßnahmen, die nicht in die Statik des Hauses eingreifen, können Sie die Antragsunterlagen auch selber erstellen. Klären Sie mit Ihrem Sachbearbeiter ab, was möglich ist. Und noch etwas: Während Sie umbauen, müssen Sie die Genehmigung an Ihrer Baustelle sichtbar anbringen.

Zuständig für den Bauantrag ist die untere Bauaufsichtsbehörde, bei Städten also die Stadtverwaltungen und bei Gemeinden die Landratsämter. Lehnt die Verwaltung Ihren Antrag ab, können Sie gegen die Ablehnung Widerspruch einlegen und anschließend Klage erheben. Ohne Baugenehmigung dürfen Sie aber dennoch nicht loslegen, denn diese Ordnungswidrigkeit führt im schlimmsten Fall dazu, dass Sie den Bau wieder rückgängig machen müssen.

Anforderungen der Gewerbebehörde

Baurechtliche Auflagen der Gewerbebehörde

Wie Sie bereits wissen, sind Gewerbeerlaubnis oder Zulassung eines freien Berufes oder eines Handwerks auf der einen und die baurechtliche Genehmigung Ihrer Betriebsstätte auf der anderen Seite zwei unterschiedliche Dinge. Hinzu kommt, dass Sie die Erlaubnis für manche Gewerbe und die Zulassung für einige freie Berufe nur erhalten, wenn Sie nicht nur als Person, sondern auch mit Ihren Geschäftsräumen bestimmte bauliche Anforderungen – sogenannte Auflagen – erfüllen. Bei der Gewerbeerlaubnis kann die Behörde die Auflagen von Anfang an anordnen, wenn Sie die Erlaubnis beantragen, oder nachträglich, wenn die Behörde den Eindruck hat, Ihr Betrieb müsse bestimmte Risiken besser in den Griff bekommen. Zulässig und üblich sind Betriebsauflagen zum Schutz der Jugend, der Allgemeinheit, der Gäste und der Umwelt.

Gut zu wissen: Schutzauflagen

Zum Schutz der Jugend: Ein Spielhallenbetreiber kann von der Gewerbebehörde die Auflage bekommen, eine Aufsichtsperson zu beschäftigen, die darauf achtet, dass Minderjährige nicht an Geldspielautomaten herankommen. Er kann aber auch verpflichtet werden, für bestimmte jugendgefährdende Spiele eine Trennwand einzuziehen.

Zum Schutz der Gäste: Gewerbebetriebe, die Publikumsverkehr haben und Bühnen, Gaststätten, Galerien oder Ähnliches betreiben, müssen bestimmte Anforderungen für die Sicherheit ihrer Gäste und Angestellten erfüllen – etwa ausreichende Belüftung, Fluchtwege, Beleuchtung oder sanitäre Einrichtungen betreffend.

Gewinnt eine Behörde bei einer Ortsbesichtigung den Eindruck, es sei noch nicht ausreichend für die Sicherheit gesorgt, kann sie nachträglich weitere Auflagen anordnen, etwa rund um den Schutz vor schädlichen Umwelteinwirkungen oder explizit zum Schutz der Umwelt (gegen Lärm, Geruch oder Schmutz). Der Grund: Eventuelle Nachbarn sollen nicht gestört werden. Baurechtliche und gewerberechtliche Prüfung sind voneinander getrennt, und unter Umständen kann die Gewerbebehörde sogar strenger als die Baubehörde sein. Das Argument, »die Baubehörde hat aber gesagt, der Musikclub ist in diesem Haus zulässig«, zählt nicht, wenn die Gewerbebehörde nachher feststellt, dass Lärm und Geruch die angrenzenden Ladenlokale derartig belästigen, dass sie die Erlaubnis nicht erteilen kann.

Auch bei der Baubehörde gilt: Fragen kostet nichts, kann aber viel Geld und Ärger ersparen. Sprechen Sie die Behörde früh an, schildern Sie Ihr Vorhaben und fragen Sie, was Sie im Einzelnen beantragen und beachten müssen.

Aus der Praxis: Ärger mit der Gaststättenerlaubnis

Achmed Malawi aus Mönchengladbach hatte mühevoll und mit viel Fantasie ein leer stehendes Ladenlokal zur arabischen Bar umgebaut. Leider gab ihm die Behörde bei der Gaststättenerlaubnis einen Korb, da ihr die Schallisolierung nicht genügte. Malawi musste sich ein anderes Lokal suchen, denn nachträglich eine Schallisolierung anzubringen, hätte seinen finanziellen Rahmen gesprengt.

Verstöße gegen die Auflagen

Verstöße gegen Auflagen der Gewerbebehörde stellen eine Ordnungswidrigkeit dar und werden mit Geldbußen geahndet. Wenn Sie beharrlich gegen Auflagen (beispielsweise die weiter vorne im Buch beschriebenen Schutzmaßnahmen für Jugendliche in Spielhallen) verstoßen, kann die Behörde auch Ihre Gewerbeerlaubnis wegen Unzuverlässigkeit widerrufen. Mehr dazu können Sie noch einmal in Teil II, Kapitel »Erlaubnispflichtige Gewerbe« nachlesen.

Baurechtliche Auflagen der Krankenkasse

Bei Heilberufen mit Kassenzulassung schreiben die Krankenkassen detailliert vor, wie Praxisräume und Geräte auszusehen haben. Bei den anderen Gesundheitsberufen geben die zuständigen Fachbehörden (Gesundheitsämter, Bezirksregierungen) vor, welche Anforderungen Ihre Betriebsräume in puncto Größe und Ausstattung zu erfüllen haben. Die Zulassungsvoraussetzungen der Krankenkassen für einen Fußpfleger (=Podologen) schreiben beispielsweise vor, dass für eine podologische Praxis eine Nutzfläche von mindestens 25 Quadratmetern nachzuweisen sei. Eine Kabine dürfe 7 Quadratmeter nicht unterschreiten. Der Behandlungsraum müsse aus festen Wänden bestehen, sodass kein Einblick möglich sei und die Fußböden müssten trittsicher, fugenarm, leicht aufzuwischen und desinfizierbar sein. Die kompletten Zulassungsvoraussetzungen für Heilberufe erhalten Sie über die Krankenkassen, beispielsweise die AOK (www.aok-gesundheitspartner.de, Stichwort »Zulassungsempfehlungen«).

Wohin mit dem Müll?

Als Gewerbetreibender oder freiberuflicher Betrieb können Sie nicht einfach wie ein Privatmann Ihre graue, blaue oder gelbe Tonne rausstellen, sondern müssen örtliche Umweltbehörde beziehungsweise von der Stadt beauftragte Entsorgungsunternehmen fragen, was nach dem örtlichen Abfallkonzept mit Ihrem Müll geschehen soll. Am besten sollten Sie sich als Existenzgründer schon vor der Gründung kostenlos von einem Abfallberater Ihrer Stadt oder Gemeinde beraten lassen. Ihre Abfallberater haben in der Regel Merkblätter und Branchenkonzepte, aus denen hervorgeht, welche Abfälle bei einzelnen Gewerben üblicherweise anfallen und was damit geschehen muss: etwa die Lacke und Versiegelungen, die bei einem Parkettverleger oder Fliesenleger anfallen oder die Spritzen, Kanülen und das Verbandsmaterial aus einer Arzt- oder Hebammenpraxis.

Auch was mit den gewerblichen Wertstoffen (Papier, Elektrogeräte, Metallschrott etc.) geschehen muss, ob Sie es gemischt oder getrennt abgeben müssen, sollten Sie individuell erfragen. Je nach den aktuellen Marktpreisen können Sie mit Ihren Wertstoffen, vor allem natürlich mit Edelstahl oder Kupfer, aber auch mit Papier lukrative Erlöse erzielen.

Die Kosten für die Entsorgung des übrigen Mülls variieren je nach Berechnungsart der einzelnen Stadt oder Gemeinde. Entweder wird nur der tatsächlich angefallene Abfall berechnet oder die Gebühren werden auf Basis eines sogenannten Einwohnergleichwertes nach Größe und Art Ihres Betriebs festgesetzt.

Die Rechtsgrundlage für den Umgang mit Abfall – und für das jeweilige örtliche Abfallkonzept – bilden das Abfallwirtschafts-Kreislaufgesetz (KrW-/AbfG) und die dazu gehörigen Verordnungen. Das Gesetz verpflichtet Sie grundsätzlich, möglichst wenig Abfall zu produzieren, den Abfall umweltgerecht zu entsorgen und wenn möglich einer Wiederverwertung zuzuführen. Konkretisiert werden die Vorschriften durch die Gewerbeabfallverordnung sowie diverse Sonderregeln: von der Altölverordnung über Altfahrzeugverordnung, Bioabfallverordnung bis hin zur Verpackungsverordnung.

Für gefährliche Abfälle (Lacke, Medikamente, Kleber) ist zusätzlich die Nachweisverordnung relevant. Sie verpflichtet die Erzeuger und Besitzer sowie die Einsammler und Beförderer von gefährlichen Abfällen, über deren Entsorgung Nachweise zu führen, also zu dokumentieren, wo und bei wem der Abfall entsorgt wurde. Wenn Sie als Existenzgründer weniger als 500 Kilogramm gefährliche Abfälle im Jahr produzieren – also beispielsweise als Handwerker 20 Kilo Lacke im Jahr –, gilt das als Kleinmenge, die Sie bei der Schadstoffsammelstelle Ihrer Stadt kostenlos oder gegen eine geringe Gebühr abliefern können. Wichtig ist nur, dass Sie sich dort als Gewerbetreibender zu erkennen geben und sich für die Abfälle einen Übernahmeschein geben lassen, der als Nachweis im Sinne der Verordnung gilt.

Spezialabfälle, die besonders gefährlich sind wie zum Beispiel Quecksilber, das in Zahnarztpraxen anfällt, müssen auch besonders entsorgt werden. Auch hierzu erhalten Sie alle Infos beim Abfallberater Ihrer Gemeinde.

Arbeitsschutz – Sicherheit für Sie und Ihre Mitarbeiter

Damit in Ihren Betriebsräumen niemand zu Schaden kommt, müssen diese den Arbeitsschutzvorschriften entsprechen. Arbeitsschutzvorschriften betreffen nicht nur den Umgang mit hochexplosiven Stoffen, sondern auch ganz banale Dinge im Büroalltag wie freie Fluchtwege oder brandhemmende Abfallbehälter für Zigaretten.

Die für Ihre Berufsgruppe konzipierten Arbeitsschutzvorschriften müssen Sie einhalten, sobald Sie angestellte Mitarbeiter haben, selber in Ihrer Berufsgenossenschaft pflichtversichert oder freiwillig unfallversichert sind. Pflichtmitglied der Berufsgenossenschaft sind beispielsweise Friseure, Raumausstatter, Fleischer und Bäcker. Oder wenn Sie nicht in der Berufsgenossenschaft sind und auch keine angestellten Mitarbeiter haben, aber freie Mitarbeiter bei Ihnen aus- und eingehen. Dazu gehören auch Ihre Putzfrau und Praktikanten. Nur wenn keine der obigen Voraussetzungen auf Sie zutrifft, brauchen Sie sich um Arbeitsschutzvorschriften nicht zu scheren und können Ihr Gewerbe oder Ihre freiberufliche Tätigkeit theoretisch in der Badewanne ausüben.

Das Recht kennt unterschiedliche Arbeitsschutzvorschriften – gesetzliche und berufsgenossenschaftliche. Letztere müssen Sie theoretisch nur einhalten, wenn Sie einen Versicherungsvertrag mit der Berufsgenossenschaft geschlossen haben. Praktisch überschneiden sich gesetzliche und genossenschaftliche Bestimmungen in vielen Punkten. Welche Vorschriften für Ihren Betrieb gelten, erfragen Sie bei Ihrer Berufsgenossenschaft oder bei der Aufsichtsbehörde für den Arbeitsschutz. Diese Vorschriften betreffen die betriebliche Arbeitsschutzorganisation, die Gestaltung von Arbeitsplätzen und physikalische Belastungen am Arbeitsplatz. Doch neben dem grundlegenden Arbeitsschutzgesetz (ArbSchG) gibt es auch das Arbeitssicherheitsgesetz und die Arbeitsstättenverordnung, die unter anderem den Schutz der Nichtraucher sicherstellt. Weitere Vorschriften sind etwa die Arbeitsmedizinische Vorsorgeverordnung, die Bildschirmarbeitsverordnung, die Lärm- und Vibrationsarbeitsschutzverordnung.

Mit einem Anruf bei der bundesweiten BG-Infohotline 01805/188088 oder einer Mail (bg-infoline@vbg.de) erfahren Sie schnell die für Sie einschlägigen Bestimmungen oder werden an die für Ihre Branche zuständige Berufsgenossenschaft verwiesen. Die Adressen erhalten Sie auch im Internet über die Deutsche Gesetzliche Unfallversicherung (www.dguv.de).

Es gibt eine ganze Palette von Arbeitsschutzvorschriften. Aber keine Angst, Sie müssen nur das beachten, was für Ihren persönlichen Fall notwendig ist. Als Chefin oder Chef einer Gaststätte müssen Sie etwa eventuell sich oder einen Mitarbeiter zur Fachkraft für Arbeitssicherheit bestellen, die dafür sorgt, dass Ihnen weder Ihre Getränkezapfanlage um die Ohren fliegt, noch die Schimmelpilze auf den Brötchen sprießen. Sobald Sie eine minderjährige Bedienung beschäftigen, wird auch der Jugendschutz für Sie zu einem wichtigen Thema.

Gut zu wissen: Berufsgenossenschaftskontrolle

Sind Sie in der Berufsgenossenschaft, müssen Sie damit rechnen, von dieser in Bezug auf das Einhalten der Arbeitsschutzvorschriften kontrolliert zu werden.

Neben der Berufsgenossenschaft ist die staatliche Aufsichtsbehörde für den Arbeitsschutz zuständig – also je nach Bundesland die Gewerbeaufsichtsämter oder die Staatlichen Ämter für Arbeitsschutz bei den Bezirksregierungen oder Regierungspräsidien. Arbeitsschutzbehörde und Berufsgenossenschaft arbeiten meist eng zusammen.
Arbeitsschutzvorschriften generell sind ein heikles Thema. Wenn Sie dagegen verstoßen, droht schnell ein Bußgeld oder sogar eine Geldstrafe. Mit einem Bußgeld wird eine Ordnungswidrigkeit nach dem Ordnungswidrigkeitengesetz geahndet, mit einer Geldstrafe oder ersatzweise einer Freiheitsstrafe eine Straftat nach dem Strafgesetzbuch oder einem strafrechtlichen Nebengesetz.
Die Mitarbeiter der Aufsichtsbehörden haben sogar das Recht, Ihre Geschäftsräume während der Geschäftszeiten unangekündigt zu kontrollieren. Achten Sie darauf, dass Sie es sich mit der Behörde nicht verscherzen! Stellt die Aufsichtsbehörde beispielsweise fest, dass es in Ihrer Gaststätte aussieht wie im sprichwörtlichen Saustall, kann sie Ihnen zwar eine Frist setzen, um Ihre Arbeitsstätte wieder auf Vordermann zu bringen, aber viel Geduld erwarten dürfen Sie in diesem Fall nicht. Spätestens beim zweiten Mal folgt in aller Regel der Bußgeldbescheid. Allerdings machen die Sparmaßnahmen im öffentlichen Dienst auch vor den Kontrolleuren nicht Halt, sodass immer seltener kontrolliert wird. Nach Angaben des Bundesministeriums für Arbeit gab es 2006 noch 3520 Aufsichtspersonen, die 150.000 Betriebe kontrollierten. Gleichzeitig stieg die Zahl der gemeldeten Betriebsunfälle wieder an. Bemühen Sie sich daher auch ohne Kontrollen um ein möglichst hohes Arbeitsschutzniveau in Ihrem neu gegründeten Unternehmen – aus Verantwortungsgefühl Ihren Mitarbeitern und sich selbst gegenüber.

Mehr zum Thema

❑ Leitfäden zu verschiedenen Arbeitsschutzthemen finden Sie bei der Bundesanstalt für Arbeitsschutz und Arbeitsmedizin (www.baua.de).

❑ Einen Handlungsleitfaden Gefährdungsbeurteilung am Arbeitsplatz erhalten Sie beispielsweise vom Ministerium für Wirtschaft und Arbeit des Landes Nordrhein-Westfalen (MWA): www.arbeitsschutz.nrw.de/bp/good_practice/DownloadPraxishilfen/gefaehrdungsbeurteilung.pdf. Vergleichbare Informationen bekommen Sie bei den Arbeitsministerien Ihres jeweiligen Bundeslandes.

❑ Bei Ihrer Berufsgenossenschaft erhalten Sie auf Ihre Branche und Ihr spezielles Thema zugeschnittene Checklisten, Handlungs- und Unterweisungshilfen: Bundesweite BG-Infohotline 01805/188088 oder www.dguv.de.

❑ Die für das jeweilige Geschäft einschlägigen Vorschriften der Berufsgenossenschaft können Sie in der Datenbank der Deutschen Gesetzlichen Unfallversicherung (DGV) abfragen (BGVR – Online-Datenbank, http://arbeitssicherheit.de/cms/website.php.). Wenn Sie dort in der Stichwortsuche beispielsweise »Gaststätte« eingeben, erhalten Sie die Berufsgenossenschaftliche Regel Nr. 110 »Arbeiten in Gaststätten« als pdf-Dokument, in dem Sie Tipps und Vorschriften zu sämtlichen Bereichen Ihrer Gaststätte finden (Baurecht, Brandschutz, Geräteschutz bis hin zu Tipps für die Musikanlage). Für die gewerbliche Nutzung müssen Sie die jeweilige Publikation allerdings bestellen.

Geschäftsräume mieten

Um Ihr Geschäft zu betreiben, können Sie Geschäftsräume anmieten: Büros, Praxisräume, Werkstatträume oder Lagerhalle. Haben Sie bisher nur Wohnungsmietverträge abgeschlossen, ist jetzt Vorsicht geboten: Die Vorschriften des sozialen Wohnungsmietrechts, das Sie vor überdimensionierten Mieterhöhungen oder Kündigungen schützt, gelten nicht für Gewerberäume. Sie sollten den Vertrag mit Ihrem Vermieter daher sorgfältig aushandeln.

Gut zu wissen: Gewerbemiete oder Wohnungsmiete?

Ob Gewerbemiete oder Wohnungsmiete vorliegt, hängt davon ab, welcher Zweck der Nutzung im Mietvertrag vereinbart ist. Haben Sie ursprünglich eine Wohnung zum Wohnen gemietet und beginnen dann, einen der Räume als Büro zu nutzen, gilt für den Mietvertrag weiterhin das Wohnungsmietrecht (§§ 535 ff BGB).

Bei der Gewerbemiete ist die Höhe des Mietpreises Verhandlungssache. Gesetzlich verboten ist nur der sittenwidrige Zinswucher, den Sie allerdings im Ernstfall vor Gericht beweisen müssten. Erlaubt sind Mieterhöhungen durch Staffelmieten (Miete erhöht sich in regelmäßigen Intervallen) und sogenannte Indexmieten (Miethöhe passt sich regelmäßig dem Preisindex für Lebenshaltungskosten an oder die Steigerung passt sich immer einem bestimmten Mietindex an), letztere nach dem Preisklauselgesetz jedoch nur in 10-Jahres-Mietverträgen.

Achtung: Kein automatischer Kündigungsschutz für Gewerbemietverträge

Einen Kündigungsschutz gibt es für Gewerbemietverträge nicht. Der Vermieter darf bei unbefristeten Mietverträgen immer dann kündigen, wenn er eine Mieterhöhung durchsetzen will. Dann wird verhandelt und ein neuer Vertrag geschlossen. Lässt sich der Mieter auf die Erhöhung nicht ein, ist der Vertrag beendet. Als Mieter können Sie sich dagegen wehren, indem Sie im Mietvertrag solche Änderungskündigungen ausschließen. In Zeitmietverträgen sind diese ohnehin ausgeschlossen.

Ohne eine Befristung gilt ein Gewerberaummietverhältnis als auf unbestimmte Zeit geschlossen. In diesem Fall können beide Seiten es nur mit einer Frist von sechs Monaten zum Quartalsende kündigen (§ 580a BGB). Lassen Sie sich bei der Abfassung Ihrer Gewerberaummiete gegebenenfalls von der IHK oder der örtlichen Wirtschaftsförderung beraten. Ein Muster eines Gewerberaum-Mietvertrags finden Sie auf der Website der IHK Stuttgart (www.stuttgart.ihk24.de). Übrigens: Der Vermieter kann jederzeit fristlos kündigen, wenn der Mieter mit zwei Mieten in Rückstand gerät.

Gut zu wissen: Vermieterpfandrecht

Der Vermieter hat ein Pfandrecht an den eingebrachten Sachen des Mieters (Möbel, Geräte, Maschinen, Inventar, Warenlager). Bleibt der Mieter die Miete schuldig, kann er sich durch den Verkauf oder die Versteigerung der Sachen sein Geld zurückholen. An Sachen – Maschinen, Fahrzeugen – die einer Bank zur Kreditsicherung sicherungsübereignet wurden, bevor sie in die Mietsache gestellt wurden, entsteht kein Vermieterpfandrecht. Mehr in Teil III, 5. »Ihr Unternehmen finanzieren« im Abschnitt »Kreditsicherung«.

Mehr zum Thema

❑ »Büro- und Geschäftsräume mieten und vermieten« von Kai Jochen Neuhaus, Beck-Rechtsberater 2005

Teil III: Ihr Unternehmen geht an den Start

1. Unternehmenskapital schützen

Dass das Finden des richtigen Unternehmensnamens kein Kinderspiel ist, wissen Sie bereits. Nachdem Sie also endlich einen passenden Namen gefunden haben, der nicht bereits von einem Dritten genutzt wird, sollten Sie diesen auch unbedingt als Marke schützen lassen. Gleiches gilt für Logos, Claims und Warenzeichen. Die Leitfrage bei Ihrer Suche nach den richtigen Worten und Bildern für Ihr Unternehmen ist: Was habe ich Einzigartiges anzubieten; was hebt mich hervor, macht mich in der Schar meiner Konkurrenten besonders? Und diese Einzigartigkeit muss sich überall wiederfinden: in Unternehmensauftritt, Logos, Claims, Waren und Dienstleistungen oder auch Rezepten, Kenntnissen oder Erfindungen und so weiter. Das gewisse Etwas, das Ihre Konkurrenz nicht hat (und dieses gewisse Etwas hat jeder Unternehmer – die Kunst ist nur, es auch auf den Punkt bringen zu können) bringt Ihnen den Vorsprung am Markt, der Ihnen bei einer erfolgreichen Gründung ungemein hilft. Falls es für Ihre »Besonderheit« die Möglichkeit gibt, diese durch Schutzrechte vor dem geistigen Diebstahl durch Dritte zu bewahren – nutzen Sie diese Möglichkeit.

Marken: Logos, Unternehmensidentität und mehr

Das Markenrecht hilft, die unverwechselbare Identität Ihres Unternehmens zu schützen. Als Marke können Sie Wörter, einzelne Buchstaben, Zahlen, Bilder, Töne oder Melodien schützen lassen. Der Schutz beginnt mit der Eintragung in das Register des Deutschen Patent- und Markenamtes (www.dpma.de). Die Tipps zur Marken- und Namensrecherche sollten Sie im 2. Teil des Buches, »Der Name Ihres Unterneh-

mens« nachlesen oder gleich ins Markenregister schauen: https://
dpinfo.dpma.de.

Aus der Praxis: Schutz einer Wort/Bildmarke

Die freie Werbetexterin und Freiberuflerin Ann Yacobi hat 2007 ihren
Unternehmensnamen »text erfahren« und das dazu gehörige Logo
(www.text-erfahren.de) für 300 Euro als Wort-/Bildmarke registrieren lassen. Für sie gehörte das gewissermaßen zur »Geschäftsausstattung« dazu. Ohne einen Anwalt zu Rate zu ziehen, hat sie sich
selber beim DPMA informiert und ihre Marke dann mit den
entsprechenden Waren- und Dienstleistungsbegriffen in drei Klas-
sen angemeldet: Leitklasse 35 (Verfassen von Werbetexten; Erstellen
von Kommunikationskonzepten für Werbezwecke; Entwicklung
von Werbung und Marketing usw.); Klasse 38: Bereitstellen des
Zugriffs auf Informationen im Internet; Klasse 41: Verfassen und
Herausgabe von Texten (ausgenommen Werbetexte); redaktionelle
Betreuung von Internetseiten usw. Knapp fünf Monate nach der
Anmeldung hielt Ann ihre Urkunde als Markeninhaberin in Hän-
den.

Als Inhaber einer registrierten Marke erwerben Sie das alleinige Recht
(für zehn Jahre, aber jederzeit verlängerbar), die von Ihnen geschützte
Marke exklusiv zu verwenden. Sie können Ihre Marke auch lizenzie-
ren, also das Recht verkaufen, Ihre Marke für andere Zwecke zu
nutzen. Ein bei Kindern bekanntes Beispiel sind etwa die Modelle und
Figuren der Star-Wars-Filme, die Lego als Lizenznehmer herstellt.
Außer in Deutschland können Sie Ihre Marke auch als EU-weite
Gemeinschaftsmarke anmelden (beim Harmonisierungsamt für den
Binnenmarkt: www.oami.europa.eu/) oder als internationale Marke
(welche Sie über das DPMA bei der Weltorganisation für Geistiges
Eigentum in Genf (WIPO) anmelden: www.wipo.int).
Nach Ihrer Anmeldung überprüft das DPMA nur, ob Ihre Marke
schutzfähig ist. Gattungsbegriffe wie Wetter oder Auto oder Rathaus
sind beispielsweise nicht schutzfähig ebenso wenig wie amtliche
Wappen oder Städtenamen. Das Amt überprüft nicht, ob bereits

Gut zu wissen: Markenschutz und Kosten

Die Anmelde- und Eintragungsgebühr für eine nationale Marke für bis zu drei Waren- oder Dienstleistungsklassen (wie bei Ann Yacobi) beträgt 300,00 Euro, für jede weitere Klasse 100 Euro. Die Anmeldung einer Gemeinschaftsmarke (in 27 EU-Mitgliedstaaten) beträgt 900 Euro (700 bei elektronischer Anmeldung), die Eintragung 850 Euro. Die Kosten einer internationalen Marke variieren von Land zu Land. Sie können sie mit dem Gebührenrechner (»fee calculator«) auf der Internetseite der WIPO (wipo.int) errechnen. Die Eintragung einer Marke für Österreich in einer Klasse beispielsweise kostet 438 Euro.

ähnliche oder identische Marken registriert sind. Wie Sie bereits registrierte Marken recherchieren können, haben Sie ja bereits erfahren. Für den Schutz Ihrer Marken gegenüber Konkurrenten müssen Sie selber sorgen. Das können Sie tun, indem Sie regelmäßig ins Markenregister gucken und überprüfen, ob dort neue Marken eingetragen wurden, die Ihrer Marke ähnlich sind und deshalb Ihre Markenrechte verletzen. Der erstmaligen Eintragung anderer (ähnlicher oder gleicher) Marken können Sie innerhalb von drei Monaten nach deren Eintragung beim Markenamt widersprechen. E-Mail genügt. Hat die andere Person eine Marke, die Ihrer Marke ähnlich ist, schon vor mehr als drei Monaten eingetragen, können Sie gegen diese Person vor einem ordentlichen Gericht wegen Verletzung Ihrer Markenrechte auf Löschung der anderen Marke klagen. Eine schnelle Rechtsauskunft, was Sie zum Schutz Ihrer Marke unternehmen sollten, können Sie jederzeit beim DPMA erfragen.

Gut zu wissen: Markenschutz ohne Eintragung?

Wenn Sie – wie viele andere Jungunternehmer auch – Ihre Marke (noch) nicht angemeldet haben, wird es schwierig und ziemlich teuer, Ihren Markenschutz durchzusetzen. Das ist besonders ärgerlich, wenn Ihr Ruf sich gut entwickelt und Ihre Internetdomain beispielsweise gut läuft und dann plötzlich ein Konkurrent Ihren Namen oder Ihr Logo abkupfert.

Zwar entsteht Markenschutz auch durch die einfache Verwendung einer Marke (man spricht dann von einer Benutzungsmarke), sobald Sie Ihre Markenrechte jedoch durchsetzen wollen, müssen Sie die sogenannte notorische Bekanntheit oder die Verkehrsgeltung Ihrer Marke nachweisen. Zur Beweisführung vor einem ordentlichen Gericht müssten Sie hierfür ein Meinungsforschungsinstitut beauftragen, welches per Verbraucherumfrage die hohe Bekanntheit Ihrer Marke belegt. Misslingt dies, haben Sie Pech. Tun Sie sich also einen Gefallen und lassen Ihre Marke registrieren.

Automatisch geschützt: Unternehmenskennzeichen

Neben der Marke sind gesetzlich auch die sogenannten Unternehmenskennzeichen (gemäß §§ 5 und 15 Markengesetz) geschützt. Zu den Unternehmenskennzeichen gehören der Name, die (handelsrechtliche) Firma oder besondere Geschäftsbezeichnungen (»Semper-Oper«, »Rathaus-Apotheke Mönchengladbach«). Auch die Internetdomain kann als Geschäftsbezeichnung geschützt sein. Wichtiger Unterschied zur Marke: Unternehmensbezeichnungen, die das Unternehmen namensmäßig kennzeichnen und unterscheidungskräftig sind (»Telekom«, »Blumen Pfeifer«), sind von sich aus schutzfähig, sobald der Unternehmer beginnt, sie im geschäftlichen Verkehr zu nutzen – sie also auf seine Geschäftspost druckt, seine Internetseite freischaltet, seine Bezeichnung an seinen Geschäftsräumen anbringt. Sie müssen nicht wie eine Marke erst eingetragen werden oder Verkehrsgeltung erlangt haben, damit ihr Schutz im Geschäftsalltag oder vor Gericht durchgesetzt werden kann. Das Problem dabei: Marke und Unternehmenskennzeichen sind oft kaum unterscheidbar. Unterscheidbar wäre es zum Beispiel bei dem Unternehmen Ferrero. Ferrero ist der Unternehmensname und als solcher geschützt. »Nutella«, »Ferrero Küsschen« und viele andere sind die Marken des Unternehmens, die erst durch Eintragung und Verkehrsgeltung Schutz erlangt haben. Bei Coca Cola hingegen sind Unternehmensname und Marke identisch.

Automatisch geschützt: Logos – aber nur mit Namensfunktion

Logos sind Geschäftsabzeichen und gehören zu den Unternehmens-kennzeichen, die gleichfalls ohne Eintragung Rechtsschutz haben. Allerdings: Nur Logos mit Namensfunktion, die den Unternehmens-namen erkennen lassen, sind ab dem Moment ihrer Verwendung geschützt. Bild- oder Zeichenlogos ohne Namensfunktion, sind erst geschützt, wenn sie im Verkehr als Kennzeichen eines bestimmten Unternehmens erkannt werden. Das setzt nach Ansicht der Rechtspre-chung voraus, dass eine Vielzahl von Personen aus dem Produkt- oder Dienstleistungskreis des Unternehmens das Logo mit diesem in Ver-bindung bringen. Dies träfe beispielsweise auf das rote Logo »A« der Bundesarbeitsagentur oder das DB der deutschen Bahn zu, aber nicht auf das verschnörkelte Namenslogo »LM-Büroservice« einer Jungun-ternehmerin namens Lisa Meier, die einen Büroservice anbietet.

Sie müsste es, um es zu schützen, in jedem Fall als Bildmarke oder kombinierte Wort-/Bildmarke eintragen lassen.

Patente

Wesentlich aufwendiger und teurer als eine Marke sind technische Erfindungen in Form eines Patents zu schützen. Es ist zwar nicht vorgeschrieben aber ratsam, bei der Anmeldung eines Patents einen Patentanwalt zu beauftragen. Patentanwälte sind keine Volljuristen (mit erstem und zweitem juristischen Staatsexamen), sondern Hoch-schul-Ingenieure oder Naturwissenschaftler, die eine dreijährige juris-tische Ausbildung zum Patentanwalt absolviert haben (www.patent-anwalt.de). Die Verfahrensdauer bis zur Erteilung eines deutschen Patents beträgt durchschnittlich drei Jahre.

Voraussetzung für die Erteilung eines Patents ist, dass die technische Erfindung neu ist, auf einer erfinderischen Tätigkeit beruht und gewerb-lich anwendbar ist. Nicht patentfähig sind beispielsweise wissenschaftli-che Theorien, mathematische Methoden, Pläne, Regeln oder Verfahren für gedankliche Tätigkeiten. Ebenso wenig sind es geistige Schöpfungen – für diese gilt das Urheberrecht, zu dem Sie Informationen ein paar Seiten weiter im Abschnitt »Schutz Ihrer Ideen – Urheberrecht« finden.

Gut zu wissen: Patenschutz und Kosten

Die Kosten für eine deutsches Patent betragen nach der Tabelle des DPMA bis zur Erteilung nach ca. drei Jahren (Amtsgebühren und Patentanwalt): ungefähr 5000 Euro. Wesentlich teuer ist ein Europäisches Patent. Hier betragen laut DPMA alleine die Amtsgebühren in den fünf Jahren bis zur Erteilung 6350 Euro, die Patenanwaltskosten und Gebühren bei beispielsweise sechs gewünschten Ländern schlagen mit knapp 30.000 Euro zu Buche.

Nach Ihrem Antrag auf Erteilung des Patents beim DPMA mit genauer Beschreibung der Erfindung, prüft das Amt, ob die Voraussetzungen für eine Patenterteilung vorliegen.

Checkliste: Prüfkriterien zur Erteilung eines Patents

❏ Ist es eine Erfindung?
❏ Ist sie neu? Sprich, hat sie der Erfinder vor der Anmeldung noch nicht der Öffentlichkeit zugänglich gemacht oder sie benutzt?
❏ Ist sie gewerblich oder landwirtschaftlich anwendbar, herstellbar oder nutzbar?
❏ Ist die Erfindung so beschrieben, dass ein Fachmann sie umsetzen kann?

Folge der Eintragung: Sie erhalten das exklusive, aber räumlich und zeitlich befristete Recht Ihre Erfindung zu verwerten – und zwar für 20 Jahre ab dem Anmeldetag. Allerdings müssen Sie Ihre Erfindung mit der Eintragung auch öffentlich machen. Das ruft möglicherweise Konkurrenten oder Plagiatoren auf den Plan, die die Erfindung eilig abkupfern und fortentwickeln oder ausbeuten, bevor Sie selber das getan haben. Manche Unternehmen verzichten daher aus strategischer Erwägung darauf, Erfindungen patentieren zu lassen. Umgekehrt können Sie sich dank der Veröffentlichungen anderer darüber informieren, was bereits auf dem Markt ist und so unter Umständen teure Fehlinvestitionen vermeiden. Recherchieren können Sie sämtliche

Patentveröffentlichungen in den Datenbanken des DPMA (www.dpma.de).

Für Erfinder ist die Beschäftigung mit Patenten selbstverständlich dann wichtig, wenn das Patent die Grundlage ihrer Gründung bildet und sie sich beispielsweise mit der Vermarktung ihrer Erfindung selbstständig machen wollen.

Gut zu wissen: In Festanstellung Erfundenes und Patentiertes

Ein Sonderfall ist es, wenn Sie die Erfindung gemacht haben, als Sie noch angestellt waren und nicht Sie, sondern Ihr Arbeitgeber das Patent angemeldet hat. Wenn Sie hier Probleme haben, etwa bei der Vergütung für das sogenannte Arbeitnehmerpatent, die Ihnen Ihr (Ex-)Arbeitgeber bezahlen muss, ist die Schiedsstelle des DPMA (www.dpma.de) der richtige Ansprechpartner für Sie.

Mehr zum Thema

❏ Möglicherweise müssen Sie die Kosten für Ihr Patent nicht alleine tragen. Um den Transfer von wissenschaftlichem Wissen in marktfähige Produkte und Unternehmen zu fördern, geben Bundes- und Landesministerien viel Geld aus. Einen ersten Überblick über die Fördermaßnahmen für wissenschaftliche Existenzgründungen erhalten Sie über das Portal »Exist« des Bundeswirtschaftsministeriums (BMWi: www.exist.de).
❏ Deutsches Patent- und Markenamt in München, Berlin und Jena (www.dpma.de) mit zahlreichen Informationen auf der Internetseite oder über die zentrale Auskunftsstelle, Tel. 089/2195-3402.

Gebrauchsmuster

Wesentlich schneller, billiger, aber dafür auch nur für Deutschland und jeweils drei Jahre geltend, lassen sich technische Erfindungen durch die Eintragung eines Gebrauchsmusters schützen. Gegenstand des Gebrauchsmusters ist wie beim Patent eine neue, gewerbsmäßig nutzbare Erfindung, beispielsweise eine Maschine oder ein chemisches Erzeugnis (http://dpma.de/gebrauchsmuster/gebrauchsmusterschutz/index.html). Der Unterschied zum Patent ist hauptsächlich formeller Natur. Für ein Gebrauchsmuster prüft das DPMA zunächst nicht, ob die sachlichen Schutzvoraussetzungen wie Neuheit und Erfindungshöhe vorliegen, sondern trägt es einfach ein. Erst wenn ein Konkurrent die Löschung beantragt, prüft das Amt nachträglich. Dadurch ist ein Gebrauchsmuster schneller und kostengünstiger zu erhalten als ein Patent, kann von der Konkurrenz aber auch leichter angegriffen werden.

Die Eintragung eines Gebrauchsmusters dauert nur durchschnittlich drei Monate. Die Schutzdauer für ein eingetragenes Gebrauchsmuster beträgt zunächst drei Jahre und kann auf maximal zehn Jahre verlängert werden. Die Kosten für die Eintragung betragen nach Angaben des DPMA ca. 2600 Euro. Dies umfasst die Kosten für die Anmeldung, eine Verlängerungsgebühr nach drei Jahren, eine Recherchegebühr sowie die Patentanwaltskosten.

Bei der Entscheidung pro oder kontra Patent beziehungsweise Gebrauchsmuster, sollten Sie sich in jedem Fall vom Patentamt oder einem erfahrenen Patentanwalt beraten lassen. Das Geld, das Sie dafür ausgeben, sparen Sie an anderer Stelle.

Schutz Ihrer Ideen – Urheberrecht

Werksschutz, Urheberschutz und geistige Schöpfungen

Werksschutz

Ihre Ideen und Ihre Kreativität bilden einen großen Teil Ihres Unternehmenskapitals, ganz egal, in welcher Branche Sie sich etablieren. Sie sollten daher so weit wie möglich verhindern, dass Konkurrenten Ihre Ideen stehlen und damit Kasse machen. Schutz Ihrer Ideen bietet das Urheberrecht. Allerdings, und das ist die wichtige Einschränkung: geschützt sind nur Werke und ihre wirtschaftliche Verwertung, nicht aber die Idee selbst. Anders gesagt: Werksschutz ist nicht gleich Ideenschutz.

Aus der Praxis: Werksschutz bei einer Werbekampagne

Angenommen, Sie als Werbetexter und Designer haben eine geniale Idee zu einer kleinen Werbekampagne für eine Antifaltencreme. Das Problem: Ihre Idee ist erst geschützt, wenn Sie sie in konkrete Werke umgesetzt haben. Das ist erst der Fall, wenn Sie einen Claim für Faltencreme und die Produktwerbestory aufgeschrieben, ein Markenlogo aufgezeichnet und die Werbemelodie für den TV-Spot aufgenommen haben. Solange sie anderen nur davon erzählen »man könnte doch...«, haben Sie noch keinen Urheberrechtsschutz. Wenn jemand also Ihre Idee stiehlt, können Sie ihn nicht daran hindern, sie wirtschaftlich zu verwerten.

Urheberschutz

Der Urheberrechtsschutz entsteht mit Entstehung eines Werkes und entsteht nicht – wie es bei dem Rechtsschutz von Marken, Geschmacksmustern oder Patenten in der Regel der Fall ist – erst mit Eintragung des gewerblichen Schutzrechtes.

Gut zu wissen: Urheberrechtlich geschützte Werke

Der § 2 Urhebergesetz informiert, welche Werke geschützt sind. Dazu gehören im wesentlichen »Sprachwerke, Schriftwerke, Reden, und Computerprogramme, Musik, pantomimische Werke einschließlich der Werke der Tanzkunst; Werke der bildenden Künste, der Baukunst, der angewandten Kunst und Entwürfe solcher Werke, Fotos, Filme; wissenschaftliche oder technische Zeichnungen, Pläne, Karten, Skizzen, Tabellen und plastische Darstellungen, Übersetzungen.«

Damit ein Werk Urheberrechtsschutz genießt, muss es sich um eine geistige Schöpfung handeln. Das bedeutet: Das Werk muss eine gewisse gestalterische Höhe, die umstrittene »Schöpfungshöhe« erreichen. Wann das der Fall ist, wird sogar von Gericht zu Gericht unterschiedlich entschieden – erst recht, wenn es sich um Werke in neueren Medien, beispielsweise Internetseiten, handelt. Hat eine geistige Leistung keine Schöpfungshöhe, ist sie kein Werk, genießt somit auch keinen Urheberschutz und jeder darf sie ungestraft nutzen, nachahmen und verwerten.

Ideen schützen

Wie Sie bereits wissen, sind Ideen als solche rechtlich nicht geschützt und können widerspruchslos und jederzeit gestohlen werden. Das ist fatal bei Präsentationen, Pitches und Ausschreibungen, wo Sie mit Ihrer Konkurrenz darum wetteifern, überhaupt von jemandem beauftragt zu werden, Ihre Ideen aber noch nicht umgesetzt haben. Und das Problem besteht nicht nur bei Werbekampagnen, sondern ganz genauso etwa bei Einrichtungs- oder Bebauungskonzepten oder Exposé beziehungsweise Treatment für Drehbuch-, Roman- und Artikelidee oder Workshop-Konzept. Um zu verhindern, dass der potenzielle Auftraggeber kühl lächelnd Ihren Entwurf ablehnt und ihn dann gnadenlos selber umsetzt, müssen Sie vorbeugen. Der Urheberrechtsexperte Dietrich Harke, empfiehlt in seinem Buch »Ideen schützen lassen?«, Beck, 1. Auflage, 2000 (Zweitauflage von Dr. jur. Thomas Wilmer für 2009 angekündigt) vier Möglichkeiten:

Checkliste: Ideenschutz durch die Hintertür

❏ Präsentationsvertrag abschließen, der die unerlaubte Nutzung des vorgestellten Konzepts verbietet.
❏ Vor der Präsentation eigene Schutzrechte für die vorgestellten Entwürfe eintragen lassen.

❏ Vertraulichkeitsvermerk anbringen (»Die vorgelegten Entwürfe sind vertraulich zu behandeln und dürfen ohne Genehmigung nicht verwendet oder an Dritte weitergegeben werden«). Zweck der Übung: Ein Verstoß stellt eine unbefugte Verwertung da, die gemäß § 18 UWG untersagt ist. Stellen Sie nachher fest, dass Ihr Design, Ihr Lied, Ihr Modell, Ihr Konzept eins zu eins umgesetzt wird – nur eben nicht von Ihnen –, können Sie den Ideendieb verklagen. Wenn er Ihre Idee allerdings weiterentwickelt, wird es schwierig.

❏ Durch einen Urheberrechtsvermerk oder Copyright-Vermerk auf Ihr Urheberrecht hinweisen. Wirkung: Der als Urheber Bezeichnete wird bis zum Beweis des Gegenteils als Urheber angesehen.

Gut zu wissen: Anderen Nutzungsrechte einräumen

Die Verwertung Ihres Urheberrechts können Sie anderen durch Einräumung eines Nutzungsrechts erlauben. Mehr dazu im übernächsten Kapitel »Rund um den Vertrag«.

Verwertungsgesellschaften

Die Wahrnehmung Ihrer Urheberrechte und das Einfordern von Geld können Sie nach dem Urheberrechtswahrnehmungsgesetz Verwertungsgesellschaften wie der VG Wort oder der GEMA überlassen. Eine Liste der Verwertungsgesellschaften finden Sie auf der Seite des Deutschen Patent- und Markenamtes (www.dpma.de). Wichtig: Sie selbst müssen auf die Verwertungsgesellschaft zutreten und mit dieser einen Vertrag abschließen, der sie zur Vertretung Ihrer Urheberrechte überhaupt erst ermächtigt. Im Klartext bedeutet das: Wenn Sie keinen Vertrag mit der Verwertungsgesellschaft abschließen und Ihre Bücher, Musikstücke etc. pp. nicht zu den von den Gesellschaften festgesetzten Fristen melden, werden Sie bei den Ausschüttungen auch nicht begünstigt. Anders gesagt: Wer diesen Weg nicht geht, verschenkt ohne Not – zum Teil sehr viel – Geld.

Wenn Sie nicht Eigentümer von Urheberrechten, sondern Nutzer sind, beispielsweise als Gastwirt, müssen Sie eine Urheberrechtsabgabe an die Verwertungsgesellschaften zahlen. Diese wird dann nach bestimmten Schlüsseln an die Urheber ausgezahlt.

2. Der Konkurrenz voraus: Werbung und Marketing

Natürlich ist Ihr Unternehmen besser als das Ihrer Konkurrenz und die Öffentlichkeit hat ein Recht darauf, dies zu erfahren. Damit das nicht zu Prügeleien mit Ihren Wettbewerbern führt (die leider dasselbe von sich denken), stellt das Wettbewerbsrecht Regeln für Ihren Vertrieb, Ihr Marketing und Ihre Werbung auf. Wenn Sie keine Abmahnung riskieren wollen, sollten Sie diese Regeln kennen.

Wettbewerbsrecht

Die für Sie wichtigsten Wettbewerbsregeln finden Sie im Gesetz gegen den unlauteren Wettbewerb (UWG). Dessen neue Fassung ist am 30. Dezember 2008 in Kraft getreten, und sie ist noch verbraucherfreundlicher als die vorige, denn sie berücksichtigt die europäische Richtlinie über unfaire Geschäftspraktiken. Für Ihre Werbung und Ihr Marketing heißt das: Aufpassen! Unzulässig sind unlautere geschäftliche Handlungen, wenn sie geeignet sind, die Interessen von Mitbewerbern, Verbrauchern oder sonstigen Marktteilnehmern spürbar zu beeinträchtigen. Dazu gehören wahrheitswidrige Preisauszeichnungen an Waren ebenso wie unvollständige Angaben im Impressum Ihrer Internetseite.

Schwarze Liste

Neu am UWG ist eine »Schwarze Liste« von 30 explizit verbotenen Geschäfts- und Werbepraktiken als Anhang zu § 3 UWG (www.bundesrecht.juris.de/uwg_2004/anhang_29.html):

❏ Die unwahre Angabe des Unternehmers, er habe einen bestimmten Verhaltenskodex unterzeichnet oder besitze ein Gütesiegel
(etwa: »Wir befolgen die Regeln des Biolandbaus«)

❏ Die Behauptung, eine öffentliche oder private Stelle habe die
angebotene Ware oder Dienstleistung genehmigt, bestätigt oder
sonstwie gebilligt – Verbraucher gehen dann nämlich von einer
besonderen Güte aus (etwa: staatlich anerkannter…).

❏ Lockangebote, wenn der Verkäufer tatsächlich nicht genügend
Ware hat, die Nachfrage mindestens zwei Tage lang zu bedienen.

❏ Die Behauptung, dass es bestimmte Angebote nur einen begrenz-
ten Zeitraum gebe (»Nur noch drei Tage!«), obwohl die Ware
auch später noch zu haben ist. Grund: Der Käufer wird durch den
angeblichen Zeitdruck psychologisch unter Druck gesetzt.

❏ Das Betonen, dass der Käufer bestimmte Rechte habe, wenn diese
ihm ohnehin gesetzlich zustehen (etwa »Ihr exklusives Widerrufsrecht«, wenn dieses ohnehin vorgeschrieben ist).

❏ Die Tarnung von Werbung als redaktionelle Berichterstattung
und das Product Placement in vermeintlich journalistischen
Artikeln und Sendungen. Dies verstößt gegen den Pressekodex,
der vorschreibt, dass redaktionelle Veröffentlichungen, die auf
Unternehmen, ihre Erzeugnisse, Leistungen oder Veranstaltungen hinweisen, nicht die Grenze zur Schleichwerbung überschreiten dürfen. Eine Überschreitung liege insbesondere nahe,
wenn die Veröffentlichung über ein begründetes öffentliches
Interesse oder das Informationsinteresse der Leser hinausgehe.
(www.presserat.info).

❏ Das Angebot eines Wettbewerbs oder Preisausschreibens, wenn
die in Aussicht gestellten Gewinne gar nicht ausgeschüttet werden, sondern nur dazu dienen, Adressen zu sammeln.

❏ Die unwahre Angabe, der Unternehmer sei Verbraucher oder
nicht für Zwecke seines Geschäfts, Handels, Gewerbes oder
Berufs tätig; (Kindermöbelhändler gibt sich auf Ebay als privater
Verkäufer aus etc.).

❏ Das Versenden unbestellter Ware, die der Empfänger auf eigene
Rechnung zurückschicken muss.

❏ Methoden von Drückerkolonnen (»Wenn Sie mir die Wurzelbürste abkaufen, dient das meiner Resozialisierung«).

❏ Das Verschicken von Werbematerial mit angeblicher Auftragsbestätigung oder Rechnung.

❏ Das Ausnutzen von Ähnlichkeit mit anderen Waren (zum Beispiel die Jacken sehen aus wie bestimmte Markenjacken).

Werbung online und offline

Der § 7 UWG n.F. stellt ausdrücklich klar, dass Werbung, die einen Marktteilnehmer in unzumutbarer Weise belästigt, unzulässig ist. Das ist erst recht der Fall, wenn erkennbar ist, dass der Empfänger die Werbung nicht wünscht – sowohl per Werbebrief, Fax und Mail als auch per Telefon. Hat der Unternehmer die Mailadresse vom Kunden im Zusammenhang mit dem Verkauf einer Ware oder Dienstleistung erhalten, sie ohne Widerspruch des Kunden zur Direktwerbung für eigene ähnliche Waren oder Dienstleistungen verwendet und ihn bei jeder Verwendung klar und deutlich darauf hingewiesen, dass er der Verwendung jederzeit widersprechen kann, dann – und nur dann – liegt **keine** unzumutbare Belästigung – und damit kein Wettbewerbsverstoß vor.

Anzeigenwerbung

Ob im örtlichen Käseblättchen oder hochglänzend, auch für Ihre Werbung in Anzeigen gelten bestimmte Regeln. Zwar müssen Sie die Preise der beworbenen Produkte und Leistungen nicht nennen, seit dem 30.12.2008 müssen Anzeigen jedoch Ihren Namen und Ihre Rechtsform enthalten (§ 5a Abs. 3 Nr. 2 UWG). Und auch hier gilt: gewerbliche Anzeigen müssen als solche erkennbar sein.

Werbebriefe

Nach Angaben des Dialog-Marketing-Verbands werden die Briefkästen in Deutschland jährlich mit knapp 10 Milliarden Werbesendungen zugestopft, und wer mancherorts einen Blick auf den eigenen Monatserlös an Altpapier allein durch Werbesendungen wirft, dem erscheint die geschätzte Summe noch gering. Wer dieser Werbeflut weitere hinzufügen möchte (was manchmal durchaus sinnvoll sein kann), kann die dafür benötigten Adressen von Adressenhändlern und Adressenverlagen zur ein- oder mehrmaligen Nutzung mieten oder entnimmt sie seiner eigenen Datenbank. Denn: Adressen sind nicht geschützt, sondern können verkauft und vermietet werden. Personalisierte Postbriefe oder Kataloge, die an eine bestimmte Person adressiert sind, sogenannte Mailings, dürfen Sie also ohne Weiteres verschicken, und Gleiches gilt für Haushaltswerbung ohne Adresse, also Prospekte, Kataloge und Informationsmaterial. Ausnahme: der Empfänger hat einen Aufkleber »Werbung unerwünscht« auf seinem Briefkasten, hat direkt beim Absender widersprochen oder sich in die Robinson-Liste (www.robinsonlist.de) eingetragen. Dann ist die Werbepost verboten, wird als unzumutbare Werbung eingestuft und die Sendung kann eine Abmahnung nach sich ziehen.

Gut zu wissen: Verschärfung durch das neue Bundesdatenschutzgesetz?

Voraussichtlich Anfang Juli 2009 wird eine Neufassung des Bundesdatenschutzgesetzes in Kraft treten und Verschärfungen bei der Versendung von Werbebriefen mit sich bringen. Bisher ist es gemäß den §§ 28 und 29 des BDSG erlaubt, Adressen, Alter und Bankverbindungen zu verkaufen und an solche Adresslisten personalisierte Werbebriefe zu verschicken. Dieses sogenannte Listenprivileg gilt solange, wie der Verbraucher der Sendung nicht widersprochen hat. In Zukunft jedoch müssen Verbraucher eingewilligt haben, dass sie Werbesendungen erhalten möchten. Ohne Einwilligung ist personalisierte Werbung in Zukunft nur noch zur Eigenwerbung, Spendenwerbung und zur Werbung oder Markt- oder Meinungsforschung gegenüber freiberuflich oder gewerblich Tätigen unter deren Geschäftsadresse erlaubt. Zur Abmilderung der geplanten Neuregelung ist eine Übergangsfrist von drei Jahren vorgesehen. Informieren Sie sich beispielsweise bei Ihrer örtlichen IHK, ob Sie von den Änderungen betroffen sind.

Werbemails

Von vornherein problematisch ist der Versand von Werbe-Mails. Ohne vorherige Zustimmung des Empfängers verschickte E-Mails stellen verbotene Werbung dar, selbiges gilt für Werbung per Telefax. Also müssen dürfen Sie bei E-Mail-Aussendungen nur solche Personen anschreiben, die Ihren Sendungen zugestimmt haben. Und das bedeutet: Sie müssen auf legale Weise an die Einwilligung Ihrer Zielpersonen herankommen.

Bei Gewerbetreibenden nimmt man die mutmaßliche Einwilligung an, wenn bereits Schrift- und E-Mail-Verkehr stattgefunden hat. Privatleute hingegen müssen ausdrücklich zugestimmt haben, beispielsweise indem sie bei einem Gewinnspiel angeben, dass ihre Daten zu Werbezwecken verwendet werden dürfen. Bei der Einwilligung im Internet empfiehlt es sich zu diesem Zweck, ein »double opt in«-Verfahren zu wählen, bei dem die einfache Bestellung durch Ankreuzen eines Feldes oder Eintragung einer E-Mail-Adresse (single opt in) vom Empfänger durch die Beantwortung einer an ihn gerichteten Mail bestätigt wird (second opt in). Nur so können Sie sicher sein, dass Newsletter, Bestellung oder was auch immer wirklich erwünscht ist und sich nicht einfach jemand nur einen Spaß gemacht und die Adresse des Empfängers ohne dessen Wissen in das Bestellformular eingetragen hat.

Telefonmarketing

Telefonmarketing oder Telemarketing ist ein beliebtes Mittel der Vertriebsunterstützung. Aber Vorsicht bei der Kaltakquise: Hat der angerufene Kunde oder potenzielle Kunde nicht vorher eingewilligt, stellt der Anruf gemäß § 7 UWG eine belästigende Werbung dar. Ebenfalls verboten: Rufnummernunterdrückung. Das ist vielen Callcentern egal, erlaubt ist es trotzdem nicht. Einzige Chance für Sie und Ihr Telefonmarketing: Der Kunde muss Ihrem Anruf wie beim Mailing im Vorfeld zugestimmt haben. Bei Geschäftspartnern allerdings reicht auch hier die mutmaßliche Einwilligung in den Anruf.

Rabatte

Seit der Änderung des Rabattgesetzes dürfen Sie jederzeit aus besonderem Anlass (Umbau, Jubiläum, Lagerräumung Winterschluss, etc.) Ihr Sortiment oder Teile davon fast beliebig reduziert verkaufen. Sie müssen lediglich die zu Beginn des vorangegangenen Kapitels »Der Konkurrenz voraus: Werbung und Marketing« beschriebenen wettbewerbsrechtlichen Werbeverbote des UWG beachten.

Online-Werbung

Wenn Sie einen Online-Shop betreiben oder im Internet werben – ob alleine oder ob als Ergänzung zu einem realen Geschäft –, bewegen Sie sich rechtlich in einem Minenfeld. Vorschriften in diesem Bereich sind derart kritisch, weil Ihre Wettbewerber (oder Verbände) Rechtsverstöße in diesem Medium schnell und unproblematisch als unlautere Geschäftspraktiken abmahnen können.

Gut zu wissen: Vorschriften für Werbung im Internet

❏ Grundsätzlich gilt nach § 6 Telemediengesetz, dass Werbung im Internet klar als solche erkennbar sein und die Auftraggeber identifizierbar sein müssen. Die Werbung im Internet darf inhaltlich und von ihrer Art her genauso wie Werbung »offline« nicht belästigend im Sinne von § 7 UWG sein und darf insbesondere nicht gegen die am Anfang des Kapitels erläuterte Schwarze Liste verbotener Werbung aus dem UWG verstoßen. Webseiten – auch solche mit Werbung – müssen speziellen Anforderungen hinsichtlich Informationen, Impressum und Widerrufsrechten genügen, die Sie alle in Teil III, 3. »Rund um den Vertrag« im Abschnitt »Onlinevertrag« dargestellt finden. Angesichts der sich ständig erweiternden Möglichkeiten, im Internet zu werben, sei es durch Bannerwerbung, Layer-Ads, Adwords oder Websponsoring, lässt sich keine einheitliche Aussage treffen, dass diese oder jene Werbeart von vornherein unzulässig sei. Wie immer bei Rechtsfragen kommt es entscheidend auf die Werbung im Einzelfall an.

❏ Wenn Sie Abmahnungen vermeiden wollen, sollten Sie Ihr Angebot vorbeugend von einem auf IT- oder Wettbewerbsrecht spezialisierten Rechtsanwalt Ihres Vertrauens prüfen lassen. Ein kostenloses E-Book über Werberecht und Internet finden Sie bei der Münchener Kanzlei IT-Recht Kanzlei (www.it-recht-kanzlei.de).

Werbung als Freiberufler

Angehörige der reglementierten freien Berufe (Arzt, Rechtsanwalt, usw.) sowie der Gesundheitsberufe dürfen nicht unbegrenzt werben. Das verbieten die Berufsordnungen. Hier lautet der Grundsatz: Sachliche Information, unsachliche, unwürdige und unwahre Werbung ist verboten. Darüber, was darunter fällt, gehen allerdings sogar die richterlichen Meinungen auseinander. Für Selbstständige in den Gesundheitsberufen etwa gelten das Heilmittelwerbegesetz und Werbeverbotsklauseln in den Rahmenverträgen mit den gesetzlichen Krankenkassen. Das Institut für Freie Berufe (www.ifb-gruendung.de) nennt unter anderem folgende Beispiele für erlaubte und unerlaubte Werbung:

Checkliste: Erlaubte und verbotene Werbung nach Berufsgruppen	
Erlaubt	Nicht erlaubt
Bei Ärzten:	
❏ Informationen auf dem Praxisschild: Name, (Fach-) Arztbezeichnung, Sprechzeiten, ggf. die Zugehörigkeit zu einer Berufsausübungsgemeinschaft, Zusatzqualifikationen (Diabetologie, Akupunktur). Ist die Qualifikationen **nicht** öffentlich-rechtlich anerkannt (zum Beispiel traditionelle chinesische Medizin), muss der Arzt dies kenntlich machen. ❏ Praxisbroschüre ❏ Hinweise auf Ortstafeln, in kostenlos verteilten, Stadtplänen und über Bürgerinformationsstellen.	❏ Werbung für Produkte anderer Unternehmen in eigener Praxis (Zahnpasta, Bleichmittel, Werbeplakate…) ❏ Direktmailings ❏ Erfolgsversprechen (»Bei mir werden Sie geheilt!«) ❏ Plakatierung ❏ Erwähnung von Referenzen auf der Website (»Die Behandlung durch Herrn Sulzbach war meisterhaft.«) ❏ Werbebanner und Pop-up-Werbung ❏ Domain-Namen, die unsachlich anpreisen

Bei Rechtsanwälten	
❏ Phantasiebezeichnung bei partnerschaftlich organisierter Kanzlei ❏ Serienrundschreiben oder Kanzleibroschüren ❏ Sponsoring bei seriösem Anlass ❏ Angabe von Erfolgs- und Umsatzzahlen	
Für alle Freiberufler:	
❏ PR-Maßnamen, etwa Gastbeiträge in der Fach- und Publikumspresse ❏ Teilnahme als Experte an Publikumshotlines, Fernsehsendungen, etc. ❏ Auftritt als Referent bei Seminaren und Kongressen	

Abmahnung bei Rechtsverstößen

Wer gegen die dargestellten Vorschriften verstößt, erschleicht sich durch diesen Rechtsbruch einen Vorsprung gegenüber seinen Wettbewerbern. Die Folge sind Beseitigungs- und Unterlassungsansprüche sowie Schadenersatzansprüche. Einfordern können diese per Abmahnungen Ihre Wettbewerber und aufgrund ihrer Verbandsklagebefugnis auch die Verbraucherzentralen (www.vzbv.de) oder die Wettbewerbszentrale in Frankfurt am Main (www.wettbewerbszentrale.de, Tel. 06172/12150).

Ihr Wettbewerber kann beispielsweise von Ihnen verlangen, dass Sie die verbotene Werbung von der Internetseite nehmen, die seine Urheber- oder Markenrechte verletzt, den Newsletter, den er nicht abonniert hat, nicht weiter an ihn schicken, die Werbe- oder Verkaufsaktion wegen Markenrechtsverletzungen beenden und so weiter. Damit Sie seiner Forderung auch wirklich nachkommen, fordert er per Abmahnung eine Unterlassungserklärung von Ihnen ein. (»Ich erkläre mich bereit, die rechtsverletzende Werbeaktion zu beenden, im Wiederholungsfall droht mir eine Vertragsstrafe von 3000 Euro«). Zudem halst er Ihnen die Kosten für die Abmahnung auf – meistens Anwaltskosten in Höhe von ein paar hundert Euro. Das Ärgerliche dabei: Wenn Ihr Gegner Recht hat und sein Unterlassungsanspruch gerechtfertigt ist, müssen Sie die Kosten für die Abmahnung tragen, auch wenn Sie weder absichtlich noch fahrlässig gegen Wettbewerbs- oder sonstiges Recht verstoßen haben. Es kann aber gut sein, dass Ihr Gegner die Anwaltskosten, die Sie für die Abmahnung bezahlen sollen, viel zu hoch angesetzt hat und Sie höchstens die Hälfte davon bezahlen müssen. Dann sollten Sie sich wehren.

Auch wenn Sie den Eindruck haben, gar nicht gegen Wettbewerbsrecht verstoßen zu haben und die in der Abmahnung geforderte Unterlassungserklärung nicht abgeben wollen, sollten Sie sich von einer auf Wettbewerbsrecht spezialisierten Rechtsanwaltskanzlei oder der IHK beraten lassen. Es kann nämlich sein, dass die Abmahnung weder formal zulässig noch inhaltlich begründet ist und Ihr Gegner Sie nur abmahnt, weil er an der Erstattung der Anwaltskosten verdienen möchte. In diesem Fall können Sie mit einer Gegenabmahnung oder direkt mit einer sogenannten Negativen Feststellungsklage kontern. Das heißt, Sie beantragen vor Gericht die Feststellung, dass der behauptete Rechtsverstoß gar nicht existiert. Dann muss Ihr Gegner erst einmal das Gegenteil beweisen. Allerdings müssen Sie schnell reagieren, sonst beantragt Ihr Gegner eine einstweilige Verfügung bei Gericht. Damit kann er die »Unterlassung« gegebenenfalls zwangsweise durchsetzen.

Sind Sie (und Ihr Anwalt) der Meinung, der beanstandete Rechtsverstoß liege tatsächlich vor, sollten Sie die in der Abmahnung enthaltene Unterlassungserklärung unterzeichnen, zurückschicken und dafür sorgen, dass Sie den Rechtsverstoß schnellstens abstellen (beanstandete Internetseite vom Netz nehmen, Angebot verbessern, etc.), sonst wird die Vertragsstrafe fällig. Allerdings raten Anwälte dazu, auch die Unterlassungserklärung genau unter die Lupe zu nehmen. Oft, so heißt es, sind diese nämlich viel zu umfassend formuliert, und am Ende versprechen Sie etwas, was Sie gar nicht hätten versprechen müssen und müssen sich nachher aber 30 Jahre lang (denn so lang gelten Unterlassungserklärungen) daran halten.

Die Tatsache, dass Ihr Gegner Ihnen die Kosten für die Abmahnung aufbürden kann, hat schon viele verärgert. Eine Gesetzesänderung im Urheberrecht sorgt mittlerweile dafür, dass seit dem 1. September 2008 die Abgemahnten in einfach gelagerten Fällen nur Anwaltsgebühren bis zu 100 Euro tragen müssen. Das betrifft allerdings nur Rechtsverstöße gegen das Urheberrecht und Fälle außerhalb des geschäftlichen Verkehrs. Bei Problemen mit Ihrer geschäftlichen Website nützt Ihnen diese Regelung nichts.

Mehr zum Thema

❏ Merkblatt »Internetpräsentation« der Ärztekammer Baden-Württemberg, www.aerztekammer-bw.de

❏ E-Book: »Praxishandbuch für Shopbetreiber« von Thomas Hoeren und Carsten Föhlisch 2009 der Trusted-Shops-GmbH sowie eine Anleitung des Geschäftsführers von Trusted-Shops, Ulrich Hafenbradl, wie Sie richtig auf eine Abmahnung reagieren (www.trustedshops.de/shop-info/abmahnung-reaktion/).

3. Rund um den Vertrag

Eigener Vertrag oder Mustervertrag?

Ob Sie einen eigenen Vertrag aufsetzen oder einen Mustervertrag zu Hilfe nehmen, bleibt Ihnen überlassen. Während ein Mustervertrag, den Sie im Internet kaufen oder kostenlos herunterladen könnten, meist Klauseln für alle möglichen Fälle ausformuliert, kann ein eigener Vertrag sehr kurz sein, wenn der Vertragsgegenstand unkompliziert ist. Sie müssen im Vertrag nämlich nur das regeln, was nicht im Gesetz steht. Ein Satz wie: »Für Fehler bei der Auftragsausführung haftet der Handwerker nach den gesetzlichen Regeln« ist überflüssig. Verträge, bei denen es um viel Geld oder hohe Haftungsrisiken geht, sollten Sie mit einem einschlägig erfahrenen Rechtsanwalt aufsetzen. Tipps zur Beratersuche finden Sie im Serviceteil.

So kommt ein Vertrag zustande

Ein Vertrag kommt zustande, wenn der eine Vertragspartner ein Angebot macht und der andere Teil dieses Angebot annimmt.

Gut zu wissen: Vertragsabschluss schriftlich oder mündlich?

Die meisten Verträge können Sie mündlich schließen. Sei es, dass Sie für Ihr neues Unternehmen einen Computer kaufen, sei es, dass Sie Ihren ersten Auftrag als Kosmetikerin oder Webdesigner annehmen. Außerdem per E-Mail oder durch Unterzeichnung eines schriftlichen oder gar notariell beurkundeten Vertrages. Für die Wirksamkeit des Vertrages macht die Form des Vertragsschlusses keinen Unterschied, außer es ist ausnahmsweise gesetzlich eine besondere Form vorgeschrieben, zum Beispiel die notarielle Beurkundung beim Grundstückskaufvertrag. Um nachher jedoch beweisen zu können, was vereinbart wurde, ist es sinnvoll, den Vertrag schriftlich zu fixieren. Viele Tipps dazu finden Sie weiter hinten im Abschnitt »Die Auftragsbestätigung«.

Kein Vertragsangebot, sondern bloße Aufforderungen zur Abgabe von Angeboten sind Preislisten, Zeitungs- oder Werbeanzeigen oder Speisekarten. Bei dieser sogenannten Invitatio ad offerendum fehlt es dem Anbietenden am Vertragsbindungswillen. Liegt dagegen ein echtes Angebot vor, kann der Vertragspartner den Vertrag schließen, indem er das Angebot annimmt. Ein Kostenvoranschlag zum Beispiel stellt noch kein Angebot dar. Mehr dazu finden Sie weiter hinten in diesem Kapitel im Abschnitt »Kostenvoranschlag und Angebot«.

Eine rechtlich erhebliche Willenserklärung muss so abgegeben werden, dass der rechtsgeschäftliche Bindungswille erkennbar zum Ausdruck kommt. Das kann auch durch schlüssiges Verhalten geschehen, etwa, indem Sie in einer Düsseldorfer Kneipe zwei Finger (=zwei Altbier) heben und das Geld auf den Tresen legen. Der Kellner kann dieses Vertragsangebot wiederum durch schlüssiges Verhalten annehmen, indem er Ihnen das Bier zapft und hinstellt.

Bloßes Schweigen gilt im Rechtsverkehr dagegen nicht als Zustimmung. Eine Ausnahme stellt das → kaufmännische Bestätigungsschreiben dar, zu dem Sie im Abschnitt »Aus dem Handelsrecht: Das kaufmännische Bestätigungsschreiben« mehr finden.

Wie Sie Ihre Verträge inhaltlich ausgestalten, bleibt Ihnen überlassen. Hier herrscht Vertragsfreiheit – Sie können also, abgesehen von einigen gesetzliche Verboten und Formvorschriften, Verträge schließen, mit wem Sie wollen und wie Sie wollen. Formvorschriften gelten also für Grundstückskaufverträge und für Mietverträge, die länger als ein Jahr andauern. Diese müssen schriftlich beziehungsweise mit notarieller Beurkundung abgeschlossen werden, sonst sind sie nichtig. Verboten sind sittenwidrige Verträge gem. § 138 BGB.

Verträge richtig schließen

Damit Sie später auch wirklich Ihr Geld bekommen, können Sie schon vor oder bei Vertragsschluss einige Weichen richtig stellen. Anders gesagt: Sich vor Arbeitsbeginn auf die genauen Vertragskonditionen zu einigen, erspart Ihnen später sehr viel Ärger.

Der richtige Auftraggeber

Nur wenn Sie wissen, wer eigentlich Ihr Auftraggeber ist, können Sie diesem nach der Fertigstellung des Auftrags die Rechnung schicken. Ist er ein Einzelunternehmer, eine Personen- oder eine Kapitalgesellschaft? Von wem wird diese vertreten? Haben Sie Namen und Anschrift des Geschäftsführers oder des geschäftsführenden Gesellschafters?

Wenn Ihr Auftraggeber im Handelsregister eingetragen ist, können Sie dort nachschauen, mit wem Sie es zu tun haben. Sollen Sie beispielsweise einen handwerklichen Auftrag an einem Haus erledigen und sind nicht sicher, ob Ihr Auftraggeber auch der Eigentümer des Hauses ist, sollten Sie im Grundbuchamt nachfragen. Dieses wird beim zuständigen Amtsgericht Ihres Kreises oder Bezirks geführt.

Die richtige Adresse

Es klingt banal, ist aber wichtig: Spätestens wenn Ihre Rechnung mit dem Vermerk »unbekannt verzogen« zurückkommt, werden Sie sich wünschen, beizeiten den Wohnort Ihres Auftraggebers in Erfahrung gebracht zu haben. Wenn Sie überprüfen wollen, ob die Ihnen mitgeteilte Adresse korrekt ist, können Sie Ihre Auftragsbestätigung dort hinschicken mit der Bitte um Unterschrift und Rücksendung. Will Ihr Vertragspartner seine Adresse nicht herausgeben, kann dies ein erstes Warnzeichen sein, dass er vielleicht nicht zu den Zahlungswilligsten gehört. Wenn Sie hingegen eine Adresse haben, aber unsicher sind, ob diese stimmt, können Sie bei der Post eine Anschriftenprüfung beantragen. Das geht per Websitecheck für 52 Cent pro Anschrift plus Grundgebühr von 77 Cent, dauert aber einige Tage (www.deutsche-post.de). Mit einer Postfachadresse jedenfalls sollten Sie sich nicht abspeisen lassen. Zur Not können Sie zwar bei der Post die echte Adresse erhalten, aber erst, wenn Sie ein berechtigtes Interesse (etwa ein Strafverfahren) nachweisen können. Das nimmt wiederum Zeit in Anspruch – während dieser Sie noch immer auf Ihr Geld für schon längst erledigte Arbeit warten.

Kann Ihr Auftraggeber Sie überhaupt bezahlen?

Um herauszufinden, ob Ihr Auftraggeber solvent ist, müssen Sie kein Detektivbüro einschalten. Informationen über Auftraggeber erhalten Sie bei der IHK, der Handwerkskammer oder der Handwerksinnung. Oft arbeiten diese mit Auskunfteien zusammen, die über die Bonität von Wirtschaftsunternehmen bestens informiert sind. Solche Auskunfteien – wie etwa Creditreform – erhalten die Informationen aus öffentlichen Registern, aber auch aus eigener Recherche. Vertrauliche Informationen, ob die betreffende Firma schon mal Zahlungsschwierigkeiten hatte, gibt Ihnen häufig auch Ihre Bank. Aber auch, wenn Sie sich selber auf die Suche machen wollen, stehen Ihnen einige Möglichkeiten zur Verfügung: Das Handelsregister, die Bilanzangaben im elektronischen Bundesanzeiger (www.unternehmensregister.de oder www.ebundesanzeiger.de), das → Gewerbezentralregister, das → Schuldnerverzeichnis oder die Anfrage an die → Schufa. Und wenn Sie wissen wollen, ob Ihr

Vertragspartner gerade in die Insolvenz gegangen ist, können Sie im Insolvenzregister nachsehen (www.unternehmensregister.de, »nach Veröffentlichungen suchen: Insolvenzen«) oder auf dem Justizportal der Länder (www.insolvenzbekanntmachungen.de) nachsehen. Beachten Sie allerdings, dass Sie sich bei einer Vertragsanbahnung vorrangig auf Ihren gesunden Menschenverstand und die Auskünfte, die Sie bei Ihrem Geschäftspartner erfragen können, verlassen sollte anstatt auf irgendwelche Registerangaben. Diese sind zeitaufwändig zu beschaffen und helfen Ihnen oft auch nicht weiter – insbesondere, wenn Ihr Auftraggeber eine Privatperson ist.

Die Auftragsbestätigung

Haben Sie – gleich ob freiberuflicher Journalist oder gewerblicher Handwerker – einen Auftrag mündlich oder telefonisch angenommen: Gehen Sie auf Nummer sicher und halten Sie die Vertragskonditionen des Auftrags fest. Am besten geht dies mit einer Auftragsbestätigung.

Gut zu wissen: Nichtwidersprechen der Auftragsbestätigung gilt als Auftrag

Constanze Hacke, Steuerjournalistin (www.c-hacke.de) empfiehlt in dem Buch »Treffpunkt Text: Das Handbuch für Freie in Medienberufen«, entweder die Eckpunkte der Zusammenarbeit für den Auftraggeber in einem schriftlichen Angebot zusammenzufassen, das vom Kunden abgezeichnet werden muss – oder aber eine formale Auftragsbestätigung per E-Mail oder Fax zu versenden. Wird der Auftragsbestätigung nicht binnen weniger Werktage ausdrücklich widersprochen, gilt der Auftrag als erteilt.

Damit die Auftragsbestätigung Ihnen auch wirklich nutzt, sollten Sie die folgende Checkliste beachten:

Checkliste: Auftragsbestätigung

❏ Vertragspartner, genau mit Vornamen, Namen und Anschrift bezeichnet, gegebenenfalls ihre gesetzlichen Vertreter. Wenn unklar ist, ob der Bevollmächtigte auch zum Abschluss des betreffenden Vertrages befugt ist, müssen Sie eventuell eine Vollmachtsurkunde anfordern.

❏ Detaillierte Beschreibung des Arbeitsauftrags, eventuell Hinweise auf Briefinggespräch.

❏ Abgabe oder Liefertermin beziehungsweise Termine, an denen die Dienstleistung erbracht werden soll.

❏ Honorar, Werklohn (Einheitspreis, Pauschalpreisvertrag), Stundenlohn, Tagessatz, aufgegliedert nach Nettopreis und Umsatzsteuer.

❏ Falls nötig Hinweis auf Vertragsstrafen.

❏ Hinweis auf die eigenen AGB

❏ Bei Bauverträgen: Hinweis auf die Vergabe- und Vertragsordnung für Bauleistungen (VOB), bei Architektenverträgen: Hinweis auf die Honorarordnung für Architekten und Ingenieure (HOAI).

Weicht Ihre Auftragsbestätigung von der Bestellung ab, gilt Ihre Auftragsbestätigung (gemäß § 150 Abs. 2 BGB) als Ablehnung des Angebots verbunden mit einem neuen Angebot. Schweigt Ihr Vertragspartner auf eine solche ändernde Auftragsbestätigung hin, nimmt er den Vertrag nicht an. Das wäre nur bei einem kaufmännischen Bestätigungsschreiben (unter Kaufleuten) der Fall. Wenn Sie nun trotzdem mit der Arbeit beginnen, müssen Sie sich später streiten, zu welchen Konditionen der Vertrag zustande gekommen ist und welches Honorar zu zahlen ist, was nicht immer ganz eindeutig ist. Entsprechend sollten Sie bei einer Auftragsbestätigung zur Sicherheit immer fordern, dass Ihr Vertragspartner die Auftragsbestätigung unterschrieben zurückfaxt. Dann herrscht mit Sicherheit Einigkeit über die Vertragskonditionen, und Sie können mit der Arbeit loslegen.

Aus dem Handelsrecht: Das kaufmännische Bestätigungsschreiben

Ein kaufmännisches Bestätigungsschreiben, das unter Kaufleuten verschickt wird, dient dazu, einen höchstens drei Tage zuvor erfolgten (mündlichen) Vertragsschluss gewissermaßen zu Beweiszwecken schriftlich zu fixieren. Bestätigt wird – wie bei einer Auftragsbestätigung – zunächst, was zuvor mündlich vereinbart wurde. Beispielsweise:

>»Ich freue ich mich, dass Sie mir den Auftrag zur Erstellung eines neuen Internetauftritts, inklusive eines neuen Firmenlogos erteilt haben. Gemäß Absprache vom 11. Januar 2009 haben wir uns darauf geeinigt, dass die Konzepterstellung für die Homepage mit 5000 Euro, das Firmenlogo mit 2000 Euro und die anschließende Ausarbeitung der Seite zum Stundensatz von 90 Euro abgerechnet werden wird.«

Gut zu wissen: Als Kaufmann nur drei Tage Widerspruchsrecht

Allerdings müssen Sie aufpassen. Wenn Sie als Kaufmann oder Kauffrau ein solches Schreiben erhalten und nicht unverzüglich widersprochen haben, wird gesetzlich vermutet, dass ein Vertrag mit dem beschriebenen Inhalt zustande gekommen ist. Ihr Schweigen gilt in diesem Fall also als Annahme, und zwar auch dann, wenn Sie der Meinung sind, dass Sie das, was da steht, so gar nicht vereinbart hätten.

Wenn Sie nicht einverstanden sind, müssen Sie unverzüglich widersprechen und sicherstellen, dass der Absender des Schreibens diesen Widerspruch auch erhält. Also entweder per Fax, bestätigtem E-Mail oder telefonisch vor Zeugen. Dann ist der Vertrag nicht zustande gekommen und Sie müssen sich erneut einigen.

Kostenvoranschlag und Angebot

Falls Ihr Kunde es wünscht, können Sie ihm einen Kostenvoranschlag machen, sprich: ausrechnen, was Ihre Leistung und das Material voraussichtlich kosten werden und welchen Zeitraum dies beanspruchen wird. Das ist nicht unüblich und geschieht etwa häufig bei beim Arzt oder Zahnarzt, bei Autowerkstätten, Versicherungen oder Handwerkern. Für einen Kostenvoranschlag dürfen Sie nichts berechnen, es sei denn, Sie haben dies gesondert vereinbart.

Der Kostenvoranschlag ist nicht verbindlich. Sie können demnach mit Ihrer Werkleistung und anschließend mit Ihrer Rechnung davon abweichen. Wenn Sie den veranschlagten Endpreis allerdings wesentlich überschreiten, müssen Sie Ihren Besteller unverzüglich, also sobald dies absehbar ist, davon in Kenntnis setzen. Wesentlich überschritten ist der Endpreis, wenn er mehr als 15-25 Prozent über dem Kostenvoranschlag liegt. Der Besteller darf daraufhin den Werkvertrag kündigen, ist allerdings verpflichtet, den der geleisteten Arbeit entsprechenden Teil der Vergütung bezahlen. Kündigt er nicht, schuldet er den erhöhten Preis (§ 650 BGB).

Verbindlich ist dagegen ein Angebot. Wenn Sie Ihrem Kunden die Leistung zu einem Pauschalpreis oder Festpreis angeboten haben (»Text und Design einer Unternehmensbroschüre à 2000 Euro) und der Kunde es angenommen hat, sind Sie an das Angebot gebunden. Wenn Sie Ihrer Kalkulation 25 Stunden à 80 Euro zugrunde gelegt haben, aber letztendlich 40 Stunden brauchen, bleiben Sie auf Ihren Mehrkosten sitzen. Daher die Empfehlung: Rechnen Sie Ihre Preisvereinbarung nach Aufwand ab, dann können Sie ein verbindliches Angebot abgeben, ohne befürchten zu müssen, dass Sie sich verkalkulieren. Ob Sie Tagessätze, Stundensätze oder – etwa für Handwerkerleistungen – Einheitspreise für Bauteile ansetzen, bleibt Ihnen überlassen. Auf einer Handwerkerrechnung könnten Sie zum Beispiel folgende Posten ansetzen:

Menge	Bezeichnung	Einzel EUR	Gesamt EUR
4,5 Std.	Monteurstunde(n)	39,00	175,50
2	Dichtungsmaterial	12,50	25,00
	Pauschale für Schuttbeseitigung	30,00	30,00

Musterangebote für Handwerker- und sonstige Rechnungen finden Sie auf der Webseite zum Buch (www.rechtsratgeber-existenzgruender.de).

Zahlungsmodalitäten festlegen

Ein wichtiges Elements Ihres Vertrags ist die Vereinbarung der Zahlungsmodalitäten, also der Frage, wann und wie bezahlt wird. Die wichtigsten Punkte sind:

Fälligkeit der Zahlung: Ist die Zahlung sofort nach Abnahme fällig oder erst bei Fertigstellung des ganzen Werks? Zum Beispiel also: Wird Ihr journalistischer Artikel bei Ablieferung an die Redaktion bezahlt oder erst, wenn die Zeitschrift (unter Umständen Monate später) erscheint?

Vorauszahlung: Bei Verträgen, bei denen Sie in Vorleistung treten – sei es durch Herstellung eines maßgeschneiderten Wohnzimmervorhangs oder die Anfertigung einer Zahnkrone durch ein Zahnlabor – empfiehlt es sich, vertraglich eine Vorauszahlung zu vereinbaren. Im Onlinehandel hat es sich eingebürgert, Waren nur noch gegen Vorkasse, also durch Überweisung auf ein Bankkonto oder an ein Online-Bezahlsystem (Paypal, T-Pay oder Click & Buy), zu verschicken. Gesetzlich vorgeschrieben ist es nicht.

Zieht sich die Erbringung der Leistung über einen langen Zeitraum hin (beispielsweise bei einer nach und nach erfolgenden Außendämmung eines Bürogebäudes) eine **Abschlagszahlung** auf Teilleistungen zu vereinbaren. Letztere sieht § 632 a BGB für Werkverträge vor:

>»Der Unternehmer kann von dem Besteller für in sich abgeschlossene Teile des Werkes Abschlagszahlungen für die erbrachten vertragsmäßigen Leistungen verlangen.«

Überdies: Es ist kein Zeichen von Großzügigkeit Ihres Auftraggebers, Ihnen Abschlagszahlungen zu zahlen. Gemäß § 632 a BGB haben Sie sogar Anspruch darauf. Die Höhe der Abschlagszahlungen richtet sich nach dem durch die Leistung erlangten Wertzuwachs. Auch gut zu wissen: Abschlagszahlungen dürfen nicht wegen unwesentlicher Mängel am Werk verweigert werden.

Entscheidend für Ihre Finanzen kann die Vereinbarungen von Abschlags- oder Vorauszahlungen bei Werkverträgen sein, wenn Sie für einen Auftrag Subunternehmer beschäftigen. Normalerweise wollen die Subunternehmer ihr Geld sehen, wenn sie Ihnen die Leistung geliefert haben. Ohne Vorauszahlung vom Auftraggeber müssen Sie also selbst in Vorleistung gehen. Auf die Alternative – Subunternehmer erst dann zu bezahlen, wenn der Hauptauftrag erledigt und bezahlt ist –, lassen sich viele Subunternehmer nicht ein.

Haben Sie Abschlagszahlungen vereinbart, müssen Sie diese allerdings auch mit Abschlagsrechnungen in Rechnung stellen und den Zahlungseingang kontrollieren (→ Kunde zahlt nicht). Zahlt Ihr Kunde nicht, sollten Sie ihm androhen, die weitere Leistung zurückzubehalten. Umgekehrt müssen Sie allerdings auch nachweisen können, dass Sie regelmäßig geleistet haben. Ist Ihr Auftraggeber etwa unzufrieden, weil Sie diese oder jene Einzelleistung gar nicht erbracht hätten oder die Anzahl der abgerechneten Stunden nicht stimmen könne, müssen Sie mit Ihren Aufzeichnungen kontern. Anders gesagt: Sie müssen **dokumentieren, was Sie geleistet haben.**

Bei Bauprojekten sind Bautagebücher üblich, in denen Sie den Fortgang der Arbeit dokumentieren und jeweils am Ende des Tages abzeichnen lassen. Das gleiche können Sie bei allen anderen Aufträgen auch mit einem Geschäftstagebuch machen. Liefern Sie als Freiberufler beispielsweise regelmäßig einer Agentur Zeichnungen oder Korrekturen – und dies womöglich über einen längeren Zeitraum hinweg und vielleicht sogar mit wechselnden Projektleitern und Ansprechpartnern –, sollten Sie sich den Eingang von Einzellieferungen jeweils schriftlich bestätigen lassen. Eine einfache E-Mail reicht hierzu aus:

> »Hiermit erhalten Sie wie besprochen Lieferung X« (Korrektorat 10 Stunden). Wenn Sie noch Ergänzungswünsche haben, bitte ich Sie um Rückmeldung, ansonsten gehe ich davon aus, dass alles in Ordnung ist und stelle die nächste Rate zum 15.6. fertig. Sind Sie damit einverstanden?«

Stellen Sie durch eine Frage sicher, dass Ihr Abnehmer die E-Mail beantwortet. Dann kann er sich nicht herausreden, er habe Ihre Lieferung nicht erhalten und es fällt ihm schwer, nachher die in Rechnung gestellten Stunden zu bestreiten. Übrigens: Wenn Sie ein elektronisches oder internetbasiertes Stundenmesstool benutzen, etwa »Practicount« (www.practiline.com) behalten Sie den Überblick, ob Sie Ihren Auftrag richtig kalkuliert haben.

Allgemeine Geschäftsbedingungen

Bei vielen im Geschäftsleben geschlossenen Verträgen werden allgemeine Geschäftsbedingungen (AGB) eingesetzt. Sie können in Ihre AGB alles Mögliche hineinschreiben, was für Ihre persönlichen Vertragsbeziehungen wichtig ist. Die meisten Branchenverbände bieten Ihnen teilweise kostenpflichtige Muster-AGB an, und auf den Internetseiten Ihrer Kollegen und Konkurrenten können Sie sich Anregungen holen. Doch genau wie bei Verträgen können diese nur Anhaltspunkte geben. Die Feinheiten sollten Sie mit einem in Ihrer Branche erfahrenen Anwalt ausarbeiten.

VOB Spezialregelung für die Baubranche

Ein Spezialfall von gesetzlich vorgeschriebenen AGB stellen die **Vergabe- und Vertragsordnung für Bauleistungen** (abgekürzt »**VOB**«) für Bauträger dar. Die VOB enthält Vorschriften für die Vergabe von Bauaufträgen durch die öffentliche Hand und im Teil B **(VOB/B)** allgemeine Vertragsbedingungen für Bauverträge. Diese ergänzen die Paragrafen des BGB zum Werkvertrag. Öffentliche Auftraggeber müssen diese VOB zum Bestandteil ihrer Bauverträge machen, private Bauunternehmen tun es ihnen aber freiwillig häufig gleich.

Inhalt der AGB

Eine allgemeine Checkliste »Was muss rein?«, lässt sich nur schwer geben, weil die Bedürfnisse je nach Gegenstand Ihres Unternehmen variieren. Deshalb lautet die Empfehlung, sich bei Ihrem jeweiligen Berufs- oder Branchenverband oder bei der IHK Muster-AGB geben zu lassen oder sich im Internet umzusehen, was für AGB Ihre Wettbewerber anbieten.

In die AGB von **Kaufverträgen** gehören zum Beispiel: Der Geltungsbereich (für welche Verträge des Unternehmers sollen Sie gelten?), der Preis (»in Euro«, mit oder ohne Mehrwertsteuer), die Lieferzeiten, die Versandkosten (»versandkostenfrei ab einem Bestellwert von 50,00 Euro«), eventuell die Konditionen bei Ratenkauf (Dauer und Jahreszins), die Zahlungsbedingungen (»nur gegen Vorkasse«), die Zahlungsziele (»Der Rechnungsbetrag wird 14 Tage nach Erhalt der Lieferung fällig«), die → Gewährleistung (zum Beispiel Gewährung eines besonderen Umtauschrechts oder einer Garantie, die über die gesetzlichen Gewährleistungsrechte zur Nachlieferung und Nachbesserung hinausgeht), Eigentumsvorbehalt (»Die gelieferte Ware bleibt bis zur vollständigen Bezahlung unser Eigentum«). Die AGB eines **Werkvertrages** sollten Regelungen über die Abnahme sowie gegebenenfalls gewerbliche Schutzrechte und Nutzungsrechte an gewerblichen Schutzrechten oder Urheberrechten enthalten. Mehr zu den Rechtsfragen, die Sie bei einem Werkvertrag im Einzelvertrag – oder in den AGB – regeln sollten, lesen Sie im Abschnitt »Vertragstypen, Werkvertrag«. Muster-AGB eines **Onlineshops** erhalten Sie beim Bundesverband Informationswirtschaft Telekommunikation und Neue Medien (www.bitkom.de, Rubrik »Publikationen/Juristische Praxishilfen«). Sinnvoll ist es, ans Ende aller AGB noch eine sogenannte salvatorische Klausel aufzunehmen (»Sollte eine der vertraglichen Bestimmung unwirksam werden, so wird der Vertrag im übrigen in seiner Wirksamkeit nicht berührt«), eine Gerichtsstandsvereinbarung (»Gerichtstand ist Hamburg«) und eine Rechtsformwahl (»für alle unter Einbeziehung dieser Allgemeinen Geschäftsbedingungen abgeschlossenen Verträge gilt ausschließlich deutsches Recht«).

AGB in den Vertrag einbeziehen

Derjenige, der die AGB einsetzt, diktiert dem Vertragspartner seine Bedingungen. Und diese können zum Teil von den gesetzlichen Vorschriften abweichen – vorausgesetzt, sie werden Bestandteil des Vertrages. Damit die AGB Teil des Vertrages werden, muss der Verwender die andere Partei auf die AGB ausdrücklich und sichtbar hinweisen (»Es gelten die AGB im Anhang.«), ihr die Möglichkeit verschaffen, in zumutbarer Weise von den AGB Kenntnis zu nehmen (im Internet häufig durch die Option, ein extra »AGB-Fenster« zu öffnen), und die andere Partei muss sich mit der Geltung der AGB ausdrücklich oder durch schlüssiges Verhalten einverstanden erklären (»mit meiner Bestellung erkläre ich mich mit den allgemeinen Geschäftsbedingungen von Firma XY einverstanden«).

Gut zu wissen: Individualvereinbarungen haben Vorrang vor AGB

Auch wenn Sie AGB nutzen, können Sie durch eine Vereinbarung mit Ihrem Geschäftspartner davon abweichen. Solche Individualvereinbarungen haben immer Vorrang vor den AGB.

Schutz vor bösen Überraschungen

Überraschende Klauseln, mit denen der Vertragspartner nicht zu rechnen brauchte, werden allerdings nicht Vertragsbestandteil. Zum Beispiel:

»Mit dem Kauf eines Plasma-TV-Gerätes der Firma YZ schließt der Käufer zugleich ein Abo für den monatlichen Bezug von Leih-DVDs ab«.

Ferner sind Bestimmungen unwirksam, die eine Partei nach den Grundsätzen von Treu und Glauben unangemessen benachteiligen (Generalklausel) oder die gegen eins der Klauselverbote (gemäß den §§ 308 und 309 BGB) verstoßen. Beispielsweise darf die gesetzliche Gewährleistung nicht durch AGB ausgeschlossen werden.

AGB gegen AGB – was nun?

Stellen wir uns den folgenden Fall vor: Partei A bestellt etwas zu ihren AGB-Konditionen. Partei B beachtet dies (aus welchem Grund auch immer) nicht und versendet den Vertrag mit ihrer Auftragsbestätigung – oder mit dem expliziten Hinweis darauf, dass der Vertrag unter ihrer AGB zustande kommt oder gekommen ist. Die Frage lautet: Wessen

Achtung: Eingeschränkter Schutz für Kaufleute

Ist derjenige, dem die AGB gestellt werden, ein Kaufmann, ist sein Schutz eingeschränkt: Die AGB müssen nicht, wie eben beschrieben, ausdrücklich in den Vertrag einbezogen werden, und auch die Klauselverbote gelten nicht. Anders gesagt: Bei Kaufleuten darf praktisch alles in den AGB geregelt werden, was nicht gegen die Generalklausel (»Treu und Glauben«, gem. § 242 BGB) verstößt – und deshalb müssen Kaufleute ihre Verträge ganz besonders gut prüfen.

AGB gelten in einem solchen Fall? Die Antwort ist: Keine der beiden. Der Vertrag an sich kommt allerdings dennoch wirksam zustande. Anstelle der AGB-Regeln gelten dann die gesetzlichen Regeln. Eine solche Vertragsannahmeerklärung, die vom Angebot abweicht, stellt im Zweifelsfall nämlich keine Annahme, sondern ein eigenes neues Angebot dar.

Mehr zum Thema

❏ Kostenlose Musterverträge und Links: IHK Frankfurt (www.frankfurt-main.ihk.de/recht/mustervertrag/
❏ Seminare über die Gestaltung Ihrer AGB finden Sie auf der Internetplattform IHK24 (www.ihk24.de).

Vertragstypen

Von ihrem Gegenstand her lassen sich die meisten Verträge, mit denen Sie es vor und nach Ihrer Unternehmensgründung zu tun bekommen und zu denen Sie in diesem Buch etwas finden, bestimmten Typen zuordnen: die wichtigsten sind die Kaufverträge, die Gebrauchsüberlassungsverträge (Miete und Pacht), die Dienstleistungsverträge (Arztverträge oder Arbeitsverträge) und die Werkverträge. Für Kaufleute relevant sind zudem der Maklervertrag (zum Beispiel der Handelsvertretervertrag) oder der Verwahrungsvertrag (zum Beispiel das Lagergeschäft) und für Rechtsanwälte ist es der Geschäftsbesorgungsvertrag (mehr dazu im Abschnitt »Dienstvertrag«).

Verträge, zu denen Sie an anderer Stelle in diesem Buch etwas finden, sind der → Unternehmenskaufvertrag, der → Darlehensvertrag, der → Vertriebsvertrag, der → Gesellschaftsvertrag, der → Bauvertrag und der → Verlagsvertrag.

Kaufvertrag

Beim Kaufvertrag verpflichtet sich der Verkäufer, dem Käufer eine bestimmte Sache zu übereignen, und der Käufer verpflichtet sich im Gegenzug, den vereinbarten Kaufpreis zu bezahlen. Das Verkaufte kann ein Computer oder ein Schraubenzieher (=Sache), ein Recht (=Forderung gegen einen Schuldner) oder ein anderer Gegenstand, beispielsweise ein Unternehmen sein. In jedem Fall geht es beim Kaufvertrag um die entgeltliche Übertragung eines Wirtschaftsgutes.

Checkliste: Der Kaufvertrag

Im Kaufvertrag sollten Sie mindestens die folgenden Punkte regeln:

❏ Was wird verkauft?
❏ Wie teuer ist es?

Je komplizierter der Kaufgegenstand ist, desto detaillierter müssen Sie ihn beschreiben. In diesem Fall brauchen Sie:

❏ genaue Beschreibung der Kaufsache in dem Vertrag: Art, Menge, Gewicht der Waren? In welchem Zustand ist die Ware? Gebraucht? Neu? Wie viele Stücke welcher Art?
❏ Wann wird geliefert (Datum oder Zeitraum)?
❏ Wer liefert zu welchen Kosten?
❏ Rabatte?
❏ Zahlungsmodalitäten (Vorkasse, Abschlagszahlungen, etc.)

Zusätzliche Informationspflichten gelten für Onlineverträge. Mehr dazu finden Sie in diesem Kapitel im Abschnitt »Onlinevertrag«.

Welche Ansprüche Schuldner und Gläubiger haben, wenn die andere Seite ihren Vertragspflichten nicht nachkommt, können Sie ein paar Seiten weiter im Abschnitt »Wenn der Vertrag nicht eingehalten wird« nachlesen.

Dienstvertrag

Beim Dienstvertrag erbringt der Dienstverpflichtete gegenüber dem Dienstberechtigten eine Dienstleistung, die dieser vergüten muss, Bezahlt werden muss unabhängig davon, ob in der vereinbarten Dienstleistungszeit ein bestimmter Erfolg erbracht wurde. Denn bezahlt wird die Bemühung. Anders als beim Kauf- und Werkvertrag gibt es daher auch kein Nachbesserungsrecht oder das Recht, die Vergütung zu mindern, wenn beispielsweise der Patient trotz Verschreibung eines Medikaments nicht gesund geworden ist. Der Dienstverpflichtete haftet allerdings für Schutzpflichtverletzungen (mehr dazu unter »Haftung für Schutzpflichtverletzungen« im nächsten Abschnitt).

Aus der Praxis: Beispiele für Dienstverträge

Typische Dienstverträge sind der Arbeitsvertrag oder der Ausbildungsvertrag. Der Vertrag mit der selbstständigen Kinderfrau etwa, die Sie anstellen, damit während Ihrer Selbstständigkeit jemand auf Ihre Kinder aufpasst, ist ein Dienstvertrag. Und auch der Vertrag, den die PR-Agentur mit ihrem Kunden schließt, den sie berät und für den sie regelmäßig Pressemitteilungen verfasst und über einen Presseverteiler verschickt, ist ein Dienstvertrag, wenn auch mit werkvertraglichen Elementen. Abgerechnet wird nach Stunden, unabhängig davon, wie oft der Kunde in der Presse zitiert wird. Verträge über Unterrichtstätigkeiten oder Beratung werden als Dienstverträge abgeschlossen. Ebenso wie Arzt- und Heilbehandlungsverträge, die in der Regel Dienstverträge sind, auch wenn eine einzelne Operation geschuldet wird. Verträge zwischen Rechtsanwalt und Mandant sind entweder Dienstverträge (dauernde Beratung) oder Geschäftsbesorgungsverträge (Prozessführung) oder Werkverträge (Erstellung eines Gutachtens, Beantwortung einer einzelnen Rechtsfrage im Internet).

Werkvertrag

Beim Werkvertrag schuldet der Werkunternehmer einen bestimmten Erfolg: das Schreiben eines Buches, den Entwurf eines Bauplans, das Design eines Logos, das Einbau eines Flurschranks, die Lieferung eines Buffets für 100 Personen, die Programmierung einer Website etc. Der Besteller der Leistung schuldet die vereinbarte Bezahlung. Im Geschäftsalltag werden Werkverträge eigentlich nie als Werkvertrag, sondern meist als Auftrag bezeichnet – was nichts an deren rechtlicher Qualität als Werkvertrag verändert.

Aus der Praxis: Beispiele für Werkverträge

Werkverträge enthalten in der Praxis häufig kaufvertragliche Elemente. Wenn Sie als Fliesenleger beispielsweise einen Auftrag über ein neues Bad annehmen, schulden Sie als werkvertraglichen Erfolg, das Bad zu fliesen. Parallel verkaufen Sie das Material, also die Fliesen, Rohre und das Fugenmaterial. Bei künstlerischen Werken ist der Werkvertrag üblicherweise mit einem Urheberrechtsvertrag gekoppelt, der die Nutzung an dem vereinbarten Werk regelt → Urhebervertrag.

Als Werkunternehmer schulden Sie nicht nur die mängelfreie Ausführung, sondern haben auch Nebenpflichten. Sie müssen beispielsweise als Handwerker die Baustelle absichern oder Ihren Auftraggeber fachgerecht über die Gefährlichkeit bestimmter Lacke beraten. Als Handwerker oder Techniker gehört es zu Ihren Pflichten, bei der Ausführung des Auftrags die anerkannten Regeln Ihres Fachs einzuhalten. Die Regeln hängen vom jeweiligen Beruf ab und können beispielsweise beinhalten, bei einem Innenausbau eine bestimmte Grundierung auf der Wand drei Tage trocknen zu lassen, bevor Sie die eigentliche Farbe aufbringen. Solche Regeln finden sich in Handwerkervorschriften, DIN-Normen, Unfallverhütungsvorschriften und Technikvorschriften. Halten Sie die Regeln nicht ein, handeln Sie automatisch fahrlässig, wenn ein Schaden entsteht – wenn das Werk

Ihnen überhaupt seitens des Auftraggebers abgenommen und nicht als mangelhaft zurückgewiesen wird.

Gut zu wissen: Bauhandwerkersicherung und besondere Regeln für Bauhandwerker

Zu den Bauhandwerkern zählen auch Architekten, Ingenieure und andere Fachleute, die üblicherweise in erhebliche finanzielle Vorleistungen treten müssen. Als Bauhandwerker können Sie vom Besteller Sicherheiten bis in Höhe des Vergütungsanspruchs fordern (§ 648 a BGB). Angesichts der beklagenswerten Zahlungsmoral im Handwerk ist diese Vorschrift aufgrund des Forderungssicherungsgesetzes zum 1.1.2009 noch einmal verschärft worden. Leistet der Besteller die Sicherheit nicht, kann der Unternehmer den Vertrag kündigen.
§ 248 a Abs. 1 BGB in der neuen Fassung lautet:

> »Der Unternehmer eines Bauwerks, einer Außenanlage oder eines Teils davon kann vom Besteller Sicherheit für die auch in Zusatzaufträgen vereinbarte und noch nicht gezahlte Vergütung einschließlich dazugehöriger Nebenforderungen, die mit 10 vom Hundert des zu sichernden Vergütungsanspruchs anzusetzen sind, verlangen. Satz 1 gilt in demselben Umfang auch für Ansprüche, die an die Stelle der Vergütung treten. Der Anspruch des Unternehmers auf Sicherheit wird nicht dadurch ausgeschlossen, dass der Besteller Erfüllung verlangen kann oder das Werk abgenommen hat. Ansprüche, mit denen der Besteller gegen den Anspruch des Unternehmers auf Vergütung aufrechnen kann, bleiben bei der Berechnung der Vergütung unberücksichtigt, es sei denn, sie sind unstreitig oder rechtskräftig festgestellt.«

Vergütung

Die Vergütung wird fällig mit Abnahme der Werkleistung. Abnahme heißt, dass der Besteller die Werksleistung entgegennimmt und anerkennt, dass der Vertrag erfüllt ist. Das muss nicht ausdrücklich erklärt werden, es reicht, wenn er die Sache benutzt oder kommentarlos den

Werklohn überweist. Häufiger Streit vor der Abnahme entsteht, wenn die Rechnung vom weiter vorne im Buch beschriebenen → Kostenvoranschlag abweicht.

Gut zu wissen: Was tun, wenn der Besteller nach Abgabe nicht reagiert?

Wenn der Besteller, weil er sein eigenes Auftragsmanagement nicht im Griff hat, auf die Zusendung oder Ablieferung Ihrer Leistung überhaupt nicht reagiert, können Sie ihn zur Abnahme drängen und ihm irgendwann eine Rechnung stellen in der Hoffnung, dass er sie bezahlt, was einer Abnahmeerklärung gleichkommt. Der Besteller ist nämlich rechtlich verpflichtet, ein vertragsmäßig hergestelltes Werk abzunehmen. Wenn er das nicht tut, müssen Sie ihn anschreiben und ihm eine Frist zur Abnahme setzen und ihn im schlimmsten Fall auf Abnahme verklagen. Eleganter ist es aber, wenn Sie für diesen Fall in Ihre AGB oder in Ihre Auftragsbestätigung eine Klausel mit einer Abnahmefiktion aufgenommen haben: »Die Leistung gilt als abgenommen, wenn nach Ablauf von 14 Tagen nach Ablieferung keine Abnahme erklärt wurde.« Für Bauhandwerker wichtig ist in diesem Zusammenhang die Vergabe- und Vertragsordnung für Bauleistungen (VOB), denn sie enthält von vornherein eine solche Abnahmefiktion, wonach das Werk innerhalb von 12 Werktagen nach Benachrichtigung über die Fertigstellung als abgenommen gilt. In diesem Fall können Sie sobald die Frist abgelaufen ist, sofort eine Rechnung schicken und gegebenenfalls weitere Schritte einleiten. Wie das geht, erfahren Sie im nächsten Kapitel »Rund ums Geld« im Abschnitt »Mein Kunde zahlt nicht und jetzt?«.

Miet-, Pacht- und Franchisevertrag

Beim **Mietvertrag** gewährt der Vermieter dem Mieter den Gebrauch der Mietsache in Kombination mit der Pflicht, die Mietsache instand zu halten (die Wohnung durch Reparaturen bewohnbar zu halten oder das vermietete Auto fahrfähig zu halten etwa). Der Mieter schuldet die pflegliche Behandlung der Mietsache, Bezahlung der Miete und

Rückgabe der Mietsache nach Ablauf der Mietfrist. Ein Beispiel für einen Mietvertrag ist der Gewerberaummietvertrag (siehe Teil II, 6 »Standort und Geschäftsräume«). Beim **Pachtvertrag** überlässt der Verpächter dem Pächter gegen Entgelt die Pachtsache, für die Instandhaltung der Pachtsache ist aber nicht der Verpächter, sondern der Pächter zuständig. Pachten Sie eine Gaststätte oder eine Apotheke, dürfen Sie damit wirtschaften und den Gewinn behalten. Der **Franchisevertrag** wiederum ist eine Art Pachtvertrag. Der Franchisegeber verpachtet dem Franchisenehmer sozusagen das Recht, seinen Unternehmensnamen, sein Logo, sein Konzept, sein Image, sein technisches und unternehmerisches Know-how zu nutzen, um damit Gewinn zu machen.

Leasingvertrag

Eine Sonderform zwischen Miete und Kauf ist das Leasing. Hierbei gewährt der Leasinggeber dem Leasingnehmer den Gebrauch der Sache gegen Entgelt. Genau wie beim Kauf trägt der Leasingnehmer jedoch ab dem Moment der Übergabe der Leasingsache (Fahrzeug, Maschine, Computer, Telefonanlage, Büroeinrichtung) die Gefahr, dass diese zufällig untergeht, sprich, kaputt geht oder nicht mehr funktioniert.

Beim Finanzierungsleasing kauft der Leasinggeber die Sache und übergibt sie dem Leasingnehmer. Das Entscheidende dabei: Der Leasingnehmer hat sich zuvor die Leasingsache ausgesucht, daraufhin hat sie der Leasinggeber gekauft. Anders als der Mieter hat der Leasingnehmer jedoch die Pflicht, die Sache selbst instand zu halten und etwaige Gewährleistungsrechte geltend zu machen. Außerdem existiert eine Mindestleasingdauer, die für Fahrzeuge und EDV zwei Jahre beträgt.

Beim Mietleasing behält der Leasinggeber die Pflicht zur Instandhaltung, eine Mindestleasingdauer ist nicht vorgeschrieben.

Der Grund, warum die Konstruktion auch für Business-Newcomer mit wenig Geld attraktiv ist: Der Leasingnehmer erhält eine Sache, die er für sein Unternehmen braucht, also beispielsweise ein Arbeitsgerät, einen Computer oder einen Wagen, ohne dass er seine knappen liquiden Mittel für den Kauf binden muss. Wollte er die Sache kaufen, müsste er entweder sein Konto leeren oder einen Kredit dafür aufnehmen. Auch steuerlich ist Leasing interessant. Der Leasingnehmer kann die Leasingraten in voller Höhe als steuerlichen Aufwand absetzen. Würde er stattdessen den Gegenstand kaufen, könnte er nur die Abschreibung plus die Zinsen als steuerlichen Aufwand von der Steuer absetzen. Das ergibt meist eine geringere steuerliche Entlastung.

Für seine Bilanz des Leasingnehmers und damit ggf. für sein Rating ist das Leasing neutral. Das Leasinggut wird weder als Anlagevermögen in die Bilanz des Leasinggebers eingestellt, noch taucht es bei den Schulden auf. Nach Ablauf der Leasingdauer muss der Leasingnehmer das Leasingobjekt zurückgeben oder er kann es kaufen.

Wenn bei Ihrer Gründung Anschaffungen anstehen und sich die Frage stellt, ob Sie diese kaufen, mieten oder leasen, sollten Sie die steuerlichen und wirtschaftlichen Auswirkungen Ihrer Investition mit Hilfe Ihres Steuerberaters durchkalkulieren.

Mehr zum Thema

❏ BMWi: Gründerzeiten Nr. 13 »Leasing – Chancen und Risiken für Existenzgründer«

❏ Merkblatt der Bayrischen IHK: http://www.ihk-muenchen.de/internet/mike/ihk_geschaeftsfelder/starthilfe/Anhaenge/BIHK_Merkblatt_Leasing.pdf

❏ Bundesverband Deutscher Leasing-Unternehmen (www.bdl-leasing-verband.de)

Urheberrechtsvertrag

Der Urheberrecht kann also solches nicht übertragen werden, wohl aber dessen Nutzung und wirtschaftliche Verwertung. Nachlesen können Sie dies noch mal in Teil III, 1. »Unternehmenskapital schützen« im Abschnitt »Schutz Ihrer Ideen – Urheberrecht«. Gegenstand des Urheberrechtsvertrags ist also die Übertragung des Rechts vom

Urheber an den Lizenznehmer oder den Nutzer, das Werk zu nutzen und es wirtschaftlich zu verwerten. Wenn vertraglich nichts anderes vereinbart ist, gilt lediglich das einfache Nutzungsrecht als übertragen. Dennoch empfiehlt es sich, über Allgemeine Geschäftsbedingungen oder Auftragsbestätigung (s. oben »Verträge richtig schließen, Die Auftragsbestätigung«) klarzustellen, welche Nutzungsrechte übertragen werden. Bei Verträgen in der Medienbranche könnte dies beispielsweise wie folgt aussehen:

> »Übertragen wird das einfache Nutzungsrecht des Textes für die Broschüre. Weitere Nutzungen des Textes (Werbemittel, Internetseite, Mitarbeiterzeitschrift usw.) bedürfen der gesonderten Vereinbarung«.

Mit so einer Vereinbarung ist klar, dass Ihr Kunde, wenn er Ihren Werbetext nicht nur für die Broschüre, sondern auch in einem Mailing oder auf seiner Internetseite verwenden will, dafür auch extra zahlen muss. Vielen Kunden ist das zunächst gar nicht bewusst. Ein entsprechender Hinweis ist daher hilfreich für beide Seiten.

Möglich ist natürlich auch, in der Nutzungsrechtsvereinbarung gleich die Rechte für mehrere Verwendungsarten auf einmal zu übertragen. Zeitungs- und Zeitschriftenverlage haben vor einigen Jahren, als die Onlinezeitungsseiten aufkamen, die Problematik erkannt und versucht, sie auf ihre Weise zu lösen. So zwangen sie – unter Androhung der Auflösung der Arbeitsbeziehung – ihren freien Autoren und Mitarbeitern Verträge auf, mit denen diese das exklusive Nutzungsrecht an ihren Artikeln für alle bekannten und unbekannten Nutzungsarten zeitlich und räumlich unbegrenzt eingeräumt haben oder es einräumen sollte: die sogenannten Total Buy Out-Verträge.

Auch Software als kreative Leistung ist urheberrechtlich geschützt und Gegenstand von Urheberrechtsverträgen. Die gewinnbringende Vervielfältigung, Verwertung und Vermarktung von Urheberrechten an Software ist in Software-Lizenzverträgen geregelt. Ein solcher Lizenzvertrag muss im Hinblick auf das Urheberrecht Angaben enthalten zur Art der Nutzung (ob Kauf, Miete oder Leasing), zum

Lizenzmodell (Abrechnung nach Arbeitsplätzen oder Betrieb), Kopiererlaubnis, Urheberpersönlichkeitsrecht (Recht auf Nennung des Urhebers, Bearbeitungsrecht) über die Nutzungs- und Verwertungsrechte (einfache oder ausschließliche Lizenz, Änderungsrecht), und schließlich zur Überlassung des Codes.

Handelsvertretervertrag

Der Handelsvertretervertrag regelt die Pflichten des Handelsvertreters, der für ein oder mehrere Unternehmen in deren Namen und für deren Rechnung Geschäfte vermittelt oder diese auch selber abschließt. Wenn er Vertriebsvertreter ist, sind dies Verkaufsgeschäfte. Ist er zugleich Einkaufsvertreter, der für seine Abnehmer günstige Einkaufsgelegenheiten vermittelt, handelt es sich um Kaufverträge. Für beide Tätigkeiten zahlt das Unternehmen dem Freiberufler eine Vergütung, die sich zusammensetzt aus dem monatlichen Fixum, der Provision (dem Anteil am Umsatz) und der Umsatzprämie, die der Handelsvertreter für das Erreichen eines bestimmten Umsatzes erreicht.

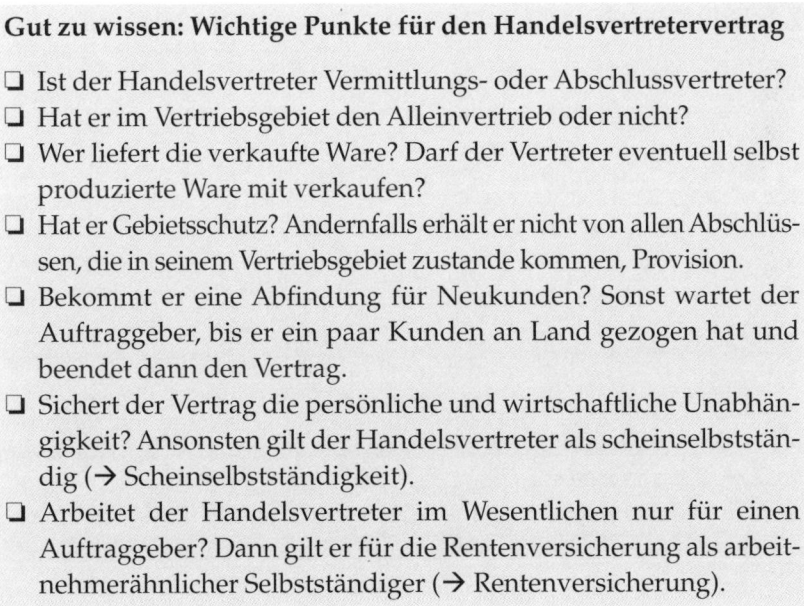

Gut zu wissen: Wichtige Punkte für den Handelsvertretervertrag

❑ Ist der Handelsvertreter Vermittlungs- oder Abschlussvertreter?

❑ Hat er im Vertriebsgebiet den Alleinvertrieb oder nicht?

❑ Wer liefert die verkaufte Ware? Darf der Vertreter eventuell selbst produzierte Ware mit verkaufen?

❑ Hat er Gebietsschutz? Andernfalls erhält er nicht von allen Abschlüssen, die in seinem Vertriebsgebiet zustande kommen, Provision.

❑ Bekommt er eine Abfindung für Neukunden? Sonst wartet der Auftraggeber, bis er ein paar Kunden an Land gezogen hat und beendet dann den Vertrag.

❑ Sichert der Vertrag die persönliche und wirtschaftliche Unabhängigkeit? Ansonsten gilt der Handelsvertreter als scheinselbstständig (➔ Scheinselbstständigkeit).

❑ Arbeitet der Handelsvertreter im Wesentlichen nur für einen Auftraggeber? Dann gilt er für die Rentenversicherung als arbeitnehmerähnlicher Selbstständiger (➔ Rentenversicherung).

Onlinevertrag

Sie können Ihre Kauf- oder Dienstleistungsverträge schriftlich, mündlich und fernmündlich schließen. Verträge, bei denen die Vertragsparteien keinen direkten persönlichen Kontakt hatten, sondern nur über das Internet, per Brief, Telefon, Fax, Fernsehen oder Radio miteinander kommuniziert haben, nennt man Fernabsatzverträge. Weil die Kommunikation in einer solchen »Fernbeziehung« leicht zu Fehlern führt, muss der Verkäufer oder Anbieter den Käufer schon vor Vertragsschluss umfassend über Produkt- und Vertragsmodalitäten informieren. Außerdem hat der Käufer ein 14-tägiges Widerrufsrecht.

Die Informationspflichten betreffen nur Verträge zwischen gewerblichen oder freiberuflichen Selbstständigen und Verbrauchern. Allerdings ist die Grenze von privatem Onlinehandel zu gewerblichem Handel häufig schneller überschritten als gedacht.

Als gewerblicher Händler müssen Sie ein Gewerbe anmelden und die Vorschriften für Fernabsatzverträge und die Informationspflichten nach dem Telemediengesetz (Impressum, Datenschutz) einhalten.

Checkliste: Exemplarische Indizien für gewerblichen Handel

❏ Verkauf von Neuware, gleichartige Ware
❏ Powerseller-Status bei Ebay (hohe Zahl an Verkäufen, mehr als 10 Bewertungen im Monat)
❏ Die Professionalität Ihres Auftritts: »Shop«, »über uns«

Gegen die Vorschriften zu verstoßen, kann schnell zu einer teuren → Abmahnung führen. Anders als im wirklichen Leben, wo Abmahner zu Ihrem Geschäft kommen müssten, um Rechtsverstöße zu entdecken, können sie bei Ihrem Internetshops im Sessel sitzen bleiben und mit ein paar Klicks die Fehler aufspüren. Sobald Sie gewerblich über Ihre Website Geschäfte abwickeln, sollten Sie daher einen Fachmann darüberschauen lassen.

Besonders strenge Regeln gelten für Fernabsatzgeschäfte über Finanzdienstleistungen: Bankdienstleistungen, Versicherungen, Kredite, Altersvorsorgeprodukte oder Geldanlage. Und weitere Besonderheiten gelten auch für den Online-Auktionshandel über Plattformen wie Ebay, Myhammer oder kleinere Konkurrenten wie Amprice, Auvito, Hood.de oder Auxion.

Gut zu wissen: Vorschriften für den allgemeinen Online-Handel

Alle wichtigen Informationsvorschriften zum Thema nachlesen können Sie in den §§ 312 b – 312 e BGB und in der Verordnung über Informations- und Nachweispflichten nach bürgerlichem Recht (BGB-InfoV). Die Verordnung enthält alle Informationspflichten für Fernabsatzverträge und amtliche Muster für Widerrufs- und Rücktrittsbelehrungen (http://bundesrecht.juris.de/bgb-infov).

Informationen vor Vertragsschluss

Gemäß § 312 c BGB und § 1 BGB-InfoV müssen Sie dem Kunden vor der Bestellung die Möglichkeit geben, von den unten genannten Informationen Kenntnis zu nehmen, etwa durch ein Fenster, einen Link oder eine eigene Seite – und zwar bevor er die Bestellung abschließt. Bei Telefongesprächen müssen Sie ihn zu Beginn des Gesprächs auf die folgenden Punkte hinweisen:

Checkliste: Informationen vor Abschluss eines Onlinevertrags

Bevor Ihr Vertragspartner über Ihre Internetseite etwas kauft, müssen Sie ihn über Folgendes informieren:

❑ Ihre Identität, ggf. Unternehmensregister und Registernummer;
❑ die Identität eines Vertreters des Unternehmers;
❑ eine ladungsfähige Anschrift des Unternehmers;
❑ wesentliche Merkmale der Ware oder Dienstleistung;
❑ Informationen darüber, wie der Vertrag zustande kommt oder wie das Auktionsverfahren funktioniert.;
❑ Mindestlaufzeit des Vertrags, wenn dieser eine dauernde oder regelmäßig wiederkehrende Leistung zum Inhalt hat;

- Gesamtpreis der Ware oder Dienstleistung einschließlich aller damit verbundenen Preisbestandteile sowie alle über den Unternehmer abgeführten Steuern oder, wenn kein genauer Preis angegeben werden kann, über die Grundlage für seine Berechnung, die dem Verbraucher eine Überprüfung des Preises ermöglicht;
- Gegebenenfalls zusätzlich anfallende Liefer- und Versandkosten sowie einen Hinweis auf mögliche weitere Steuern oder Kosten, die nicht über den Unternehmer abgeführt oder von ihm in Rechnung gestellt werden;
- Einzelheiten hinsichtlich der Zahlung (Paypal) und der Lieferung oder Erfüllung;
- Das Bestehen oder Nichtbestehen eines Widerrufs- oder Rückgaberechts sowie die Bedingungen, Einzelheiten der Ausübung, insbesondere Namen und Anschrift desjenigen, gegenüber dem der Widerruf zu erklären ist, und die Rechtsfolgen des Widerrufs oder der Rückgabe. Für die vorgeschriebenen Belehrungen über das Widerrufsrecht sollten Sie das amtliche Muster verwenden, das Sie im Anhang zur BGB-Informationsverordnung finden;
- Zusätzliche Kosten, zum Beispiel erhöhte Telefongebühren.

Ihr Internetauftritt

Einen Leitfaden, was das Impressum enthalten muss, können Sie auf der Seite des Bundesjustizministeriums herunterladen: www.bmj.bund.de, Service: Ratgeber: Leitfaden zur Impressumspflicht. Eigentlich greift die Anbieterkennzeichnungspflicht laut § 5 Telemediengesetz nur ein, wenn der Dienstanbieter das Telemedium geschäftsmäßig zur Nutzung bereithält. Telemedium ist jedoch praktisch jeder Online-Auftritt, egal ob private Website oder Blog, Online-Shop, Online-Auktionshaus, Suchmaschine, Informationsdienste und Chatrooms. Und um geschäftsmäßig unterwegs zu sein, reicht es beispielsweise schon, auf der Seite Werbebanner gegen Entgelt einzublenden. Insofern lautet die Antwort auf die Frage, wer ein Impressum braucht, eigentlich: »alle«. Gehen Sie daher im Zweifelsfall davon aus, dass für Sie die Anbieterkennzeichnungspflicht besteht.

Gut zu wissen: Was im Impressum stehen muss

❏ Namen des Anbieters der Seite (also Name und Vornahme des Unternehmens und des Unternehmers (gewerblich oder freiberuflich) und Geschäftsadresse sowie elektronische Erreichbarkeit (E-Mail oder Fax) sowie eine ladungsfähige Postadresse (kein Postfach). Eine Telefonnummer müssen Sie nicht angeben, dann sollten Sie aber neben der Mailadresse ein zweites Kommunikationsmittel angeben (zum Beispiel Fax), das ebenso effektiv wie eine erreichbare Telefonnummer ist.

❏ Ist der Anbieter eine juristische Person, müssen offiziell im Handelsregister eingetragene Firmenbezeichnung und Rechtsform genannt werden.

❏ Bei Kapital- und Personengesellschaften ist der Name des Vertretungsberechtigten erforderlich (Geschäftsführer oder Gesellschafter).

❏ Zusatzangaben können notwendig sein, wenn der Anbieter die Internetseite im Rahmen einer zulassungs- oder erlaubnispflichtigen Tätigkeit anbietet.

❏ Angabe der jeweiligen Zulassung (etwa »Gaststättenerlaubnis«).

❏ Angabe der zuständigen Aufsichts- und Zulassungsbehörde mit Postadresse und Telefonnummer.

❏ Zusatzangaben für reglementierte Berufe.

❏ Angabe der gesetzlichen Berufsbezeichnung und des Staates, in dem sie verliehen worden ist.

❏ Angabe der die Berufsausübung regelnden Gesetzesvorschriften (etwa Hebammengesetz, Bundesrechtsanwaltsordnung, Berufsordnung für Ärzte).

❏ Umsatzsteueridentifikationsnummer

❏ Weitere Nummern, falls vorhanden (etwa für Verlage und Buchhändler die Verkehrsnummer).

❏ Angaben über die Register, in die das Unternehmen eingetragen ist (Handelsregister, Partnerschaftsregister oder Genossenschaftsregister) mit zuständigem Registergericht und Registernummer.

❏ Gegebenenfalls freiwillig die Angabe zusätzlicher Register wie dem Versicherungsvermittlerregister.

Alle Informationen auf Ihrer Internetseite müssen leicht zu finden sein. Statt Impressum dürfen Sie auch schreiben »Anbieterkennzeichnung« oder »Kontakt« oder notfalls »mich« (wie bei einem Internetauftritt auf der Auktionsplattform Ebay).

Datenschutzerklärung

Eine Erklärung über die Verwendung der Daten, die die Besucher und Nutzer Ihrer Internetseite hinterlassen, müssen Sie selbstverständlich nur angeben, wenn Sie solche verwenden. Kurz gesagt, müssen Sie nach § 13 TMG angeben, wofür Sie die Daten verwenden wollen. Noch ehe Sie die personenbezogenen Daten erheben, müssen Sie den Nutzer darauf aufmerksam machen, dass Sie Daten von ihm erheben, wofür Sie diese verwenden, wie lange Sie sie speichern und so weiter. Wenn der Nutzer auf Ihrer Internetseite etwas bestellt, muss er üblicherweise zu Beginn des Bestellvorgangs ankreuzen, dass er die Datenschutzvorschriften zur Kenntnis genommen hat.

Datenschutzerklärungen sind ein Minenfeld und eine Fundgrube für Leute, die Ihnen mit einer Abmahnung das Leben schwer machen wollen. Wenn Ihr Unternehmen es erfordert, Daten zu erheben und Ihr Geschäftserfolg davon abhängt, dass Sie es tun dürfen, weil Sie beispielsweise einen Personensuchdienst betreiben, Klingeltöne, Blumen oder Beratungsdienste über das Internet verkaufen oder Meinungen erforschen, dann sollten Sie große Sorgfalt auf Ihre Datenschutzbestimmungen verwenden. Das heißt einmal mehr: sie von einem einschlägig erfahrenen Anwalt aufsetzen oder durchsehen lassen.

Disclaimer

Wenn Sie von Ihrem Internetauftritt auf andere Seiten verlinken, sollten Sie erstens genau prüfen, auf welche Seiten Sie verlinken und zweitens ins Impressum einen Disclaimer oder Haftungsausschluss für den Inhalt fremder Links und Seiten aufnehmen. Eine Musterformulierung zum Ausschluss der Haftung für Links bietet Ihnen beispielsweise die Kanzlei Rechtsanwälte S&K in Berlin zur freien Verfügung (www.streifler.de/kostenloser-disclaimer-deutsch-und-englisch-_2129.html):

»Haftung für Links: Unser Angebot enthält Links zu externen Webseiten Dritter, auf deren Inhalte wir keinen Einfluss haben. Für die Inhalte der verlinkten Seiten ist stets der jeweilige Anbieter oder Betreiber der Seiten verantwortlich. Für die Inhalte und die Richtigkeit der Informationen verlinkter Websites fremder Informationsanbieter wird keine Gewähr übernommen. Die verlinkten Seiten wurden zum Zeitpunkt der Verlinkung auf mögliche Rechtsverstöße OHNE BEANSTANDUNG überprüft. Bei Bekanntwerden von Rechtsverletzungen werden wir derartige Links umgehend entfernen.«

Mehr zum Thema

❏ IHK Stuttgart (www.stuttgart.ihk24.de, Suchwort: »Informationspflichten bei Online-Geschäften«)
❏ Informationen auf der Ebay-Plattform (www.ebay.de)
❏ »Ebay-Recht – Der Praxisratgeber für Käufer und Verkäufer« von Martin Berger, im Internet finden Sie Tipps auf www.focus.de/digital/internet/ebay
❏ Netzwerk Elektronischer Geschäftsverkehr des BMWi (www.ec-net.de und www.ecommerce-leitfaden.de mit dem E-Commerce-Leitfaden zum Onlinehandel und Online-Shops)

Wenn der Vertrag nicht eingehalten wird

Erbringt jede Partei wie vereinbart ihre Leistung, sind alle zufrieden, und das Schuldverhältnis erlischt. Interessant wird es, wenn ein Vertragspartner seine primär geschuldete Leistung nicht oder nicht wie vereinbart erbringt (und damit seine vertraglichen Pflichten verletzt). Dann nämlich folgen der Phase der Leistungserfüllung die sogenannten Phasen der Sekundärpflichten: Minderung des Kaufpreises, Rücktritt vom Vertrag, Schadenersatz und anderes.

Ist die gekaufte Sache fehlerhaft, muss der Käufer allerdings zunächst einmal Nacherfüllung gemäß § 439 BGB verlangen, muss dem Verkäufer also die Möglichkeit zur Nachbesserung oder Nachlieferung geben, zum Reparieren der Sache oder dem Austauschen gegen ein intaktes Exemplar. Wichtig ist, dass der Käufer ein Wahlrecht zwischen beiden Nacherfüllungsansprüchen hat. Er muss sich nicht vom Verkäufer auf die Herstellergarantie verweisen lassen und dann warten, bis die Ware eingeschickt wurde, sondern darf gleich eine neue Ware verlangen. Die Kosten für den Umtausch trägt der Verkäufer.

Gut zu wissen: Was tun, wenn keine Nachbesserung erfolgt?

Bessert der Verkäufer nicht nach, auch wenn ihm der Käufer eine Frist dafür gesetzt hat, oder misslingt die Reparatur, hat der Käufer mehrere Möglichkeiten. Er kann

❏ den Kaufpreis mindern.

❏ vom Vertrag zurücktreten. Hier sind erbrachte Leistungen einander zurückzugewähren. Das heißt zum Beispiel: Der Käufer bekommt sein Geld zurück, der Verkäufer seinen undichten Regenschirm oder den fahruntüchtigen Gebrauchtwagen oder den verdorbenen Kuchen, wenn er noch nicht gegessen ist (wenn er gegessen ist, ist ein Rücktritt ausgeschlossen, dann bleibt nur Schadensersatz).

❏ Schadensersatz wegen Nichterfüllung oder Ersatz vergeblicher Aufwendungen fordern – allerdings nur, wenn der Verkäufer die Nichterfüllung fahrlässig oder vorsätzlich verschuldet hat. In diesem Fall kann er zum Beispiel die Erstattung der Kosten verlangen, die er zur eigenen oder fremden Reparatur der Sache aufgewendet hat. Im eben genannten Beispiel vom Gebrauchtwagen wären dies die Kosten für die Autowerkstatt. Sind durch den Mangel Schäden an anderen Sachen entstanden, kann er Ersatz dieser Kosten verlangen. Hätte der Käufer wegen des verdorbenen Kuchens eine Lebensmittelvergiftung erlitten, könnte er die Kosten fürs Krankenhaus verlangen. Hätte der Regen die eben vom Friseur gemachte Fönfrisur wegen der Löcher im Schirm ruiniert, die Kosten für den Friseur.

❑ vom Vertrag zurücktreten – allerdings nur, wenn sich die Lieferung der gekauften Sache verzögert und wegen der Verspätung keinen Wert mehr für den Käufer hat. Dann nämlich verfällt die Vertragserfüllung. Ein Beispiel? Die angefertigte Hochzeitstorte, die aufgrund eines Versehens erst am Montag nach der Hochzeit ausgeliefert wird.

Ist durch die Verzögerung ein Schaden entstanden und hat der Schuldner diesen Schaden zu vertreten, muss er ihn ersetzen. Hätte im oben geschilderten Beispiel das Brautpaar in letzter Sekunde einen teureren Ersatzkuchen gekauft, müsste der langsame Konditor die Extrakosten ersetzen.

Mängelansprüche aus Kaufverträgen verjähren bei beweglichen Sachen in zwei Jahren ab der Lieferung, in fünf Jahren bei Bauwerken und den dafür gelieferten Baustoffen. Und in den meisten anderen Fällen in drei Jahren, gerechnet ab dem Ende des Kalenderjahres, in dem der Anspruch entstanden ist.

Geschäfte unter Geschäftsleuten und mit Verbrauchern

Bei B2B-Geschäften, also dem Verkauf unter Unternehmern, kann die Gewährleistungsfrist auf ein Jahr verkürzt werden. Auch können die Geschäftspartner vereinbaren, dass der Verkäufer und nicht der Käufer sich zwischen den Optionen »Reparatur« und »Umtausch« entscheiden kann.

Gut zu wissen: Geschäfte mit Privatpersonen

Aber Vorsicht bei Verbrauchergeschäften, bei denen Ihr Käufer kein Geschäftsmensch, sondern eine Privatperson ist: Hier darf die Gewährleistungsfrist nur bei Gebrauchtwaren, aber nicht bei Neuwaren auf ein Jahr verkürzt werden.

Zusätzlich zu den gesetzlichen Gewährleistungsansprüchen können Händler oder Hersteller dem Käufer freiwillig Garantieversprechen geben. Die Folge: Wer verspricht, dass eine bestimmte Ware eine bestimmte Eigenschaft hat, die sie nachher nicht hat (beispielsweise, dass ein verkauftes Regencape wasserdicht ist), haftet, wenn die Ware nicht die zugesagte Beschaffenheit hat.

Mängelansprüche beim Werkvertrag

Die Mängelansprüche beim Werkvertrag ähneln denen beim Kaufvertrag. Auch wenn der Werkunternehmer ein mangelhaftes Werk abliefert – zum Beispiel einen Einbauschrank, der die vorgesehene Ecke nicht ausfüllt, kann der Besteller Nacherfüllung, also Nachbesserung oder Herstellung eines neuen Werks verlangen. Der Besteller muss dem Werkunternehmer also vor Ablehnung seiner Leistung Gelegenheit geben, den Mangel zu beseitigen. Die Kosten dafür trägt der Werkunternehmer. Allerdings darf im Gegensatz zum Kaufvertrag der Werkunternehmer entscheiden, ob er das Werk nur nachbessert oder gänzlich neu herstellt. Er dürfte also entscheiden, ob er an den Einbauschrank ein Stück ansetzt oder ob er ihn komplett neu herstellt. Damit der Werkunternehmer nicht trödelt, kann der Besteller ihm eine Frist zur Nachbesserung setzen. Beachten sollten Sie, dass Geschmacksfragen bei der Frage nach einem Mangel unerheblich sind. Gefällt dem Besteller beispielsweise das Aussehen des Schrankes mit dem zuvor ausgewählten Holz oder Farbton am Ende nicht, stellt das keinen Mangel dar und berechtigt nicht zur Nachbesserung – ändert der Handwerker trotzdem noch etwas, macht er das aus Kulanz, um den Kunden bei Laune zu halten, rechtlich verpflichtet wäre er dazu nicht.

Wie beim Kaufvertrag gilt: Ist die Nachfrist ohne Ergebnis verstrichen, kann der Besteller vom Werkvertrag zurücktreten, also den Werkvertrag oder Auftrag kündigen oder den vereinbarten Werklohn mindern. Alternativ kann er Schadenersatz oder Aufwendungsersatz verlangen. Bessert der Werkunternehmer den Mangel nicht aus, hat der Besteller das Recht, nach Ablauf der Nachfrist den Mangel selber zu beseitigen oder einen Dritten damit zu beauftragen. Die Kosten dafür muss der Werkunternehmer tragen. Und wenn der Werkunternehmer behauptet, es gäbe keine Mängel, kann der Besteller auch ohne Nachfrist jemand anders beauftragen.

Die Mängelansprüche verjähren bei einem Werk, dessen Erfolg in der Herstellung, Wartung oder Veränderung einer Sache oder in der Erbringung von Planungs- oder Überwachungsleistungen hierfür besteht, in zwei Jahren ab Abnahme; bei Bauwerken und den dazu gehörigen Planungs- oder Überwachungsleistungen in fünf Jahren. Hat der Werkunternehmen Mängel arglistig verschwiegen, gilt die gesetzliche Verjährungsfrist von drei Jahren.

Haftung für Schutzpflichtverletzungen

Ein Anspruch auf Schadenersatz wegen Pflichterfüllung entsteht, wenn der eine Vertragspartner seine Hauptvertragspflicht schlecht erfüllt und dadurch weitere Schäden verursacht oder wenn er neben der an sich guten Hauptleistung Schutzpflichten verletzt und damit seinen Vertragspartner schädigt. Diesen Fall regelt § 280 Abs. 1 BGB. Ein solcher Fall läge vor, wenn beispielsweise der Malergeselle (Werkunternehmer) beim Streichen einer Wohnzimmerwand den Boden nicht sorgfältig abgeklebt und daher den Parkettboden verunreinigt hat. In diesem Fall hat er vertragliche Nebenpflichten (sorgfältige Sicherung der Baustelle) verletzt, damit einen Schaden verursacht (Kosten für die Reinigung des Parkettbodens) – und der Besteller kann Schadenersatz verlangen. Ist dem Besteller die Fortsetzung des Vertrags nicht mehr zumutbar, weil beispielsweise der Maler obendrein schon mehrfach Möbel beschädigt hat, kann der Besteller den Vertrag insgesamt kündigen und einen anderen Maler beauftragen. Etwaige Mehrkosten muss der erste Maler bezahlen.

Produkthaftung

Vom Produkthaftungsgesetz betroffen sind Produktfehler, die Schäden verursachen können: Babyspielzeug, das mit toxischer allergieauslösender Farbe bemalt war, Frikadellen, in denen Glassplitter stecken, fehlerhafte Handyakkus, bei denen es zu Überhitzung und zu Rauch- und Flammenentwicklung kommt. Wird nämlich durch den Fehler eines Produkts jemand getötet, sein Körper oder seine Gesundheit verletzt oder eine Sache beschädigt, muss der Hersteller des Produkts dem Geschädigten den daraus entstehenden Schaden ersetzen.

Fatal an der Produkthaftung ist, dass sie unabhängig von einem Verschulden eingreift – also auch dann, wenn der Hersteller weder fahrlässig noch vorsätzlich gehandelt hat. Als Hersteller gilt hierbei derjenige, der sich durch das Anbringen seines Namens, seiner Marke oder eines anderen unterscheidungskräftigen Kennzeichens als Hersteller ausgibt. Und als Hersteller gilt auch der Importeur. Ist der Hersteller nicht identifizierbar? Dann gilt jeder Lieferant oder Verkäufer solange als Hersteller, bis er dem Abnehmer den tatsächlichen Hersteller oder diejenige Person benennt, die ihm das Produkt geliefert hat. Sind für denselben Schaden mehrere Hersteller (oder Weiterverarbeiter) nebeneinander zum Schadensersatz verpflichtet, haften sie gemeinsam.

Lassen Sie sich beraten, ob Ihre Betriebshaftpflichtversicherung die Haftung für Personen- und Sachschäden aus Produktfehlern abdeckt oder ob eine separate Produkthaftpflichtversicherung für Ihr Geschäft sinnvoll ist.

4. Rund ums Geld

Leider lässt die Zahlungsmoral vieler Kunden zu wünschen übrig und ein finanzieller Engpass kann Ihrem jungen Unternehmen das Genick brechen. Umso wichtiger ist es, dass Sie wissen, wie Sie rasch und pünktlich an Ihr Geld kommen.

Richtig Rechnungen schreiben

Haben Sie Ihre Leistung erbracht, kommt die Rechnung. Haben Sie wie oben beschrieben mit Auftragsbestätigung und gegebenenfalls Nachweisen vorgesorgt, dürfte die Rechnung eigentlich kein Problem mehr darstellen.

Die Rechnung ist ein Geschäftsbrief und muss folgerichtig auch die für einen Geschäftsbrief erforderlichen Angaben enthalten (Geschäftsbriefe). Bei einem Kleingewerbetreibenden oder Freiberufler kann sie sehr simpel aussehen, etwa so: »Fernseher, geliefert am 3.3.2009, Rechnung zahlbar bis zum 19.3.2009, Janick Mehring, Computer & More, Wall-straße 15, Gießen«. Wollen Sie die von Ihnen bezahlte Umsatzsteuer aus Ihren Eingangsrechnungen beim Finanzamt geltend machen, muss die Rechnung zusätzlich bestimmte Angaben enthalten (gemäß § 14 Umsatzsteuergesetz):

Checkliste: Was gehört in eine Rechnung?

❏ Vollständiger Name (Firmenname) und Ihre Anschrift.

❏ Name und Anschrift des Leistungsempfängers.

❏ Ihre Steuernummer (neuerdings: Wirtschaftsidentifikationsnummer) oder Ihre vom Bundeszentralamt für Steuern erteilte Umsatzsteuer-Identifikationsnummer.

❏ Das Ausstellungsdatum der Rechnung.

❏ Eine fortlaufende Rechnungsnummer, mit der die Rechnung identifiziert werden kann. Ein bestimmtes Nummerierungssystem ist aber nicht vorgeschrieben. Sie können zum Beispiel für jeden Kunden gesondert oder innerhalb jedes Monats neu nummerieren. Etwa so »Rechnungsnummer: 0905026, Rechnung vom 01.05.2009 – Eva Engelken/Rechtstext.

❏ Eine genaue Beschreibung der Art und Menge Ihrer gelieferten Waren oder Leistungen. Auch wenn das vor allem bei Handwerkerrechnungen schon mal ziemlich umfangreich sein kann, müssen Sie sich die Mühe machen, alles aufzuzählen, sonst erkennt das Finanzamt die Rechnung nicht an.

❏ Den Liefer- oder Leistungstermin beziehungsweise Leistungszeitraum (muss separat angegeben werden, auch wenn er mit dem Rechnungsdatum zusammenfällt).

❏ Das vereinbarte Entgelt (Honorar, Kaufpreis oder Werklohn) und eventuell eingeräumte Rabatte.

❏ Ihren Umsatzsteuersatz (19%, ermäßigt 7%), den auf das Nettoentgelt entfallenden Steuerbetrag oder einen Hinweis auf die eventuelle Steuerbefreiung. Mehr dazu im Abschnitt »Umsatzsteuer«.

Gut zu wissen: Entbehrliche Angaben bei Rechnungsstellung, digitale Signatur

❏ Möglich aber nicht erforderlich bei der Rechnungsstellung sind: Unterschrift, die ausdrückliche Bezeichnung »Rechnung«, die Angabe einer Zahlungsfrist oder der Hinweis auf die Pflicht des Leistungsempfängers, die Rechnung für die Betriebsprüfung aufzubewahren (»Diese Rechnung ist mindestens zwei Jahre aufzubewahren).

❏ Eine digitalisierte Rechnung ist nur gültig mit elektronischer Signatur. Ohne die entsprechende Signaturkarte müssen Sie Ihre Rechnung mit der normalen Post verschicken. (Aktuelle Informationen wie Sie vorgehen müssen, um sich eine digitale Signatur zu erstellen und ob es für Ihren Fall geeignet ist, erhalten Sie schnell und kostenlos bei der Bundesnetzagentur: www.bundesnetzagentur.de.

Rechnungen über Kleinbeträge

Rechnungen über Beträge bis 100 Euro müssen folgende Angaben enthalten, damit sie zum Vorsteuerabzug berechtigen (§ 33 Umsatzsteuerdurchführungsverordnung, UStDV): Namen und Anschrift des leistenden Unternehmens, Ausstellungsdatum, Menge und handelsübliche Bezeichnung der gelieferten Waren, Art und Umfang der Leistung; Entgelt.

Beispiel: Musterrechnung

Miriam Reinold	LogOSgmbh
Viersener Str. 146	Logische Organisation im
41063 Mönchengladbach	Sozialwesen
	Leiter Gastronomie
	Hans Maurer

Rechnungsnummer 2009-0984
14. Februar 2009
Sehr geehrte Frau Reinold,
für die Lieferung von Speisen am 3.1.2009 berechnen wir Ihnen:

30x Buffet à 10,50 Euro	Euro	315,00
7% MwSt.	Euro	22,05
Vorauszahlung	Euro	– 100,00
Rechnungsbetrag	Euro	237,05

Bitte begleichen Sie den Rechnungsbetrag bis zum 3. März auf das Konto 1603331 bei der Commerzbank Mönchengladbach (BLZ 310 400 15).

USt.-IdNr.: DE 120 501 473

Diese Rechnung ist mindestens zwei Jahre aufzubewahren.

Ludwig-Weber-Straße 15	Aufsichtsratsvorsitzender: Bankdirektor Wolf Bramsch Geschäftsführer: Krankenhausbetriebswirt Walter Schiller	Sitz der Gesellschaft Mönchengladbach Registergericht Mönchengladbach HRB: 5733

Auf der Rechnung einer GmbH muss der Aufsichtsratsvorsitzende selbstverständlich nur angegeben werden, sofern die GmbH einen Aufsichtsrat gebildet hat.

Mein Kunde zahlt nicht – und jetzt?

Es ist nicht vorgeschrieben, aber sinnvoll, auf Rechnungen eine konkrete Zahlungsfrist anzugeben – etwa wie in der zuvor genannten Musterrechnung (»zahlbar bis zum 3. März«). Hat der Kunde nämlich bis Ablauf der Frist nicht bezahlt, gerät er automatisch in Verzug. Das bedeutet, für jeden weiteren nicht bezahlten Tag schuldet er Ihnen zuzüglich zur Rechnungssumme Verzugszinsen und Kosten, die durch den Verzug entstehen (Anwalts-, Porto- und Inkassogebühren). Das hieße in unserem Fall, dass Sie ab dem 4. März Verzugszinsen geltend machen können.

Gut zu wissen: gesetzliche Zahlungsfrist beträgt 30 Tage

Haben Sie auf Ihrer Rechnung keine Zahlungsfrist gesetzt, gerät der Schuldner erst 30 Tage nach Erhalt der Rechnung in Verzug. Dann endet die gesetzliche Zahlungsfrist von 30 Tagen. Diese kommt dann zu Tragen, wenn vertraglich keine längere oder kürzere Zahlungsfrist (etwa »zahlbar sofort« oder »zahlbar innerhalb von 14 Tagen«) vereinbart ist.

Nach Ablauf der 30 Tage sollten Sie Ihren Schuldner offiziell unter Fristsetzung mit Nennung eines konkreten Datums anmahnen (»Bitte überweisen Sie den Rechnungsbetrag bis zum…«). Dann befindet er sich auf jeden Fall mit Ablauf der Nachfrist in Verzug und schuldet zuzüglich zur Rechnungssumme Verzugszinsen. Deren Höhe können Sie ganz leicht mit einem im Internet erhältlichen Verzugszinsenrechner (www.basiszinssatz.info/zinsrechner/) errechnen. Bei einem Handelsgeschäft etwa stehen Ihnen gegenüber Ihrem Schuldner acht Prozentpunkte über Basiszinssatz der Deutschen Bundesbank zu, bei einem Geschäft mit einer Privatperson nur fünf Prozentpunkte über Basiszinssatz. Wenn Sie allerdings nachweisen können, dass Ihnen hier ein höherer Zinsschaden entstanden ist, beispielsweise wenn Sie hierfür Ihren Dispo bei der Bank in Anspruch nehmen mussten, können Sie auch diesen geltend machen. Allerdings müssen Sie sich dann eine Bestätigung der Bank hierfür einholen.

Hätte bei der vorhin dargestellten Musterrechnung der Schuldner (eine Privatperson) nach Inverzug-Setzung erst am 21. März bezahlt (statt am 3. März), hätte der Gläubiger 73 Cent Verzugszinsen verlangen können. Nicht gerade viel, aber für den Schuldner ärgerlich.

Für die erste Zahlungserinnerung werden normalerweise weder Verzugszinsen noch Mahngebühren in Rechnung gestellt, für die der Zahlungserinnerung folgende erste und zweite Mahnung hingegen können Sie zusätzlich Mahngebühren ansetzen. Anders als viele glauben, sind weder Zahlungserinnerung noch erste und zweite Mahnung gesetzlich vorgeschrieben. Auch ohne diese können Sie, sobald Ihr Schuldner in Verzug ist, sofort einen Mahnbescheid beantragen. Allerdings sind Mahnungen und Zahlungserinnerungen häu-

Aus der Praxis: Zahlungserinnerung

Bevor Sie mahnen, ist es üblich, eine Zahlungserinnerung zu schicken, die beispielsweise so aussehen könnte: »Zahlungserinnerung: Für unten stehenden Betrag konnten wir bis zum ... noch keinen Zahlungseingang feststellen. Bitte überweisen Sie den ausstehenden Beitrag bis zum ... auf eines unserer Konten. Sollten Sie die Rechnung bereits beglichen haben, betrachten Sie dieses Schreiben als gegenstandslos.«

fig schon ausreichend, um bei ehrlichen, aber vergesslichen Schuldnern das Geld einzutreiben – und dienen natürlich auch dem Geschäftsfrieden.

Ist nach Ablauf der Nachfrist immer noch kein Geld auf Ihrem Konto eingegangen, sollten Sie sich nicht ärgern, sondern dafür sorgen, dass Sie Ihr Geld erhalten. Dies erreichen Sie, indem Sie selbst ein Mahnverfahren einleiten, ein Inkassobüro oder einen Anwalt damit beauftragen. Die Kosten können Sie ebenfalls Ihrem Schuldner aufbürden, denn nach § 286 BGB muss er dem Gläubiger den durch den Zahlungsverzug entstehenden Schaden, also auch Anwalts- oder Inkassogebühren, erstatten. Wie das geht, erfahren Sie in den beiden folgenden Abschnitten.

Mahnverfahren

Sitzt Ihr Schuldner im europäischen Ausland, können Sie seit Anfang 2009 auch per europäischem Mahnverfahren einen europäischen Zahlungsbefehl beantragen. Das geht ohne Rechtsanwalt und ist auch für geringfügige Forderungen (bis 2000 Euro) möglich. Informationen und Formulare finden Sie im Netz unter http://ec.europa.eu/justice_home/judicialatlascivil/html/index_de.htm.

Um einen deutschen Mahnbescheid zu beantragen, wenden Sie sich an das für Sie zuständige Mahngericht – und benötigen auch hierfür nicht zwingend einen Anwalt. In jedem Bundesland gibt es ein bestimmtes Amtsgericht, welches für die in diesem Bundesland anfallenden

Mahnsachen zuständig ist. Ihr zuständiges Gericht sowie weitere Informationen und Vordrucke finden Sie auf der Seite der deutschen Mahngerichte (www.mahngerichte.de, Stichwort: Publikationen). Den Antrag können Sie auch online stellen (www.online-mahnantrag.de).

Das Mahngericht prüft, ob Ihr Antrag korrekt ausgefüllt ist, es prüft aber nicht, ob der geltend gemachte Anspruch auch besteht. Nach Bezahlung der für den Mahnbescheid und dessen Zustellung entstehenden Gerichtskosten erlässt es einen Mahnbescheid, der Ihrem Schuldner – dem Antragsgegner – förmlich zugestellt wird. Hat Ihr Antragsgegner binnen zwei Wochen nicht widersprochen, können Sie einen **Vollstreckungsbescheid** beantragen. Den entsprechenden Antrag schickt Ihnen das Gericht automatisch zu. Reagiert der Schuldner wiederum innerhalb von zwei Wochen nicht, wird der Vollstreckungstitel rechtskräftig und Sie können dem zuständigen Gerichtsvollzieher über die Verteilungsstelle für Gerichtsvollzieheraufträge bei dem Amtsgerichts, welches für Ihren Schuldner zuständig ist, einen Zwangsvollstreckungsauftrag erteilen. Hier können Sie ihn damit beauftragen, dass der Gerichtsvollzieher für Sie das Geld eintreibt, indem er die beweglichen Sachen oder Geld beim Schuldner pfändet. Wenn Sie allerdings Kontodaten oder Arbeitgeber Ihres Schuldners kennen oder wissen, dass er beispielsweise bald eine Steuerrückerstattung bekommt, können Sie auch sofort einen **Pfändungs- oder Überweisungsbeschluss** beim Amtsgericht beantragen. Und mit dessen Hilfe pfänden Sie dann das Guthaben auf dem Konto, das Arbeitsentgelt oder die Steuerrückerstattung Ihres Schuldners. Falls Sie Kontonummer oder andere Daten nicht kennen, können Sie einen **kombinierten Zwangsvollstreckungsauftrag** beantragen. Darin steht, dass der Schuldner bei erfolgloser Pfändung durch den Gerichtsvollzieher direkt zur Abgabe einer eidesstattlichen Versicherung vorgeladen wird und dass Sie eine Abschrift des dort vom Schuldner vorgelegten Vermögensverzeichnisses erhalten. In diesem Vermögensverzeichnis sind nämlich Bankkonten und anderes Vermögen verzeichnet. Formulare für diesen Schritt hierfür erhalten Sie bei Gericht.

Widerspricht Ihr Antragsgegner dagegen dem Mahnbescheid, wird aus dem Mahnverfahren ein normales zivilrechtliches Gerichtsverfahren, in dem ein Richter am Amts- oder Landgericht über Ihre Forderung entscheidet.

Inkasso und Factoring

Beauftragen Sie ein Inkassobüro damit, Ihre Forderungen einzutreiben, sollten Sie beachten, dass diese nur außergerichtlich tätig werden dürfen (Adressen finden Sie am Ende des Abschnitts). Sie arbeiten allerdings in der Regel mit Anwälten zusammen, die dann Mahn- oder Vollstreckungsbescheid erwirken. Das Inkassobüro sollte eine Erlaubnis nach dem Gesetz über außergerichtliche Rechtsdienstleistungen (RDG, früher Rechtsberatungsgesetz) haben und möglichst über Branchenkenntnisse verfügen.

Wenn Sie sich nicht damit beschäftigen wollen, Ihre Forderungen einzutreiben oder eine schnelle Liquidität auf dem Konto für Sie wichtig ist, können Sie sie auch einem Factoring-Dienstleister verkaufen. Üblich ist dies bei Ärzten und Zahnärzten, die ihre Patientenrechnungen an entsprechende ärztliche Verrechnungsstellen verkaufen. Der Unterschied vom Factoring zum Inkasso: Während das Inkassounternehmen *Ihre* Forderung eintreibt und Sie weiterhin das Ausfallrisiko tragen, kauft das Factoring-Unternehmen Ihnen die Forderung ab und trägt fortan das Ausfallrisiko. Entsprechend richtet sich der Preis, den der Factor für Ihre Geldforderung bezahlt (und sofort auf Ihr Konto überweist), danach, wie solide Ihr Schuldner ist. Laut Empfehlung des Deutschen Factoring-Verbandes sollte der Preis sich nach Risiko und Arbeitsaufwand richten und zwischen 0,8 Prozent und 2,5 Prozent des angekauften Forderungsbestands betragen. Zusätzlich behält der Factor 10 Prozent bis 15 Prozent des Kaufpreises als Sicherheit ein, die er Ihnen erst ausbezahlt, wenn der Schuldner bezahlt hat oder die Forderung fällig ist.

Eine Zwischenform ist das unechte Factoring, bei dem der Factor das Ausfallrisiko nicht übernimmt. Hierbei schreibt Ihnen der Factor zwar sofort den Kaufpreis gut (=Liquiditätsvorteil in Branchen mit langen Zahlungsfristen), fällt die Forderung aber aus, holt das Factoring-Unternehmen sich das Geld von Ihnen zurück.

Wichtig: Für das Factoring müssen Sie gegebenenfalls die Einwilligung Ihres Kunden einholen. Denn Sie müssen ja Daten von ihm weitergeben. Dafür muss er Sie – etwa als Arzt – im Hinblick auf diese Daten von Ihrer ärztlichen Schweigepflicht entbinden. Als Arzt fordern Sie dies mit einem entsprechenden Vordruck an. Stimmt der Schuldner der Datenweitergabe an ein Inkassobüro oder Ähnliches nicht zu, dürfen Sie ihm nur persönlich die Rechnung stellen.

Mehr zum Thema

❏ Ein für Sie passendes Inkassounternehmen finden Sie über den Bundesverband Deutscher Inkasso-Unternehmen (www.inkasso.de).
❏ Deutscher Factoring Verband: www.factoring.de

5. Ihr Unternehmen finanzieren

Entscheidend für Ihre erfolgreiche Gründung ist Ihr Startkapital. In diesem Kapitel erhalten Sie einen Überblick über die wichtigsten rechtlichen Grundlagen der privaten und öffentlichen Finanzierungsformen und ihre Risiken und Nebenwirkungen. Ein Überblick über die zahlreichen öffentlichen Fördermittel und Finanzierungsprogramme und deren Antragsvoraussetzungen hingegen kann Ihnen dieses Buch nicht geben. Hierzu finden Sie Informationen bei den IHKs und Handwerkskammern, bei der Arbeitsagentur, der KfW-Mittelstandsbank sowie über die Förderdatenbank des BMWi. Die dazugehörigen Links finden Sie am Ende des Kapitels unter dem Punkt »Mehr zum Thema«.

Eigenkapital oder Fremdkapital?

Als Eigenkapital bezeichnet man das eigene Privat- oder Sachvermögen, das Sie oder andere als Einlage in Ihr Unternehmen einbringen. Wer dem Unternehmen Geld in Form eines Darlehens leiht, erhält nur einen Anspruch auf die Darlehenszinsen. Wer sich mit Eigenkapital am Unternehmen beteiligt, erwirbt einen Anteil am Unternehmen und wird am Gewinn beteiligt.

Aus der Praxis: Eigen- und Fremdkapital bei einem Software-händler

Welchen Unterschied dies ausmacht, zeigt das Beispiel des Softwarehändlers Hannes Lücke. Um bei der Gründung das Geld für den Kauf von Lizenzen für Steuersoftware zur Verfügung zu haben, beteiligte Lücke einen befreundeten Kapitalgeber zu einem Viertel an seinem Unternehmen – mit einer Einlage von damals 20.000 DM. Fünf Jahre später machte Lückes Unternehmen einen Jahresgewinn von 100.000 Euro. Ohne einen Handschlag dafür zu tun, erhält der Geschäftspartner nun jedes Jahr seinen 25%-Anteil vom Gewinn, nämlich 25.000 Euro. Hätte er Lücke das Geld als Darlehen gegeben, hätte Lücke ihn vermutlich inzwischen längst ausbezahlt.

Fremdkapital

Um einen Kredit – also Fremdkapital – zu erhalten, müssen Sie Ihrem Geldgeber meistens Sicherheiten für diesen Kredit bieten. Lediglich für Darlehen aus dem ERP-Förderprogramm, dass Sie über die KfW-Mittelstandsbank (www.kfw-mittelstandsbank.de) beantragen können, sind keine Sicherheiten notwendig. Wie hoch die Sicherheiten sind und ob die Banken Ihnen überhaupt Kredit gewähren, hängt von Ihrer Kreditwürdigkeit ab. Das sogenannte Rating ist nichts anderes als das Maß der Kreditwürdigkeit auf einer von den Banken zu diesem Zweck entwickelten Skala.

Die Basel II-Richtlinie zwingt die Banken bei der Kreditvergabe zu einer strengeren Prüfung der Bonität als früher. Eine schlechte Eigenkapitalausstattung macht für Kreditnehmer daher das Fremdkapital teurer. Ansprechpartner und Berater rund um Ihr eigenes Rating finden Sie über die KfW-Mittelstandsbank (www.kfw-mittelstands-bank.de, Suchbegriff »Rating-Berater«).

Gut zu wissen: Kriterien für die Bonität

Kriterien für die Bonität sind Ihr Eigenkapital, Ihre verfügbaren Zahlungsmittel (=Liquidität), nicht zahlenmäßig erfassbare Größen wie Ihr guter Ruf, die Überzeugungskraft Ihrer Gründungsidee (erinnern Sie sich an die Start-up-Gründer der Internetblase von 1999–2000, die mit purer Story Venture- und Börsenkapital in Millionenhöhe einsammelten) und schließlich der Anlagedeckungsgrad (die Frage, wie stark Sie Ihr Anlagevermögen auf Pump oder von eigenem Geld finanziert haben).

Kreditsicherung

Hausbanken verlangen für einen Kredit neben Ihrem ehrlichen Gesicht häufig Bürgschaften, Pfandrechte, Sicherungsübereignungen und bei kleineren Geschäften Eigentumsvorbehalte.

Kredite durch Bürgschaften sichern

Bei einer Bürgschaft (§§ 765ff BGB) verpflichtet sich Ihr Bürge (Ihre Ehefrau, Ihr Ehemann oder ein anderer naher Verwandter), bei einem Zahlungsausfall anstelle des Schuldners zu zahlen. Banken fordern üblicherweise selbstschuldnerische Bürgschaften. Das bedeutet: Zahlt der Schuldner nicht, kann sich der Gläubiger sofort an den Bürgen wenden und von ihm Zahlung verlangen. Bei der Ausfallbürgschaft hingegen darf sich der Gläubiger erst dann an den Bürgen wenden, wenn er nachgewiesen hat, dass er erfolglos versucht hat, sich sein Geld aus dem Vermögen des Schuldners per Zwangsvollstreckung zu holen. Das vermindert für den Bürgen, das Risiko zahlen zu müssen natürlich enorm.

Haften Sie als Gesellschafter eines Unternehmens aufgrund dessen Rechtsform (GmbH oder KG) nur beschränkt, verlangt die Bank in der Regel von Ihnen, dass Sie für einen Kredit an Ihr Unternehmen mit Ihrem kompletten privaten Vermögen bürgen. Mehr zum Schutz Ihres Ehepartners und Bürgen finden Sie im folgenden Kapitel »Ihr Vermögen und Ihre Familie schützen«.

Handwerker können Ausfallbürgschaften auch von einer Bürgschaftsgesellschaft des Handwerks bekommen. Diese übernehmen gegen eine kleine prozentuale Beteiligung an der Kreditsumme gegenüber den Hausbanken eine Ausfallbürgschaft für den Kredit an einen Handwerker.

Kredite durch Immobilien sichern

Genauso wie Sie das Darlehen für Ihren Hauskauf durch die Eintragung einer Hypothek oder einer Grundschuld sichern, können Sie die Gewährung eines Kredits für Ihr Unternehmen mit der Eintragung eines Grundpfandrechts (Hypothek oder Grundschuld) sichern. Bei der häufiger gebrauchten Grundschuld (gemäß § 1191 BGB) wird Ihr Grundstück mit einer bestimmten Summe (unabhängig von der Höhe des Kredits) belastet und dafür ein dingliches Recht, also eine Hypothek oder eine Grundschuld, im Grundbuch eingetragen. Die Befriedigung aus der Grundschuld erfolgt durch Zwangsversteigerung. Sind mehrere Grundpfandrechte in ein Grundstück eingetragen, hängt es vom Rang der Gläubiger ab, wer wie viel vom Erlös bekommt.

Kredite durch Sicherungsübereignung sichern

Um der Bank Sicherheiten für Ihren Kredit zu geben, können Sie ihr auch Wertgegenstände (beispielsweise Ihre Maschinen, Ihr Mobiliar, Ihren Warenbestand oder Ihren Firmenwagen) sicherungsübereignen (§§ 929, 930 BGB). In diesem Fall wird die Bank rechtlich Eigentümerin, praktisch bleiben die Sachen aber in Ihrem Besitz, dürfen weiterhin von Ihnen genutzt werden und gelten mithin als Leihgabe der Bank. Zahlen Sie Ihren Kredit nicht zurück, darf die Bank Ihnen die Sachen wegnehmen und durch den Verkauf Kreditschulden und Zinsen bezahlen. Sie können auch einen Lagerraum sicherungsübereignen. Alle Waren, die in das Lager kommen, gelten dann als sicherungsübereignet. Sachen, die von Gläubigern unter Eigentumsvorbehalt geliefert werden und noch nicht bezahlt sind, also noch dem Gläubiger gehören, werden nicht sicherungsübereignet. Die Sachen darf sich die Bank – auch bei einer Insolvenz – nicht nehmen.

Lieferantenkredite durch Eigentumsvorbehalt sichern

Lieferanten, die Ihnen Ratenzahlung gewähren, sichern diese Form von Kredit durch eine Klausel in ihren AGB ab: Sie liefern Ihnen die Waren nämlich unter Eigentumsvorbehalt. Das bedeutet: Die Ware bleibt bis zur vollständigen Bezahlung Eigentum des Lieferanten.

Eine gute Sache, falls der Schuldner insolvent wird. An den unter Eigentumsvorbehalt gelieferten Waren steht dem Lieferanten und dem Kreditgeber nämlich ein Aussonderungsrecht zu. Während alle anderen Gläubiger darum streiten müssen, ihre Forderungen mit einem Stück aus der Insolvenzmasse zu befriedigen, nehmen sich die Aussonderungsberechtigten einfach die ihnen gehörenden Dinge.

Kreditverträge

Die Grundform der Kreditfinanzierung ist der Darlehensvertrag (§§ 488 ff BGB), bei dem der Darlehensgeber dem Darlehensnehmer für eine bestimmte Zeit Geld überlässt. Der Darlehensnehmer zahlt dafür die Darlehenszinsen und muss die Darlehenssumme mit Ablauf der vereinbarten Zeit zurückgezahlt haben. Der Darlehensvertrag endet mit dem Ende der vereinbarten Laufzeit von beispielsweise einem oder fünf Jahren. Ohne feste Laufzeit kann der Darlehensgeber den Vertrag mit einer Frist von drei Monaten kündigen, es sei denn, es ist eine andere Kündigungsfrist vereinbart. Zurückgezahlt wird die Darlehenssumme in sogenannten Annuitäten oder als Abzahlungsdarlehen. Beim Annuitätendarlehen zahlt der Darlehensschuldner immer gleich hohe Raten. Je mehr er von der Darlehensschuld tilgt, desto niedriger werden die Zinsen und desto höher wird der Tilgungsanteil pro Rate. Bei der Abzahlung bleibt nur die Tilgungsrate gleich, der Zinsanteil sinkt und damit der gesamte Kapitaldienst.

Kriterien für die Wahl eines bestimmten Darlehensvertrags sind neben den verlangten Kreditsicherheiten die Nebenkosten: Höhe des Zinssatzes, Laufzeit, Form der Ratenzahlung, Kreditprovisionen, Gebühren. Je nachdem, mit welcher Sicherheit der Kredit gesichert ist, tragen die Darlehensverträge unterschiedliche Namen.

Gut zu wissen: Einzelne Typen von Darlehensverträgen

❑ Personalkredit: Hier sichert nur die Person des Schuldners oder ein Bürge den Kredit.
❑ Immobiliardarlehen: Der Kredit ist durch materielle Werte (etwa Hypotheken oder Grundschulden auf eine Gebäude oder ein Grundstück = Immobilie) gesichert.
❑ Kontokorrentkredit: Die Bank räumt auf dem Konto einen Dispo-kredit-ähnlichen Kredit ein.
❑ Lieferantenkredit: Der Lieferant räumt dem Schuldner von der Lieferung der Ware bis zur Bezahlung Kredit ein.
❑ Brauereivertrag: Eine Brauerei gewährt der Gaststätte ein Darle-hen, das in der Regel aus finanzieller und sachlicher Unterstüt-zung bei der Gaststätteneinrichtung besteht. Der Gastwirt ver-pflichtet sich, die Darlehenszinsen zu zahlen, das Bier nur von dieser Brauerei zu beziehen und jährlich eine bestimmte Menge abzunehmen.

Öffentliche Fördermittel

Der eine Teil der öffentlichen Fördermittel für Existenzgründer besteht in der Vergabe vergünstigter Darlehen, sogenannten Existenzgründer-darlehen. Darlehensförderung vom Bund gibt es beispielsweise in Form des ERP-Kapitals für die Gründung, des Start-Gelds oder in Form von Mikrodarlehen für Kleingründer. Sie können solche Förder-mittel über Ihre Hausbank bei der KfW-Mittelstandbank beantragen. Der andere Teil der öffentlichen Finanzierungshilfen besteht in nicht zurückzahlbaren Zuschüssen. Dazu gehören der Gründungszuschuss für Arbeitslose (➔ Gründungszuschuss) oder die Gründungsprämien der Länder. Auf die meisten staatlichen Fördermittel – mit Ausnahme des Gründungszuschusses – besteht kein Rechtsanspruch. Auch wenn Sie also die Fördervoraussetzungen für das jeweilige Programm erfüllen, liegt es im Ermessen der jeweiligen Stelle, ob sie Ihnen diese Förderung auch gewährt oder nicht.

Vorsicht beim Beantragen von öffentlichen Fördergeldern und auch während der Laufzeit der Förderzeit: Falsche oder fehlende Angaben beim Ausfüllen des Antrags oder die Verwendung der Fördergelder für einen anderen Zweck können einen Subventionsbetrug darstellen. Dieser ist gemäß § 264 Strafgesetzbuch strafbar und führt nicht nur dazu, dass Sie alle Fördermittel zurückzahlen müssen, sondern auch dazu, dass Sie eine Geld- oder sogar Freiheitsstrafe riskieren. Lassen Sie sich gegebenenfalls von einem zertifizierten Subventionsberater helfen.

Mehr zum Thema

❑ Kfw-Mittelstandsbank (www.kfw-mittelstandsbank.de, Tel. 0180/1 24 11 24)
❑ BMWi (www.existenzgruender.de)
❑ Überblickssuche über alle Förderprogramme des Bundes und der EU: www.foerderdatenbank.de

6. Ihr Vermögen und Ihre Familie schützen

Nachdem Sie sich im vorigen Kapitel um die finanzielle Ausstattung Ihres Unternehmens gekümmert haben, geht es in diesem Kapitel um den Schutz Ihres betrieblichen und privaten Vermögens und damit kombiniert um den Schutz Ihrer Familie. Wenn Ihr Unternehmen nach der Gründung so richtig durchstartet, profitiert davon auch Ihre Familie. Bleibt der Geschäftserfolg dagegen aus, sollte Ihre Familie nicht darunter leiden. Ist es Ihre Ehe, die scheitert, wäre es fatal, wenn durch die Scheidung auch noch Ihr Betrieb in Mitleidenschaft gezogen würde.
Mit Ehevertrag, Gesellschaftsvertrag und entsprechenden Vermögensverfügungen können Sie für beide Fälle Vorsorge treffen. Allerdings handelt es sich dabei um langfristige Vorkehrungen, die Sie am besten mit einem erfahrenen Berater planen.

Vermögen vor Haftung schützen

Wenn Sie unternehmerisch tätig werden, setzen Sie sich zwangsläufig mehr oder weniger hohen finanziellen Risiken und Verpflichtungen aus. Manche davon können Sie durch die Wahl der geeigneten Rechtsform mindern oder mit Versicherungen abdämpfen. Zahlreiche Haftungsgefahren bleiben bestehen und schweben Zeit Ihres Geschäftslebens über Ihnen. Der Einzelunternehmer und der Gesellschafter einer GbR und OHG (s. Teil II, 3. »Welche Rechtsform passt zu Ihrem Unternehmen?«) etwa haften jeweils persönlich und unbeschränkt für die eigenen und die Gesellschaftsschulden. Diese sind Gesamtschulden. Jeder Gesellschafter schuldet sie in voller Höhe, unabhängig von seinem Gesellschaftsanteil. Das Finanzamt und die Gläubiger können also auf denjenigen zugreifen, der über die meisten finanziellen Ressourcen verfügt. Sind Sie dies selbst, sind Sie nur sicher, wenn Sie Ihr privates Vermögen dem Zugriff der Gläubiger rechtzeitig entzogen und es auf eine Person Ihres Vertrauens übertragen haben. Dazu gleich mehr. Als GmbH-Gesellschafter hingegen haften Sie für Verbindlichkeiten zwar nur bis zur Höhe Ihrer Einlage, können als Geschäftsführer Ihre Haftung für Pflichtverletzungen jedoch nicht begrenzen und haften daher in dieser Eigenschaft immer mit Ihrem privaten Vermögen. Das ist der Grund, weshalb viele Managerinnen und Manager ihre persönliche Haftung durch sogenannten D&O-Versicherungen (Directors and Officers Liability) abzufedern versuchen. Die Gefahr der persönlichen Haftung droht darüber jedem Unternehmer, wenn er für einen Bankkredit persönlich bürgt. Stellt die Bank den Kredit, für den Sie persönlich gebürgt haben, fällig und der Schuldner fällt aus, nützt Ihnen die schönste Haftungsbeschränkung nichts – die Bank wird sich an Ihr Privatvermögen halten. Haben Sie hingegen rechtzeitig Vermögen auf Ihren Ehepartner übertragen, können Sie es ganz legal vor dem Zugriff der Gläubiger schützen. Ehepartner haften nämlich grundsätzlich nicht für die Schulden des anderen Ehepartners, solange sie nicht bei einem Kreditvertrag mit unterschrieben oder eine Bürgschaftserklärung für den anderen abgegeben haben. Hat der Ehepartner sich nicht vertraglich zur Mithaftung verpflichtet, kann es sinnvoll sein, ihm Vermögen, beispielsweise ein Haus oder Grundstück, als Schenkung zu übertragen – vorausgesetzt, Ihr Ehepartner ist auch in Ihren Augen vertrauenswürdig und die Ehe steht nicht gerade vor dem Aus. Wenn sich Ihr Ehepartner mit dem übertragenen Vermögen davonmacht, gucken Sie in die Röhre.

Gut zu wissen: Frist zur Vermögensübertragung vor Insolvenz

Die Übertragung muss allerdings frühzeitig geschehen. Vermögensübertragungen, die der Unternehmer weniger als ein Jahr vor einem Antrag auf Eröffnung des Insolvenzverfahrens vollzogen hat, kann der Insolvenzverwalter anfechten und damit wieder rückgängig machen.

Derartige Vermögensübertragungen müssen Sie zwingend mit Hilfe eines Steuerberaters, Wirtschaftsprüfers oder Anwalts planen. Jede Übertragung von Geld oder Grundstücken hat steuerliche und erbrechtliche Auswirkungen, die Sie einkalkulieren und gegebenenfalls durch geschickte Vertragsgestaltung abfedern müssen. Sie können zum Beispiel durch Rückfallklauseln erreichen, dass das an den Ehepartner übertragene Vermögen im Fall einer Scheidung an Sie zurückfällt. Auch eine solche Vereinbarung muss absolut wasserdicht sein, damit sie sich im Ernstfall nicht als unwirksam herausstellt.

So sichern Sie Ihren Ehepartner ab

Viele Banken und andere Kapitalgeber begnügen sich nicht mit einer persönlichen Haftung des Unternehmers, sondern verlangen mangels anderer Sicherheiten, dass Ehepartner oder Verwandte für Ihre Kredite in die Bresche springen. Entweder unterschreiben diese von vornherein als Mitschuldner den Darlehensvertrag, erklären den Schuldbeitritt (werden also im Nachhinein Mitschuldner) oder erklären die befreiende Schuldübernahme. Letzteres kann interessant sein, wenn der Ehepartner beispielsweise zur Genehmigung seines Gewerbes aus dem Schuldnerverzeichnis gelöscht werden möchte.

Eine häufige Form der persönlichen Sicherheit ist auch die Bürgschaft, mit der der Bürge (etwa der Ehepartner) als Schuldner eintritt, wenn der ursprüngliche Schuldner ausfällt. Die Gefahr für vermögenslose Ehepartner liegt auch hierbei auf der Hand. Nehmen Gläubiger den vermögenslosen Ehepartner aus der Bürgschaft oder einem anderen Versprechen in Anspruch, weil der Partner, der ursprünglich Schuldner war, die verbürgte Zahlungsverpflichtung nicht erfüllt, steht der vermögenslose Ehepartner im schlimmsten Fall vor dem finanziellen Ruin. Das ist besonders ungüstig, falls die Ehe zu diesem Zeitpunkt gar nicht mehr besteht.

Gut zu wissen: Scheidungsklausel im Bürgschaftsvertrag

In den Bürgschaftsvertrag gehört daher unbedingt eine Klausel, wonach der bürgende Ehepartner bei Beendigung der ehelichen Lebensgemeinschaft oder bei Ehescheidung aus dem Bürgschaftsvertrag entlassen werden kann.

Wie schützen Sie Ihr Unternehmen bei einer Ehescheidung?

Wenn Ihre Ehe vor dem Aus steht, sollten Sie vorgesorgt haben, um bei einer Scheidung nicht auch noch das Unternehmen zu verlieren. Bei jeder Ehescheidung ist die Vermögensaufteilung ein wichtiges Thema. Haben Sie per Ehevertrag den Güterstand der modifizierten Zugewinngemeinschaft vereinbart und somit das Unternehmen aus der Zugewinnmasse herausgenommen, riskieren Sie nicht, es verkaufen zu müssen, um den Zugewinnausgleichsanspruch Ihres Ehepartners zu befriedigen.

Richtigen Güterstand wählen

Ehegatten können für ihre Ehe aus drei bis vier Güterständen einen auswählen: Die Zugewinngemeinschaft, die Gütertrennung, die Gütergemeinschaft und die modifizierte Zugewinngemeinschaft, wobei für den Vermögensschutz besonders die letzte Variante interessant ist.

Ohne Ehevertrag leben die Eheleute mit Eheschließung automatisch im Güterstand der Zugewinngemeinschaft. Die anderen drei Formen können sie lediglich per notariell beurkundetem Ehevertrag bei der Eheschließung oder später in gegenseitigem Einverständnis vereinbaren – und den Güterstand aus steuerlichen Gründen auch mehrmals wechseln. Eingetragene Lebenspartnerschaften leben gemäß § 6 Gesetz über die Eingetragene Lebenspartnerschaft (LPartG) im Güterstand der Zugewinngemeinschaft, wenn sie nicht durch Lebenspartnerschaftsvertrag (§ 7) etwas anderes vereinbaren. Die entsprechenden Vorschriften des BGB gelten für sie analog (§ 1363 Abs. 2 und die §§ 1364 bis 1390 BGB).

Gütertrennung bedeutet, dass die Vermögen der Ehegatten getrennt bleiben und beide über ihr Vermögen unbeschränkt verfügen dürfen. Dies kann im Erbfall nachteilig sein, weil der erbende Ehegatte sein Erbe voll versteuern muss, wohingegen der Zugewinn, den ein Partner vom anderen erhält, steuerfrei ist.

In der **Gütergemeinschaft**, die kaum noch vereinbart wird, werden die Vermögen beider Ehegatten zusammengeführt und bilden fünf verschiedene Vermögensmassen: Das Gesamtgut, das Sondergut des Mannes und der Frau, das Vorbehaltsgut des Mannes und das Vorbehaltsgut der Frau.

Bei der **Zugewinngemeinschaft** bleiben die Vermögen beider Ehegatten getrennt. Verfügt ein Ehegatte über sein Vermögen im Ganzen, muss der andere Ehegatte zustimmen.

Den Ausgleich zwischen den Vermögen beider Ehegatten, der sogenannten Zugewinnausgleich, nimmt man im Fall einer Ehescheidung, nach dem Tod eines Ehegatten oder bei einem Wechsel zu einem anderen Güterstand vor.

Die Eheleute ermitteln den Zugewinn – das ist der Betrag, um den das Vermögen beider während der Ehe gewachsen ist –, indem sie Anfangsvermögen (bei Eheschließung) und Endvermögen (bei Vermögensauseinandersetzung) miteinander vergleichen. Der Ehegatte, der den höheren Zugewinn erzielt hat, muss die Hälfte der Differenz an den ausgleichsberechtigten Ehegatten zahlen. Haben Sie also während Ihrer Ehe ein Unternehmen gegründet, erhöht dessen Wert – Geschäftsausstattung, Guthaben, Forderungen, Kundenkartei und Firmenwert – normalerweise den Zugewinn. Der Ehegatte erhält also eine entsprechend höhere Zugewinnausgleichszahlung. Allerdings wird er durch den Zugewinnausgleich nicht Miteigentümer des Unternehmens, sondern erhält lediglich einen schuldrechtlichen Ausgleichsanspruch.

Wählen die Eheleute per Ehevertrag den Güterstand der modifizierten Zugewinngemeinschaft, können sie vereinbaren, dass das Unternehmen nicht den Zugewinn erhöhen, sondern im Eigentum des Unternehmers oder der Unternehmerin bleiben soll. Andernfalls könnte der Unternehmenseigentümer nämlich gezwungen sein, sein Unternehmen im Falle einer Vermögensauseinandersetzung zu verkaufen, um den Zugewinnausgleichsanspruch seines Ehepartners befriedigen zu können.

Zugewinn trotz verschuldetem Unternehmen

Was bei einem florierenden Unternehmen den nicht unternehmerischen Ehepartner benachteiligt – nämlich die Abspaltung einer nach der Scheidung zu verteilenden Vermögensmasse –, kann vorteilhaft sein, wenn das Unternehmen auf einem Schuldenberg sitzt. Die Schulden vermindern nämlich das Vermögen des Selbstständigen, was den Zugewinnausgleichsanspruch des anderen reduziert oder gänzlich entfallen lässt. Fällt das Unternehmen per Ehevertrag aus der Zugewinnmasse heraus, bleibt der Zugewinnausgleichsanspruch hinsichtlich des übrigen Vermögens erhalten.

7. Steuern – was will das Finanzamt von Ihnen?

Buchführung

Als Unternehmer entstehen für Sie auch Steuerpflichten. Um Ihre Steuern zu berechnen, ist Ihre wichtigste Pflicht gegenüber dem

Finanzamt die Aufzeichnung Ihrer Ausgaben und Einnahmen. Während die eine Gruppe, zu der Kleingewerbetreibende und Freiberufler gehören, nur ihre Ausgaben und Einnahmen festhalten muss (sogenannte Einnahmenüberschussrechnung), muss die andere Gruppe kaufmännische Bücher führen und einen Jahresabschluss erstellen.

Wie die Aufzeichnungen für die Einnahmenüberschussrechnung auszusehen hat, ist nicht vorgeschrieben. Theoretisch können Sie Ihre Rechnungsbelege in einer Schublade sammeln und am Ende des Jahres zusammenrechnen und Ihren Gewinn ermitteln. Praktisch ist es natürlich sinnvoll, Ihre Geschäftsvorgänge zu dokumentieren, also Ausgaben und Einnahmen beispielsweise in eine Exceltabelle einzutragen und die Rechnungen und Kassenbelege chronologisch in einem Ordner abzuheften. So kann der Betriebsprüfer des Finanzamtes Ihre Gewinnermittlung nachvollziehen. Hinsichtlich der Umsatzsteuer schreibt § 22 Umsatzsteuergesetz vor, dass die Aufzeichnungen so sein müssen, dass Entstehung und Berechnung der Steuer nachvollziehbar sind. Diese Anforderung sollten Sie auch für die Einnahmenüberschussrechnung beherzigen.

Wie eine kaufmännische Buchführung auszusehen hat, ist im Handelsgesetzbuch festgelegt. Dazu gehören eine doppelte Buchführung, die die einzelnen Geschäftsvorgänge lückenlos erfasst und die Aufstellung eines Jahresabschlusses, welcher eine Bilanz, eine Gewinn- und Verlustrechnung sowie einen Anhang und einen Lagebericht enthalten muss. Eine Pflicht zur handelsrechtlichen Buchführung und Bilanzierung haben zum einen Kaufleute. Also Gewerbetreibende, die ins Handelsregister eingetragen sind oder solche, deren Gewerbe aufgrund ihrer Art und Größe einen in kaufmännischer Weise eingerichteten Betrieb erfordert. Wer Kaufmann ist und sich ins Handelsregister eintragen muss (e.K., OHG, KG, GmbH) können Sie in 1. Teil II, 2. »Der Weg zum Gewerbebetrieb, Handelsregister«, nachlesen. Hier gibt es allerdings demnächst eine Änderung:

Nichtkaufleute, also kleingewerbliche Einzelunternehmer, Freiberufler und Gesellschaften bürgerlichen Rechts, brauchen im Gegensatz zu den Kaufleuten zunächst keine Bücher zu führen (Teil I des Buches, »Der Weg in den freien Beruf«). Für sie entsteht die Pflicht zur

Gut zu wissen: Gesetzesänderungen bei der Bilanzierung in Sicht

Wenn das BilmoG zum 1. Januar 2010 in Kraft tritt, werden mittelständische Einzelkaufleute und Personenhandelsgesellschaften (OHG, KG) mit einem kleinen Geschäftsbetrieb von der handelsrechtlichen Buchführungs- und Bilanzierungspflicht entbunden. »Klein« ist, wer im Gründungsjahr oder an zwei aufeinander folgenden Geschäftsjahren mit dem Umsatz unter 500.000 Euro und mit dem Gewinn unter 50.000 Euro bleibt.

Eine komplette Befreiung von der Pflicht zur Bilanzierung und Offenlegung könnte es demnächst auch für kleine GmbHs und GmbH & Co. KGs unterhalb der Schwellenwerte geben. Hintergrund ist ein im Februar 2009 von der EU-Kommission vorgelegter Richtlinienentwurf zur Vereinfachung des Europäischen Bilanzrechts.

Buchführung erst, wenn ihre Einnahmen eine bestimmte Größenordnung erreichen und das Finanzamt sie deshalb auffordert, künftig Bücher zu führen. Nach § 141 Abgabenordnung liegt die Grenze bei Umsätzen von mehr als 500.000 Euro oder Gewinnen von mehr als 50.000 Euro jährlich.

Bankkonto – was ist vorgeschrieben?

Weder für die kaufmännische Buchführung noch für die Einnahmenüberschussrechnung gibt es Vorschriften, welche Art von Konto, ob Privat- oder Geschäftskonto, Sie besitzen müssen. Theoretisch können Sie Ihren Geldverkehr auch in bar abwickeln. Unpraktikabel, aber nicht verboten ist es dagegen, private und betriebliche Ausgaben und Einnahmen über ein einziges Konto laufen zu lassen. Wenn Sie vermeiden wollen, dass das Finanzamt Betriebsausgaben nicht anerkennt, sollten Sie zwei getrennte Konten führen. Dabei braucht keines davon ein spezielles Geschäftskonto zu sein: Zwei normale kostenlose Girokonten bei derselben Bank oder bei zwei unterschiedlichen Banken reichen völlig aus.

Aufbewahrungsfristen

Sobald Sie verpflichtet sind, kaufmännische Bücher zu führen, müssen Sie Ihre Geschäftsunterlagen aufbewahren (§ 257 HGB und § 147 AO).

Checkliste: Aufbewahrungsdauer der Geschäftsunterlagen

❏ 10 Jahre Aufbewahrungspflicht: Handelsrechtliche Buchaufzeichnungen, Inventare, Jahresabschlüsse (mit Lagebericht, Eröffnungsbilanz), Buchungsbelege sowie Arbeitsanweisungen und Organisationsunterlagen, die diese Belege erläutern.

❏ 6 Jahre Aufbewahrungspflicht: Handels- und Geschäftsbriefe, Geschäftsberichte sowie sonstige Unterlagen, soweit sie für die Besteuerung wichtig sind.

Die Frist beginnt mit Ablauf des Kalenderjahres, in dem der Beleg entstanden ist.

❏ Als Freiberufler und Kleingewerbetreibender müssen Sie Ihre Ausgaben- und Einnahmen-Aufzeichnungen nicht aufbewahren. Aus Beweisgründen bei einer eventuellen Betriebsprüfung ist das jedoch sinnvoll. Falls Sie umsatzsteuerpflichtig sind, müssen Sie hierfür ohnehin Rechnungen aufbewahren.

❏ Umsatzsteuer: Rechnungen, von denen Sie Vorsteuer geltend gemacht und Umsatzsteuer abgeführt haben, müssen Sie 10 Jahre lang aufbewahren (§ 14 b UStG).

Offenlegung von Jahresabschlüssen

Bestimmte Unternehmen müssen einen Jahresabschluss nicht nur aufstellen, sondern ihn auch im elektronischen Bundesanzeiger publik machen (www.ebundesanzeiger.de). Das betrifft Kapitalgesellschaften (GmbH und AG) und gemäß § 264 a HGB auch OHGs und KGs, bei denen keine natürliche Person persönlich haftender Gesellschafter ist oder bei denen keine Personengesellschaft mit einer natürlichen

Person persönlich haftet, also die GmbH & Co. KG oder GmbH & Co. OHG. Gesetzlich geregelt ist die Offenlegungspflicht in den §§ 325 ff. HGB.

Je größer das Unternehmen, desto höher sind die Publizitätspflichten. Unternehmen der Kategorie Klein (bis 50 Mitarbeiter, bis 8 Millionen Euro Umsatz oder Bilanzsumme bis 4 Mill. Euro) müssen nur Bilanz und Anhang ohne Gewinn- und Verlustrechnung offenlegen und ihren Jahresabschluss noch nicht vom Wirtschaftsprüfer prüfen lassen. Unternehmen in der Kategorie Mittel (bis 250 Mitarbeiter oder max. 32 Millionen Euro Umsatz oder max. 16 Millionen Euro Bilanzsumme) müssen zusätzlich Anhangangaben veröffentlichen und für den Abschluss einen Wirtschaftsprüfer beauftragen. Wenn das Bilanzrechtsmodernisierungsgesetz (BilMoG) in Kraft tritt (Januar 2010), sollen die Schwellenwerte betreffend Bilanzsumme und Umsatzerlös um 20 Prozent steigen.

Mehr zum Thema

❏ www.publikations-plattform.de: Auf diesem Portal des elektronischen Bundesanzeigers finden Sie Informationen und Merkblätter rund um die Offenlegung von Unternehmensdaten.

Einkommensteuer

Natürliche Personen und Personengesellschaften

Grundlage für die Bemessung Ihrer Einkommensteuer ist Ihr zu versteuerndes Einkommen. Einkommen im steuerrechtlichen Sinne kann aus mehren Quellen kommen: aus Vermietung und Verpachtung, aus Kapitalerträgen, aus Land- und Forstwirtschaft, aus nichtselbstständiger Arbeit sowie – für Unternehmer wichtig – aus selbstständiger (freiberuflicher) Arbeit und aus Gewinnen aus dem Gewerbebetrieb. Als nebenberuflich Selbstständiger, der im Hauptberuf noch Angestellter ist, haben Sie Einkünfte aus selbstständiger und nichtselbstständiger Tätigkeit.

Zur Berechnung der Steuern dienen der Jahresabschluss beziehungsweise der aufgrund der Einnahmenüberschussrechnung ermittelte Gewinn, den der Steuerpflichtige dem für ihn zuständigen Finanzamt jeweils bis zum 31. Mai des Folgejahres melden muss. Aufgrund der Steuererklärung setzt das Finanzamt die zu zahlende Einkommensteuer fest. Zugleich legt es die vierteljährlich zu zahlenden Steuervorauszahlungen für das laufende Jahr fest. Existenzgründer zahlen folglich erst bei der Festsetzung der Jahressteuer Einkommensteuer. Es sei denn, sie haben bei ihrer Gründung in dem Betriebseröffnungsbogen ihre Gewinne so hoch geschätzt, dass das Finanzamt daraufhin Vorauszahlungen festgesetzt hat. Oder das Finanzamt hat aufgrund der hohen Umsatzsteuermeldungen während des ersten Jahres die voraussichtlichen Gewinne angefragt und daraufhin Vorauszahlungen festgesetzt.

Grundfreibeitrag für kleine Gewinne

Solange Sie mit Ihrem Gewinn unterhalb des Grundfreibetrags für das Existenzminimum von 7.664 Euro jährlich gemäß § 32 a EStG bleiben, zahlen Sie keine Steuern. Gut zu wissen: Als kleines Unternehmen können Sie sogar erst für die Zukunft geplante Investitionen beim Gewinn abziehen. Mehr dazu unter unten.

Körperschaftssteuer für juristische Personen

Hat Ihr Unternehmen die Rechtsform einer juristischen Person – insbesondere einer GmbH – muss das Unternehmen Körperschaftsteuer bezahlen. Natürliche Personen, die Gesellschafter oder Geschäftsführer der Gesellschaft sind, müssen auf Ihre Einkünfte weiterhin Einkommensteuer bezahlen.

Steuern sparen durch Anschaffung von Wirtschaftsgütern

Alle Unternehmen unterhalb einer bestimmten Gewinnschwelle können unabhängig von einer Neugründung die Steuervorteile durch den Investitionsabzugsbetrag (früher: »Ansparabschreibung« oder »Anspar-Afa«) nach § 7g EStG in Anspruch nehmen. Sie dürfen also bis zu 40 Prozent der Kosten für die Anschaffung oder die geplante Anschaffung von betrieblich genutzten Wirtschaftsgütern für Ihr Unternehmen von Ihrem zu versteuernden Gewinn abziehen, solange der Gewinn beziehungsweise Ihr Betriebsvermögen bestimmte Grenzen nicht übersteigt (bei Gewinnermittlung durch Einnahmenüberschussrechnung sind es 100.000 Euro).

Verluste geltend machen

Bevor Ihr Unternehme Gewinne abwirft, müssen Sie häufig eine finanzielle Durststrecke überwinden. Umso wichtiger ist es, dass das Finanzamt Verluste steuermindernd anerkennt. Das kann bei kleinen Selbstständigen problematisch sein, wenn sie hohe Verluste einfahren, die sie nicht mehr durch Gewinne ausgleichen können. Dann kann es nämlich passieren, dass das Finanzamt an Ihrer Gewinnerzielungsabsicht zweifelt und Ihre Tätigkeit als Liebhaberei (=Hobby) einstuft. Dann müssen Sie das Finanzamt überzeugen, dass Sie eigentlich nachhaltig Gewinne erwirtschaften und das unternehmerische Risiko tragen wollen.

Umsatzsteuer

Unternehmer müssen grundsätzlich auf alle Waren und Leistungen Umsatzsteuer aufschlagen und an den Staat abführen. Der Steuersatz beträgt normalerweise 19 Prozent, für bestimmte begünstigte Umsätze nur 7 Prozent. Begünstigt sind beispielsweise diverse Lebensmittel oder urheberrechtlich geschützte Werke (Zeitungsartikel, Gedichte, Geschichten, Fotos, Software, Hörspiele). Eine Liste finden Sie in § 12 UStG und der Anlage 2 zum UStG. Bestimmte Umsätze sind laut § 4 UstG ganz von der Umsatzsteuer befreit. Dazu gehören → Freie Heilberufe, pflegerische und soziale Tätigkeiten, Kurse und Unterricht an Volkshochschulen oder in öffentlichen Einrichtungen.

Umsatzsteuerbefreiung für Kleinunternehmer

Als Kleinunternehmer sind Sie von der Umsatzsteuer befreit (Kleinunternehmerregelung gemäß § 19 UStG). Voraussetzung: Ihr Umsatz erreicht im laufenden Kalenderjahr zuzüglich der darauf entfallenden Steuern voraussichtlich nicht mehr als 50.000 Euro und betrug im vorangegangenen Kalenderjahr zuzüglich Steuern nicht mehr als 17.500 Euro. Der Nachteil: Wenn Sie keine Umsatzsteuer an das Finanzamt abführen, dürfen Sie auch keine Vorsteuer von Ihren Rechnungen geltend machen. Das kann ungünstig sein, wenn Sie ständig hohe Rechnungen für Investitionen (Waren, Lebensmittel, Baustoffe, etc.) haben. Könnten Sie hiervon die Vorsteuer von 19 Prozent abziehen, würde sich die Summe Ihrer Investitionen verringern. Also fahren Sie unter Umständen besser, wenn Sie dem Finanzamt mitteilen, dass Sie auf die Kleinunternehmerregelung verzichten. Das können Sie bei Ihrer Anmeldung oder später machen. Allerdings sind Sie dann fünf Jahre an Ihre Entscheidung, Umsatzsteuer auszuweisen, gebunden.

Wer umsatzsteuerpflichtig ist, weist in seinen Rechnungen an die Kunden Umsatzsteuer aus, die er dann an das Finanzamt abführen muss. Das Gute daran: Die an Lieferanten bezahlte Umsatzsteuer kann von dieser an das Finanzamt zu zahlenden Umsatzsteuer als Vorsteuer abgezogen werden. Sind Sie in einem Monat in Vorleistung getreten und mehr Verpflichtungen eingegangen, als Sie Forderungen begründet haben? Dann haben Sie in diesem Monat mehr Vorsteuer in Rechnung gestellt bekommen als Umsatzsteuer ausgewiesen – und das Finanzamt erstattet Ihnen die Differenz.

Damit Sie überhaupt Vorsteuer geltend machen können, muss die Rechnung die richtige Form haben. Mehr dazu in Teil III, 4. »Rund ums Geld« im Abschnitt »Richtig Rechnungen schreiben«.

Umsatzsteuervoranmeldung

Haben Sie gerade ein Unternehmen eröffnet oder übernommen, müssen Sie normalerweise monatlich Ihre Umsatzsteuer angeben, später dann je nachdem weiterhin monatlich, quartalsweise oder jährlich. Die Umsatzsteuer müssen Sie elektronisch der Finanzverwaltung melden. Entweder über das Steuerprogramm der Finanzverwaltung, das diese (ob in Anlehnung an den Gold und Silber liebenden Vogel?) »Elster« genannt hat (www.elster.de und www.elsteronline.de) oder über eine Schnittstelle eines anderen Programms, beispielsweise Datev. Bleiben Sie im ersten Jahr mit der Umsatzsteuerlast unter 1000 Euro, können Sie mit dem Finanzamt vereinbaren, dass Sie im ersten Jahr auf die monatliche Voranmeldung verzichten dürfen. Lassen Sie sich auch hierzu von Ihrem Sachbearbeiter im Finanzamt beraten.

Gewerbesteuer

Die Gewerbesteuer betrifft nur Gewerbetreibende. Freiberufler können allerdings gewerbesteuerpflichtig werden, wenn das Finanzamt sie nicht als solche anerkennt und sie für ihre Tätigkeit ein Gewerbe anmelden müssen. Dieses Thema können Sie im Kapitel »Der Weg in den freien Beruf« in Teil I des Buches nachlesen. Freiberufler werden auch gewerbesteuerpflichtig, wenn sie für ihr Unternehmen eine kaufmännische Rechtsform, also eine GmbH oder eine KG gewählt haben. Diese sind nämlich qua Gesetz Kaufmann und damit gewerbesteuerpflichtig. Dies finden Sie in Teil II, 3. »Welche Rechtsform passt zu Ihrem Unternehmen?«.

Freibetrag für kleine Gewinne

Gewerbetreibende Einzelpersonen und Personengesellschaften (keine Kapitalgesellschaften) haben einen Gewerbesteuerfreibetrag von 24.500 Euro. Diesen dürfen sie von ihrem Gewinn abziehen. Gewerbesteuer bezahlt werden muss nur auf den Betrag, der übrig bleibt. Liegt der Gewinn von vornherein unter 24.500 Euro, fällt überhaupt keine Gewerbesteuer an.

Berechnung der Gewerbesteuer

Die Gewerbesteuern erhebt die jeweilige Gemeinde oder Stadt auf den Gewerbebetrieb. Dafür geben Sie dem Finanzamt Ihre Gewerbesteuererklärung ab und das Finanzamt setzt daraufhin den Gewerbesteuer-messbetrag fest. Diesen errechnet es, indem es Ihren Gewerbeertrag abzüglich des Freibetrags von 24.500 Euro mit 3,5 Prozent multipliziert und ihn hernach der zuständigen Kommune übermittelt. Diese wiederum setzt auf Basis des Gewerbesteuermessbetrags multipliziert mit dem gemeindeindividuellen Hebesatz (zwischen 300 Prozent und 500 Prozent) die Gewerbesteuer und die Vorauszahlungen für die Zukunft fest.

Gut zu wissen: Gewerbesteuer nicht länger Betriebsausgabe

Bei der Ermittlung Ihres Gewinns (für die Einkommensteuererklärung) konnten Sie bisher die Gewerbesteuer als Betriebsausgabe abziehen. Seit 2008 ist das nicht mehr möglich. Allerdings wird die Gewerbesteuer mit einem höheren Satz auf die Einkommensteuer von Einzelunternehmen oder Personengesellschaften angerechnet, sodass sie sich bei einem bestimmten Hebesatz neutralisiert.

Mehr zum Thema

❏ »Das 1x1 der Buchführung« von Udo Cremer, Redline Wirtschaft 2006.
❏ Zahlreiche kostenlose Programme für Ihre freiberufliche oder gewerbliche Buchführung und Umsatzsteuervoranmeldung finden Sie über die Internetplattform www.freeware.de, zum Beispiel Easy Cash & Tax (www.easyct.de).
❏ Eine Übersicht über empfehlenswerte käufliche Steuersoftware finden Sie bei der Stiftung Warentest/Finanztest unter dem Stichwort »PC-Steuerprogramme – Dicke Hilfspakete« (www.test.de). Diese nennt unter anderem www.steuertipps.de, tax 2009 Standard (www.buhl.de), Wiso Sparbuch 2009 wiso.buhl.de, Taxman 2009 (lexware.de), Quicksteuer 2008 (quicksteuer.de).

8. Versicherung

Sozialversicherung

Zu den am Ende des vorletzten Jahrhunderts eingeführten Sozialversicherungen gehören die gesetzliche Rentenversicherung, die gesetzliche Krankenversicherung und die Unfallversicherung. Später kamen noch die Arbeitslosenversicherung und die Pflegeversicherung hinzu. Ursprünglich war das System als Absicherung für Arbeiter und Arbeitnehmer gedacht. Deshalb sind selbstständiger Unternehmer oder selbstständige Unternehmerinnen eigentlich von der Versicherungspflicht in der gesetzlichen Sozialversicherung befreit (§ 2 SGB IV). Doch nicht alle Selbstständigen erwirtschaften so hohe Gewinne, dass sie Geld für Krankheit und Alter beiseite legen können. Für sie gibt es Ausnahmen vom Grundsatz der Versicherungsfreiheit – und diese müssen Sie als Selbstständiger kennen. Einen Überblick über die fünf Zweige der Sozialversicherung sowie Links und Adressen zu den für Ihre Branche einschlägigen Versicherungen finden Sie auf der Seite der Spitzenverbände der Deutschen Sozialversicherung (www.deutsche-sozialversicherung.de).

Künstlersozialversicherung nur für Künstler und Publizisten

Freischaffende Künstler und Publizisten (etwa Journalisten, Fotografen, Musiker) sind in der gesetzlichen Renten-, Kranken- und Pflegeversicherung versicherungspflichtig. Versicherungsträger ist die Künstlersozialkasse (KSK, www.kuenstlersozialkasse.de). Diese stockt den Versicherungsbeitrag (ähnlich einem Arbeitgeberbeitrag) um die Hälfte auf und führt ihn an die Träger der Renten- Kranken- und Pflegeversicherung ab.

Finanziert wird dieser Zuschuss der KSK überwiegend durch die Künstlersozialabgabe. Die Künstlersozialabgabe muss jedes Unternehmen abführen, das selbstständige Künstler oder Publizisten beauftragt. Zeitungsverlage oder Radiosender etwa, die regelmäßig anstelle fest angestellter Redakteure freie Journalisten beauftragen, (oft dieselben, die sie zuvor entlassen haben), leisten damit gewissermaßen einen Arbeitgeberanteil auf ihre Honorarkosten.

KSK-Abgabe für Selbstständige

Auch als Einzelunternehmer oder Freiberufler, der für größere Projekte Subunternehmer beauftragt, können Sie zu denjenigen gehören, die KSK-Abgabe bezahlen müssen. Berechnungsgrundlage für die Abgabe sind die Nettoentgelte, die ein Unternehmer in einem Jahr an selbstständige Künstler und Publizisten gezahlt hat (Gagen, Honorare, Tantiemen). Diese werden multipliziert mit dem jeweiligen Prozentsatz der Künstlersozialabgabe. 2008: 4,9 Prozent und 2009: 4,4 Prozent.

Gut zu wissen: Künstlersozialabgabe für regelmäßige Inanspruchnahme künstlerischer Leistungen

Beachten Sie unbedingt, dass die KSK-Abgabe jeder zahlen muss, der regelmäßig die Leistung von Künstlern und Publizisten in Anspruch nimmt. Wer dazu gehört, finden Sie in Teil I des Buches, »Der Weg in den freien Beruf«. Damit kann auch ein Schmuckhersteller oder ein Bundestagsabgeordneter, der regelmäßig Pressearbeit von einem PR-Berater machen lässt, abgabepflichtig werden. Wichtig ist aber die **regelmäßige** Inanspruchnahme. Ein Schmuckhersteller, der sich einmalig eine Homepage von einem Webdesigner erstellen lässt, wird noch nicht abgabepflichtig. Eine Abgabepflicht entsteht auch nicht, wenn er dem Designer die Pflege und das Hosting der Seite überlässt, weil es sich dabei nicht um künstlerische, sondern um programmiertechnische Leistungen handelt. Beauftragt er hingegen eine Texterin, auf seiner Internetseite regelmäßig zu bloggen, um Kunden anzulocken, muss er die Abgabe zahlen.

Die Abgabepflicht entsteht übrigens unabhängig davon, ob der Auftragnehmer Mitglied in der KSK ist oder nicht. Wenn Sie es versäumen, die KSK-Abgabe zu bezahlen und die KSK erfährt davon, müssen Sie die KSK-Abgabe nachentrichten. Erkundigen Sie sich daher bei der KSK unbedingt, ob Sie abgabepflichtig sind oder nicht (www.kuenstlersozialkasse.de oder 0 44 21/75 43-9). Auf der Internetseite können Sie auch den Vordruck für die Prüfung der Abgabepflicht herunterladen.

Aus der Praxis: Künstlersozialabgabe – wer zahlt was an wen?

Die Redakteurin Lisa Graf-Riemann (www.graf-riemann.de) erstellt ein Hörbuch für einen Konzern. Dazu kauft sie Leistungen von Sängern, Sprechern und einer Grafikerin ein. Sie bleibt dadurch zwar weiterhin Freiberuflerin und muss kein Gewerbe anmelden, allerdings wird für die Fremdleistungen Künstlersozialabgabe fällig. Laut KSK müssen Unternehmer nämlich KSK-Abgabe zahlen, wenn sie nicht nur gelegentlich Aufträge an selbstständige Künstler erteilen. »Nicht nur gelegentlich« heißt bei Veranstaltungen, für mehr als drei Veranstaltungen pro Kalenderjahr. Bei Einzelprojekten, etwa der Gestaltung einer Website oder einer Broschüre, reicht das mehrmalige Beauftragen selbstständiger Publizisten oder Künstler aus, damit die Abgabe fällig wird.
Die Abgabepflicht entfällt nicht dadurch, dass Graf-Riemann selbst Publizistin ist. Laut Künstlersozialkasse muss ein Künstler, der eine von einem fremden Künstler bezogene Leistung (Musik) mit einer eigenen künstlerischen Leistung verknüpft (Drehbuch) und damit ein neues Gesamtwerk schafft (Hörbuch), Künstlersozialabgabe für das erworbene Werk zahlen. Allerdings muss auch ihr Kunde, der Konzern, der das neue (zusammengesetzte) Werk kauft, auf den vollen Rechnungsbetrag (jedoch ohne Umsatzsteuer) die Künstlersozialabgabe abführen.

Anders kann es aussehen, wenn Sie die Rechnungen Ihrer freien Mitarbeiter nur an den Endkunden durchreichen ohne Provision aufzuschlagen, darauf fällt keine Künstlersozialabgabe an. Aber aufgepasst: Die Vertragskonstellationen bei der Zusammenarbeit mit Subunternehmern sind so vielgestaltig, dass sich hierfür keine allgemeingültige Aussage treffen lässt. Greifen Sie deshalb unbedingt zum Hörer bzw. zur E-Mail und erfragen bei der KSK eine auf Ihren persönlichen Fall zugeschnittene Rechtsauskunft.

Um als Selbstständiger Mitglied der KSK zu werden, müssen Sie als Aufnahmekriterium dauerhaft eine selbstständige künstlerische oder publizistische Tätigkeit in erwerbsmäßigem Umfang ausüben. Das müssen Sie der KSK mit Arbeitsproben oder als Neugründer mit einem Businessplan oder Ähnlichem nachweisen. Wenn Sie von der KSK akzeptiert werden, zahlen Sie entsprechend Ihrer Einkommenshöhe einen Beitrag an die KSK. Die Versicherungspflicht beginnt mit dem Tag der Meldung bei der KSK. Melden Sie sich also vorab per Postkarte an. Anschließend können Sie in Ruhe die umfangreichen Anmeldeformulare ausfüllen. Wenn die KSK nach Abschluss ihrer internen Überprüfung Ihre Versicherungspflicht bejaht, zahlt sie den KSK-Zuschuss zu Ihrer Sozialversicherung rückwirkend ab dem Tag des Postkarteneingangs. Haben Sie die Postkarte erst einige Monate nach Beginn Ihrer Selbstständigkeit an die KSK geschickt, sollten Sie beantragen, dass die KSK rückwirkend ab dem Zeitpunkt der Gründung den KSK-Zuschuss bezahlt.

Scheinselbstständigkeit

Wenn Sie nur auf dem Papier selbstständig, in Wirklichkeit aber von einem Arbeitgeber abhängig sind, sind Sie scheinselbstständig.

Aus der Praxis: Scheinselbstständigkeit in Direktvertrieb und Spedition

Häufig anzutreffen ist die Scheinselbstständigkeit etwa im Direktvertrieb von Lebensmitteln oder Tiefkühlkost an Haushalte. Zwar arbeiten die Verkaufsfahrer offiziell als selbstständige Handelsvertreter oder auch als Franchisenehmer. De facto sind sie aber vertraglich so stark an das Unternehmen gebunden, dass sie wie Angestellte abhängig sind. Das ist umso gravierender, wenn sie hohe finanzielle Sicherheiten für Lieferfahrzeug und Ware übernehmen müssen.

Verbreitet ist Scheinselbstständigkeit auch im Speditionsgewerbe. Als Mietfahrer eingestellte Fahrer ohne eigenes Fahrzeug haben dort in der Regel weder Festanstellung, Urlaubs- oder Krankengeldanspruch und müssen Sozialabgaben und Versicherungsbeiträge aus eigener Tasche bezahlen. Unter dem Stichwort »Lkw-Verkehr« können Sie einen WDR-Bericht vom 23. Juni 2008 über die »Tagelöhner«, nachlesen. (www.wdr.de/tv/markt/sendungsbeitraege/2008/0623/05_lkwverkehr.jsp).

Folgen der Scheinselbstständigkeit

Als Scheinselbstständiger sind Sie sozialversicherungspflichtig. Die Beiträge zur Renten-, Kranken-, Pflege- und Arbeitslosenversicherung müssen zur einen Hälfte von Ihnen und zur anderen Hälfte von Ihrem Auftraggeber gezahlt werden. Außerdem können Sie vor dem Arbeitsgericht auf Festanstellung klagen. Da Ihr Scheinarbeitgeber nicht erbaut sein wird, von Ihrer Sozialversicherungspflicht zu erfahren – zumal er unter Umständen viele Monate Sozialversicherungsbeiträge nachentrichten muss –, können Sie – im Zweifel auch gegen seinen Willen – ein Statusfeststellungsverfahren beim Deutschen Rentenversicherungsbund (www.deutsche-rentenversicherung.de) durchführen lassen. Dann bekommen Sie einen rechtssicheren Bescheid, ob Sie Ihre Tätigkeit für einen Auftraggeber im Einzelfall selbstständig oder als Scheinselbstständiger ausüben oder ausgeübt haben. Lag Scheinselbstständigkeit vor, wird der Arbeitgeber gezwungen, für den Auftragnehmer ab sofort Sozialversicherungsbeiträge zu zahlen und die Beiträge auch für die Vergangenheit nachzubezahlen. Wichtig: Der Arbeitgeber muss den Arbeitgeber- *und* den Arbeitnehmeranteil tragen und darf die Nachzahlung nicht seinem Arbeitnehmer aufbürden. In der Praxis führt ein Streit über die Sozialversicherungspflicht natürlich in der Regel dazu, dass der Auftraggeber die Beziehung mit dem scheinselbstständigen Mitarbeiter beendet, anstatt ihn sozialversicherungspflichtig einzustellen. Wenn Sie in der Situation sind, müssen Sie daher abwägen, ob es sich für Sie finanziell lohnt, Ihre Versicherungspflicht feststellen zu lassen und sich anschließend in das Unternehmen als Angestellter einzuklagen oder ob Sie beim Status quo bleiben. Kriterien für eine Klage können die Höhe der nachzuzahlenden Sozialversicherungsbeiträge sein und Ihre dadurch erreichte Absicherung fürs Alter. Ein guter Ansprechpartner in diesem Zusammenhang sind die Gewerkschaften (zum Beispiel www.verdi.de, www.dgb.de oder www.ig-metall.de).

Checkliste: Kriterien für Scheinselbstständigkeit

Wenn von den folgenden Kriterien mindestens zwei auf Sie oder einen freien Angestellten zutreffen, spricht dies für eine Scheinselbstständigkeit:

❏ Sie als freier Mitarbeiter oder Auftragnehmer beschäftigen selber (außer vielleicht einem Familienangehörigen) keine eigenen versicherungspflichtigen Arbeitnehmer.
❏ Sie als Auftragnehmer arbeiten regelmäßig und im Wesentlichen nur für einen Auftraggeber. Mitarbeiter zu beschäftigen oder für weitere Auftraggeber tätig zu werden, ist Ihnen von Arbeitgeberseite aus verboten.
❏ Ihre Beschäftigung als Auftragnehmer ist arbeitnehmertypisch: Sie unterliegen den Weisungen des Auftraggebers, sind in dessen Arbeitsorganisation eingegliedert oder bekommen enge Vorgaben zu Kundenterminen, Anwesenheitszeiten, Urlaubszeiten und Umsatzhöhe.

Mehr zur Scheinselbstständigkeit

❏ Clearingstelle der Deutschen Rentenversicherung in Berlin: www.deutsche-rentenversicherung-bund.de, Stichwort: Statusfeststellungsverfahren. Vorab können Sie sich auch eine Einschätzung über die kostenlose Hotline, 0800 / 10 00 480 70, geben lassen.
❏ Broschüren: »Selbstständige in der Rentenversicherung« 4,20 Euro oder »Selbstständig – wie die Rentenversicherung Sie schützt« (kostenlos), www.deutsche-rentenversicherung-bund.de.
❏ Bundesverband der Rentenberater (www.rentenberater.de).
❏ www.ratgeber-ungesicherte-jobs.dgb.de.

Gesetzliche und private Krankenversicherung

Versicherungspflicht für Selbstständige

Hauptberuflich Selbstständige waren bislang nicht krankenversicherungspflichtig. Sie konnten sich nur privat oder freiwillig gesetzlich oder gar nicht versichern lassen. Das hat sich seit der Gesundheitsreform vom 1. April 2007 geändert. Seit dem 1. Januar 2009 spätestens müssen alle Selbstständigen in einer privaten oder gesetzlichen Krankenkasse versichert sein. Freiwilligkeit gibt es für Selbstständige nur noch insofern, als ehemals gesetzlich Versicherte nun frei wählen können, ob sie weiterhin gesetzlich oder lieber privat versichert sein wollen. Um den Versicherungsschutz selbst aber kommen sie nicht herum. Damit sind beispielsweise Kleinstunternehmer, die aus der Krankenversicherung ausgeschieden waren, weil sie das Geld für die Beiträge sparen wollten, verpflichtet, sich wieder in der Krankenversicherung zu versichern.

Privat oder gesetzlich

Wenn Sie zuletzt in der gesetzlichen Krankenversicherung waren, können Sie sich bei derjenigen, in der Sie zuletzt versichert waren oder bei einer anderen gesetzlichen Krankenversicherung (GKV) melden. Selbstständige, die bis jetzt noch nie krankenversichert waren oder in der Vergangenheit schon einmal privat krankenversichert waren, sind seit dem 1. Januar 2009 verpflichtet, sich in einer privaten Krankenkasse (PKV) zu versichern. Hierfür bieten PKVs einen neuen Basistarif an. Dieser muss den Leistungskatalog der gesetzlichen Krankenversicherung abdecken und darf den Höchstsatz der gesetzlichen Krankenkassen nicht überschreiten. Selbstständige, die bereits privat krankenversichert sind, können noch bis zum 30. Juni 2009 in den Basistarif einer beliebigen privaten Krankenversicherung wechseln und damit gegenüber Ihrem bisherigen Versicherungstarif Geld sparen oder den Leistungsumfang Ihrer Versicherung erhöhen.

Hauptberuflich oder nebenberuflich

Damit die Krankenkasse Sie versichern kann, müssen Sie Ihre Selbstständigkeit mit Beginn Ihrer Gründung bei der Krankenversicherung melden – ganz gleich, ob Sie haupt- oder nebenberuflich ins Geschäft einsteigen. Ihre gesetzliche Krankenversicherung schätzt hernach selbst ein, ob Ihre selbstständige Tätigkeit als hauptberuflich einzustufen ist. Wenn Sie nur nebenberuflich selbstständig sind, richtet sich Ihre Versicherungspflicht nach Ihrem Hauptberuf oder Ihrer Eigenschaft als Rentner, Auszubildender, Familienangehöriger, Hausfrau, Arbeitsloser. Mehr dazu erfahren Sie in Teil I, 1. »Ausgangslage Ihrer Gründung« im Abschnitt, Gründen aus der Arbeitslosigkeit.

Höhe der Krankenversicherungsbeiträge

Seit dem 1. Januar 2009 müssen alle gesetzlich Versicherten den einheitlichen Beitragssatz bezahlen. Für Selbstständige ohne Anspruch auf Krankentagegeld beträgt er 14,9 Prozent. Den sogenannten Einheitsbeitragssatz von 15,5 Prozent gibt es für Freiberufler und Selbstständige nicht.

Gut zu wissen: Krankenversicherungskosten und Beitragsbemessungsgrenze

Grundlage für die Berechnung ist Ihr selbstständiges Einkommen. Als maximale Höhe Ihres Einkommens werden jedoch 3.675,00 Euro angenommen. Gewinn, der über diesen Beitrag, die sogenannte Beitragsbemessungsgrenze, hinausgeht, wird bei der Berechnung Ihres monatlichen Beitrags nicht mehr berücksichtigt. Das bedeutet, ein Unternehmer, der beispielsweise monatlich Einnahmen von 8000 Euro erzielt, muss den Krankenversicherungsbeitrag von 14,9 Prozent nur auf den Betrag von 3675,00 Euro bezahlen. Die Krankenversicherung belastet ihn im Vergleich zu seinem Einkommen also viel weniger als jemanden, der beispielsweise nur 1500 Euro monatlich einnimmt.

Rabatt für Existenzgründer

Liegen Ihre Einkünfte als Selbstständiger (zu denen auch Kapitaleinkünfte gehören) unter der Beitragsbemessungsgrenze und können Sie dies auch nachweisen, gelten diese geringeren Einkünfte als Bemessungsgrundlage für die Beitragszahlung. Die Krankenkassen haben allerdings auch eine Mindestbemessungsgrundlage festgelegt. Diese liegt für Selbstständige bei 1.863,75 Euro monatlich. Das ergibt immer noch einen monatlichen Krankenversicherungsbeitrag von rund 278 Euro, den Sie auch bezahlen müssen, wenn Sie weniger verdienen. Eine noch geringere Mindestbemessungsgrenze gibt es für Menschen, die den Gründungszuschuss oder Einstiegsgeld erhalten. Wenn Sie zu Beginn Ihrer Selbstständigkeit gegenüber der Krankenkasse Ihre voraussichtlichen Einnahmen einschätzen und die Einschätzung ergibt, dass Sie weniger als 1.242,50 Euro im Monat einnehmen, nimmt die Krankenkasse als Mindestbemessungsgrenze 1.242,50 Euro an. Auf dieser Basis betragen die monatlichen Krankenkassenbeiträge 185 Euro.

Kein Anspruch auf Leistungen bei Beitragsschulden

Selbstständige, die trotz Mahnung mit zwei oder mehr Versicherungsbeiträgen im Rückstand bleiben, werden zwar seit der Gesundheitsreform nicht mehr aus der Kasse ausgeschlossen, doch ihr Anspruch auf Leistungen ruht – sowohl bei den gesetzlich wie auch den privat versicherten Selbstständigen. Hier leistet die Krankenkasse nur noch im akuten Notfall. Kurz nach Inkrafttreten der Gesundheitsreform 2007 handhabten Kassen es so, dass bei Beitragsschulden von gesetzlich Versicherten auch die Leistungen für die bei ihnen beitragsfrei mitversichten Familienangehörigen ausgeschlossen waren. Seit Februar 2009 steht aber fest, dass nur die Leistungen für das Kassenmitglied selber, nicht aber für seine Familie ruhen.
Aktuelle Informationen zu den jeweiligen Kassenleistungen können Sie bei Krankenkasse erfragen oder dem unabhängigen Infoportal entnehmen: www.krankenkassen-direkt.de.
Anbei: Als Schuldner können Sie bei der Kasse beantragen, die ausstehenden Beiträge in Raten abzuzahlen.

Meldepflicht nicht erfüllt – Müssen Beiträge nachentrichtet werden?

Und was, wenn die Voraussetzungen für Ihre Versicherungspflicht schon länger bestanden haben, Sie es aber versäumt haben, sich bei der Krankenkasse anzumelden? Stellt die Krankenkasse dies fest, müssen Sie die Beiträge bis zu dem Zeitpunkt, an dem die Versicherungspflicht in der gesetzlichen Krankenkasse entstanden ist, nachbezahlen. Das kann happig werden, wenn Sie zu dem Personenkreis der zuvor oder ehemals gesetzlich Versicherten gehören, der schon seit Inkrafttreten des ersten Teil der Gesundheitsreform zum 1. April 2007 (der zweite Teil ist zum 1. Januar 2009 in Kraft getreten) verpflichtet ist, sich wieder zu versichern. Dann müssen Sie unter Umständen nämlich rückwirkend Beiträge bis zum 1. April 2007 nachentrichten. Gehören Sie zu dem Personenkreis, für den nur die private Krankenkasse offen steht, sind Sie erst seit dem 1.1.2009 verpflichtet, sich einer privaten Krankenkasse zu versichern. Haben Sie sich bisher nicht dort gemeldet, obwohl Sie sich dort hätten versichern müssen, müssen Sie Ihre Beiträge rückwirkend bis zum 1. Januar nachentrichten. Das ergibt auf Anhieb einen erklecklichen Schuldenbetrag. Die aktuelle Auskunft der Krankenversicherungen dazu lautet, dass in diesem Fall Ratenzahlung, also ein Abstottern der Schulden, angeboten werden könne. Es könnte allerdings sein, dass das letzte Wort zu dieser – unschönen Auswirkung der Gesundheitsreform – noch nicht gesprochen ist. Sind Sie davon betroffen, sollten Sie sich zunächst einmal bei der Krankenkasse informieren, was der aktuelle Stand der Regelung ist.

Krankengeld

Sind Angestellte krank, ist der Arbeitgeber im Rahmen der Entgeltfortzahlung verpflichtet, den Arbeitslohn bis zu sechs Wochen weiterzubezahlen (=Entgeltfortzahlung). Erst anschließend bezahlt die Krankenkasse Krankengeld.

Bei Selbstständigen hingegen fällt das Einkommen mit dem ersten Krankheitstag weg. Diesen Einkommensausfall gleicht das Krankengeld aus. Seit dem 1. Januar 2009 ist das Krankengeld für Selbstständige jedoch nicht mehr gesetzlich vorgeschriebene Regelleistung der gesetzlichen Krankenkassen, sondern eine Wahlleistung. Um diese zu bekommen, müssen Sie eine Zusatzversicherung abschließen. Damit können Sie sich auch für den Fall versichern, dass Sie wegen einer Erkrankung ihrer Kinder nicht arbeiten können (Kinderkrankengeld). Der Beitrag, den Sie für diese Krankengeldversicherung zahlen müssen, ist umso höher, je früher das Krankengeld gezahlt wird, also am höchsten, wenn ab dem ersten Krankheitstag geleistet wird. Möglicherweise kann es sinnvoll sein, auf die Krankengeldversicherung zu verzichten und stattdessen über den Abschluss einer freiwilligen → gesetzlichen Unfallversicherung nachzudenken, die für Arbeitsunfälle und Berufskrankheiten ab dem ersten Tag leistet. Mehr dazu im entsprechenden Kapitel.

Als privat Krankenversicherter können Sie keine gesetzliche, sondern nur eine private Krankengeldversicherung abschließen.

Patchwork-Arbeiter

Kompliziert wird es, wenn Sie gleichzeitig mehrere selbstständige und angestellte Tätigkeiten ausüben. Je nach Umfang der einen oder anderen Tätigkeit können Sie zum Beispiel als Angestellter pflichtversichert in der gesetzlichen Krankenkasse sein, vorausgesetzt, Sie verdienen mehr als 400 Euro (Minijob). Dann entsteht keine Versicherungspflicht als Selbstständiger. Wenn Ihre selbstständige Tätigkeit allerdings hauptberuflich ist, müssen Sie sich als Selbstständiger gesetzlich oder privat versichern.

Sind Sie nur in einem Minijob angestellt, sind Sie dort versicherungsfrei.

Nehmen Sie daneben eine selbstständige Tätigkeit auf, hängt die Versicherungspflicht davon ab, ob Sie neben- oder hauptberuflich selbstständig sind.

Waren Sie hingegen bisher beitragsfrei bei Ihrem Ehepartner mitversichert, fallen Sie aus der Familienversicherung heraus, sobald sie hauptberuflich selbstständig werden.

Um in keiner der möglichen Kombinationen von selbstständiger und angestellter Tätigkeit zuviel zu bezahlen und zu riskieren, dass Ihr anfangs geringer Gewinn aus Ihrer selbstständigen Tätigkeit durch die Sozialabgaben aufgefressen wird, müssen Sie sich im Einzelfall beraten lassen. Informieren Sie sich daher schon vor Beginn Ihrer Selbstständigkeit bei Ihrer Krankenversicherung oder über das Bürgertelefon des Bundesgesundheitsministeriums (01805/996602). Die meisten Krankenkassen haben auch Service-Hotlines. Ein Beispiel ist die Techniker Krankenkasse, Tel. 0800/285 85 85.

Mehr zum Thema

❏ Broschüre des Bundesgesundheitsministeriums »Mehr Schutz für Sie! Neues zur privaten Krankenversicherung«, www.bmg.bund.de.

Gesetzliche und private Pflegeversicherung

Aus der Mitgliedschaft in der gesetzlichen Krankenversicherung folgt die Pflicht, sich auch in der gesetzlichen oder privaten Pflegeversicherung zu versichern (§§ 20 ff. SGB XI). Wer privat krankenversichert ist, muss eine private Pflegeversicherung abschließen. Der Beitragssatz für Kinderlose beträgt 1,95 Prozent. Der Beitragssatz für Versicherte mit Kind beträgt 2,2 Prozent von den beitragspflichtigen Bruttoeinnahmen (mehr dazu im Abschnitt »Gesetzliche Rentenversicherung, Beitragshöhe«). Informationen zur Pflegeversicherung erhalten Sie bei Ihrer Krankenkasse.

Altersvorsorge

Gesetzliche Rentenversicherung

Auch die Versicherung in der gesetzlichen Rentenversicherung ist für die zahlreichen Selbstständigen obligatorisch. Im Gegensatz zu angestellten Arbeitnehmern müssen die betroffenen Selbstständigen ihre Rentenversicherungsbeiträge jedoch in voller Höhe selber bezahlen, da bei ihnen kein Arbeitgeber die Hälfte des Beitrags übernimmt. Eine Ausnahme bildet die Künstlersozialkasse, die 50 Prozent der Beiträge bezahlt, aber nur Künstler und Publizisten versichert. Nähere Infos finden Sie zu Beginn dieses Kapitels »Versicherung« im Abschnitt

»Sozialversicherung«. Eine Erleichterung gibt es für Berufseinsteiger. Sie haben die Möglichkeit, in den ersten drei Jahren ihren Versicherungsbeitrag zu halbieren.

Pflichtversicherte Selbstständige

Zu den pflichtversicherten Selbstständigen gehören nach § 2 Nr. 1-10 SGB VI:

❑ Handwerker: Versicherungspflichtig sind Handwerker, die mit einem zulassungspflichtigen Handwerk in der Handwerksrolle eingetragen sind und das Handwerk ausüben. Die Versicherungspflicht bleibt bestehen, wenn sie Mitarbeiter einstellen.
❑ Kleinsthandwerksbetriebe, deren monatliches Einkommen 400 Euro nicht übersteigt, sind versicherungsfrei.
❑ Hebammen: Hebammen sind versicherungspflichtig und es ändert nichts an ihrer Versicherungspflicht, wenn sie Mitarbeiter beschäftigen.
❑ Hausgewerbetreibende und Heimarbeiter, die in eigener Arbeitsstätte im Auftrag und für Rechnung von Gewerbetreibenden arbeiten, sind rentenversicherungspflichtig.
❑ Freiberufliche Erzieher und Lehrer: Selbstständige Lehrer, die an Schulen, Universitäten oder anderen Bildungseinrichtungen unterrichten, ebenso wie selbstständige Nachhilfe- oder Sportlehrer sind rentenversicherungspflichtig. Ihre Rentenversicherungspflicht endet allerdings, wenn sie einen oder mehr sozialversicherungspflichtige Mitarbeiter (über 400 Euro) beschäftigen.
❑ Arbeitnehmerähnliche Selbstständige: Wer im Wesentlichen und dauerhaft nur für einen einzigen Auftraggeber arbeitet und keine Angestellten hat, aber trotzdem von der Organisation seiner Arbeit her selbstständig ist, ist rentenversicherungspflichtig. Existenzgründer, auf die das zutrifft, können sich allerdings für maximal drei Jahre befreien lassen. Beispielsweise wäre ein selbstständiger Handelsvertreter, der als Einzelkaufmann nur für einen Lebensmittelhersteller arbeitet, ein arbeitnehmerähnlicher Selbstständiger.

Gut zu wissen: Rechtsform ändert nichts an arbeitnehmerähnlicher Selbstständigkeit

Die Rechtsform kann an der arbeitnehmerähnlichen Selbstständigkeit nichts ändern. Selbst wer eine GmbH aufmacht, bleibt als Geschäftsführer rentenversicherungspflichtig, wenn die GmbH keine Arbeitnehmer über 400 Euro beschäftigt und im Wesentlichen und dauerhaft nur für einen Auftraggeber arbeitet.

❏ Künstler und Publizisten: Als Künstler oder Publizist sind Sie automatisch über die KSK rentenversichert (siehe oben im Abschnitt »Sozialversicherung, Künstlersozialversicherung«). Das gilt auch, wenn Sie für nur einen Auftraggeber arbeiten und als Nicht-Künstler als arbeitnehmerähnlicher Selbstständiger pflichtversichert wären.

❏ Pflegerische Berufe: Von den Gesundheitsberufen sind etwa selbstständige Kranken-, Wochen-, Säuglings- oder Kinderpfleger rentenversicherungspflichtig, selbstständige Altenpfleger, frei praktizierende Ärzte, Heilpraktiker, Logopäden oder Psychotherapeuten hingegen nicht. Informieren Sie sich bei der Servicenummer der Rentenversicherung (www.deutsche-rentenversicherung.de, (Tel. 0800/10004800), was für Ihre Sparte in den Pflegeberufen gilt.

❏ Scheinselbstständige: Wie oben erläutert, sind Scheinselbstständige im Prinzip über ihren Arbeitgeber rentenversicherungspflichtig (§ 7 SGB IV).

Beitragshöhe

Der Beitragssatz für die Rentenversicherung beträgt 19,9 Prozent der beitragspflichtigen Bruttoeinnahmen. Beitragspflichtige Einnahmen sind (gemäß §§ 162, 165 SGB VI) bei selbstständig Tätigen ein Arbeitseinkommen in Höhe der Bezugsgröße, bei Nachweis eines niedrigeren oder höheren Arbeitseinkommens jedoch dieses Arbeitseinkommen. 2009 beträgt die Bezugsgröße 2.520 Euro pro Monat (West) und 2.135 Euro pro Monat (Ost). »Arbeitseinkommen« ist der für die Einkommensbesteuerung ermittelte Gewinn aus selbstständiger Tätigkeit (§ 15 Abs. 1 SGB IV).

Aus der Praxis: Rentenversicherungsbeitrag Unternehmensberater

Ein selbstständiger Unternehmensberater aus Dortmund, den die Rentenversicherung bei einer Betriebsprüfung als arbeitnehmerähnlichen Selbstständigen eingestuft hat, muss monatlich 19,9 Prozent der Bezugsgröße (2.520 Euro), also 501,48 Euro Rentenbeitrag bezahlen. Wenn er der Rentenversicherung nachweist, dass sein tatsächlicher Gewinn, also sein Umsatz minus Kosten, nur bei 1.800 Euro liegt, muss er nur auf diesen Gewinn Rentenbeitrag zahlen, also monatlich 398 Euro.

Bezugsgröße

Der Begriff der Bezugsgröße begegnet Ihnen in der Sozialversicherung öfter. An ihr orientieren sich diverse Werte und Beiträge in der Sozialversicherung, beispielsweise die Mindestbeitragsbemessungsgrundlage für freiwillige Mitglieder in der gesetzlichen Krankenversicherung und die Beitragsberechnung von versicherungspflichtigen Selbstständigen in der gesetzlichen Rentenversicherung. Sie wird abgeleitet vom jährlichen Bruttodurchschnittsgehalt aller Bundesbürger und vom Bundeskabinett jährlich neu festgelegt.

Gut zu wissen: Nachforderung von Rentenbeiträgen

Vorsicht: Wenn ein Betriebsprüfer der Rentenversicherung bei Ihnen feststellt, dass Sie ein arbeitnehmerähnlicher Selbstständiger sind, kann die Rentenversicherung rückwirkend bis zu fünf Jahre Ihre Beiträge nachfordern. Dagegen können Sie sich auch nicht wehren, indem Sie sich von der Rentenversicherungspflicht befreien lassen. Derlei ist rückwirkend nicht möglich.

Auf Antrag pflichtversichert

Sind Sie schon fünf Jahre selbstständig und waren nicht in der Rentenversicherung und gehören auch nicht zum vorher beschriebenen Personenkreis der pflichtversicherten Selbstständigen (Lehrer, Hebammen usw.), können Sie auf eigenen Wunsch beantragen, in die

Versicherungspflicht aufgenommen zu werden. Dann werden Sie fortan behandelt wie ein Versicherungspflichtiger und zahlen Beiträge und haben im Alter einen gesetzlichen Rentenanspruch.

Freiwillig versichert

Wahlweise können Sie sich als Selbstständiger auch freiwillig in der gesetzlichen Rentenversicherung versichern. Der Unterschied zur Pflichtversicherung auf Antrag: Im Gegensatz zu den pflichtversicherten Selbstständigen können Sie die Höhe Ihrer Beiträge selber auswählen. Als Mindestbemessungsgrundlage für Ihren Beitrag gelten monatlich 400 Euro. Was für Sie persönlich sinnvoll ist, sollten Sie individuell mit der Rentenversicherung klären.

Mehr zum Thema

Die Vorschriften zu Ihrer Rentenversicherung, egal, ob Arzt, Taxifahrer oder Tagesmutter, scheinselbstständig oder früh verrentet, finden Sie in der schon erwähnten Broschüre: »Selbstständige in der Rentenversicherung« (4,20 Euro) oder »Selbstständig – wie die Rentenversicherung Sie schützt« www.deutsche-rentenversicherung-bund.de.
Wenn Sie im Clinch mit der Rentenversicherung liegen und darüber nachdenken, Ihr Recht möglicherweise vor dem Sozialgericht einzuklagen, finden Sie Ansprechpartner beim Bundesverband der Rentenberater (www.rentenberater.de).

Versorgungswerke der freien Berufe

Ein Sondersystem der Pflichtversorgung für Alter, Invalidität und Todesfall gibt es für bestimmte freie Berufe: nämlich die über 80 berufsständischen Versorgungswerke der sogenannten kammerfähigen freien Berufe. Die Mitgliedschaft im Versorgungswerk befreit Sie von der Pflichtversicherung in der gesetzlichen Rentenversicherung. Zudem erwerben Sie durch Ihre Beiträge im Vergleich zur gesetzlichen Rente meist höhere Leistungsansprüche im Alter, bei Berufsunfähigkeit und im Todesfall. So können beispielsweise Steuerberater durch die regelmäßige Einzahlung ins Versorgungswerk der Steuerberater Versorgungsansprüche erwerben, die doppelt so hoch wie die gesetzliche Höchstrente von etwa 1800 Euro sind. Im Gegensatz zur Rentenversicherung (Umlageverfahren) basiert die Versorgung auf den eingezahlten Beiträgen (kapitalgedecktes Verfahren).

Dies betrifft Ärzte, Apotheker, Architekten, Notare, Rechtsanwälte, Steuerberater, Tierärzte, Wirtschaftsprüfer und vereidigte Buchprüfer und Zahnärzte. Wenn Sie dazu gehören, werden Sie mit Aufnahme in Ihre jeweilige Kammer automatisch Pflichtmitglied in einem der Versorgungswerke. Es sei denn, Sie sind dann bereits berufsunfähig oder über 45. Ob selbstständig oder unselbstständig, spielt für das Versorgungswerk übrigens keine Rolle.

Informieren Sie sich bei Ihrem Versorgungswerk über die Höhe Ihrer Beiträge und Leistungen, über die Möglichkeiten aus dem Versorgungswerk auszuscheiden (beispielsweise wegen der Pflichtversicherung als Handwerker) oder wie Sie sich trotz Erlöschen der Kammermitgliedschaft weiter versichern oder beitragsfrei stellen lassen können.

Einen Sonderfall stellen die selbstständigen Ingenieure dar; sie werden mit Eintritt in die Ingenieurkammer zwar zunächst Pflichtmitglied im Versorgungswerk, sind aber nicht automatisch von der gesetzlichen Rentenversicherung befreit. Das gleiche gilt für die Psychotherapeuten (www.psychotherapeutenkammer.de).

Weitere Informationen erhalten Sie bei Ihrem Versorgungswerk und bei der Arbeitsgemeinschaft berufsständischer Versorgungseinrichtungen www.abv.de, Marienburger Str.2, 50968 Köln, 0221/3 76 10 71, info@abv.de.

Versorgungswerke zweiter Klasse

Die Idee von der attraktiven Vorsorge durch Versorgungswerke haben auch andere Berufsgruppen aufgegriffen. Es gibt das Presseversorgungswerk, die Versorgungsanstalt der deutschen Kulturorchester, die Versorgungsanstalt der deutschen Bühnen, Versorgungswerk des Ein-

zelhandels, des Handwerks und andere. Allerdings hat der Gesetzgeber dem damit verbundenen und wie eben dargestellt unter Umständen lukrativen Ausstieg aus der Rentenversicherung einen Riegel
vorgeschoben.

Gut zu wissen: Nicht alle Versorgungswerke sind gleich attraktiv

Gemäß § 6 SGB VI befreien Versorgungswerke, die erst ab dem 1.
Januar 1995 eine Pflichtmitgliedschaft eingerichtet haben, nicht
mehr automatisch von der gesetzlichen Rentenversicherungspflicht.
Diese Vorschrift trifft beispielsweise das oben erwähnte Psychothe-
rapeutenversorgungswerk, das erst 2002 eingerichtet wurde. Die
Konsequenz: Wer rentenversicherungspflichtig ist und trotzdem in
eines dieser Versorgungswerke Beiträge zur Altersversorgung, Berufsunfähigkeit und Hinterbliebenenvorsorge einzahlt, zahlt doppelt: einmal in die gesetzliche Rentenversicherung und einmal in die
private Altersvorsorge. Ob sich das für Sie persönlich lohnt, müssen
Sie von einem Vermögensberater individuell ausrechnen lassen.

Private Altersvorsorge

Die Leistungen der oben beschriebenen Versorgungswerke, die ihre
Mitglieder nicht von der Rentenversicherung befreien, gehören meis-
tens zur freiwilligen privaten Altersvorsorge. Dabei arbeiten die
Versorgungswerke jeweils mit Versicherungsunternehmen und Ban-
ken zusammen. Es sprengt den Rahmen dieses Buches, hier Tipps zu
geben. Informieren Sie sich in jedem Fall, ob und welche Form der
Altersvorsorge durch ein Versorgungswerk in Ihrem individuellen
Fall sinnvoll ist. Das ist umso wichtiger, als die Versorgungswerke ja
nicht nur Produkte für Altersrenten anbieten, sondern daneben auch
Ihre Erwerbs- oder Berufsunfähigkeit und Ihren Todesfall in unter-
schiedlichem Umfang absichern.
Staatlich gefördert wird die private Altersvorsorge durch die Riester-
rente. Dies stellt einen Zuschuss zur privaten Altersvorsorge dar –
entweder in Form einer Überweisung oder in Form einer Steuerermä-
ßigung.

Eine weitere steuerliche Begünstigung der privaten Altersvorsorge bildet die sogenannte Rürup-Rente. Dahinter verbirgt sich das Recht, Ausgaben für die private Altersvorsorge als steuerliche Sonderausgaben geltend zu machen.

Mehr zur privaten Altersvorsorge

❏ »Finanztest«, Zeitschrift der Stiftung Warentest
❏ »Finanztipps für freche Frauen« von Sabine Theodora Ruh, Redline-Verlag 2006
❏ Bundesverband unabhängiger Wirtschafts- und Vermögensberater e.V (www.buwv.de)

9. Noch mehr Versicherungen

Gesetzliche Arbeitslosenversicherung

Die Arbeitslosenversicherung ist eigentlich zur Absicherung angestellter Arbeitnehmer im Falle der Arbeitslosigkeit gedacht. Zwar werden Unternehmer in dem Sinne nicht arbeitslos, da sie sich ja selber Arbeit beschaffen – trotzdem können auch sie sich seit 2006 freiwillig in der Arbeitslosenversicherung weiterversichern. Diese zahlt, wenn die Gründung scheitert oder der Unternehmer in der Gründungsphase krank wird. Der Monatsbeitrag für Selbstständige betrug 2008 20,50 Euro beziehungsweise 17,33 in Sachsen, Sachsen-Anhalt, Brandenburg, Mecklenburg-Vorpommern und Thüringen. Sie müssen den Versicherungsantrag allerdings innerhalb eines Monats nach Beginn Ihrer selbstständigen Tätigkeit gestellt haben.

Gut zu wissen: Voraussetzungen für die Arbeitslosenversicherung

Der Antragsteller muss eine bestimmte Zeit lang Arbeitsersatzleistungen von der Arbeitsagentur bezogen haben oder sozialversicherungspflichtig angestellt gewesen sein.

Erkundigen Sie sich bei Ihrer örtlichen Arbeitsagentur, ob Sie die Voraussetzungen erfüllen (www.arbeitsagentur.de, Suchwortkombination: »Freiwillige Weiterversicherung in der Arbeitslosenversicherung«).

Gesetzliche Unfallversicherung

Die gesetzliche Unfallversicherung ist in erster Linie eine Haftpflichtversicherung der Arbeitgeber für seine Arbeitnehmer. Erleiden diese einen Arbeitsunfall oder bekommen eine Berufskrankheit, ersetzt die gesetzliche Unfallversicherung die finanziellen Schäden und bezahlt die medizinische, berufliche und soziale Rehabilitation des Verletzten und entschädigt die Hinterbliebenen. In zweiter Linie ist die gesetzliche Unfallversicherung als freiwillige Versicherung für alle nicht versicherungspflichtigen Unternehmer interessant, egal ob gewerblich oder freiberuflich.

Gut zu wissen: Pflichtmitglied in der gesetzlichen Unfallversicherung

❏ Sobald Sie einen oder mehr Mitarbeiter beschäftigen, müssen Sie diesen in der Berufsgenossenschaft versichern.

❏ Bestimmte Selbstständige sind allerdings auch selber in der Unfallversicherung pflichtversichert. Dazu gehören Fleischer, Friseure, Raumausstatter und Bäcker.

❏ Unternehmer, gewerblich Selbstständige oder Freiberufler können sich freiwillig versichern lassen.

Träger der Unfallversicherung sind die gewerblichen Berufsgenossenschaften, die landwirtschaftliche Berufsgenossenschaft und die öffentlichen Unfallkassen, die im Verband Deutsche Gesetzliche Unfallversicherung zusammengeschlossen sind (www.dguv.de).

Wie erfährt die Versicherung von Ihnen?

Nach Ihrer Gewerbeanmeldung benachrichtigt die Gewerbebehörde automatisch die zuständige Berufsgenossenschaft und die meisten Berufsgenossenschaften kommen in der Folge auf die Unternehmer zu. Wenn Sie sich als Freiberufler beim Finanzamt angemeldet haben, erfährt die Berufsgenossenschaft nichts von Ihrer Selbstständigkeit, das Finanzamt leitet die Informationen nämlich nicht weiter. Unabhängig davon sind jedoch alle Unternehmer, egal ob freiberuflich oder gewerblich und egal ob Mitarbeiter oder Einzelkämpfer verpflichtet, sich innerhalb von einer Woche nach Beginn Ihrer selbstständigen Tätigkeit bei der Berufsgenossenschaft zu melden. Dies schreibt § 192 SGB VII vor. Allerdings ist diese Vorschrift insgesamt nicht sehr bekannt und sie zieht auch in der Regel zunächst keinerlei Sanktionen nach sich – wie etwa bei der unterlassenen Gewerbeanmeldung, für die die Behörde ein Bußgeld festsetzen kann. Sie verschenken jedoch unter Umständen Vorteile und lassen sich Beratungsinformationen entgehen, die für Ihr Unternehmen wichtig sind. Die für Sie zuständige Berufsgenossenschaft können Sie leicht bei einer beliebigen Berufsgenossenschaft erfragen oder sich an die BG-Infoline (01805/188088) wenden oder über den Spitzenverband der Deutschen gesetzlichen Unfallversicherung. Bis 2007 vertrat der Hauptverband der gewerblichen Berufsgenossenschaften e. V. (HVBG) die Berufsgenossenschaften. Seit dem 1. Juli 2007 haben sich HVBG und Bundesverband der Unfallkassen zum neuen Spitzenverband der deutschen Unfallversicherungsträger (DGUV) zusammengeschlossen (www.dguv.de).

Beitragshöhe

Die Beiträge für die Berufsgenossenschaft trägt der Arbeitgeber; ihre Höhe richtet sich nach dem Bruttolohn, dem Grad des branchenspezifischen Unfallrisikos (=Gefahrenklasse) und dem Beitragsschlüssel. Ein Bautaucher, der rund um Öltürme im Meer herumschwimmt, hat logischerweise eine viel höhere Gefahrenklasse als eine Bürokraft auf Minijob-Basis, deren Jahresbeitrag bei circa 50 Euro liegt.

Leistungen der gesetzlichen Unfallversicherung

Wenn Sie nicht zu den Pflichtversicherten gehören, können Sie sich auf Wunsch freiwillig versichern. Das Leistungspaket ist das gleiche wie für Pflichtversicherte: Sie erhalten Leistungen bei Berufskrankheiten und Arbeitsunfällen, die vom Umfang her teilweise über die Leistungen der gesetzlichen Krankenkassen hinausgehen (Krankengeld ab dem ersten Krankheitstag, Erstattung ohne Selbstbehalt, Unfallrente, Bezahlung von beruflicher Umorientierung und anderes). Eine typische Berufskrankheit, die beispielsweise freiberufliche Pflegekräfte treffen kann, sind Bandscheibenvorfälle nach dem unsachgemäßen Lagern und Behandeln von pflegedürftigen alten Leuten. Einen sogenannten Berufskrankheitenkatalog und weitere Informationen finden Sie unter www.dguv.de.

Haftpflichtversicherungen

Wenn Sie einen Dritten geschädigt haben – gesundheitlich oder finanziell – und ihm den Schaden ersetzen müssen, kann es teuer für Sie werden. Damit derlei Sie nicht in den finanziellen Ruin stürzt, können Sie den Haftungsfall versichern. Ist der Schaden nicht grob fahrlässig verursacht, von Ihrer Haftpflicht abgedeckt und übersteigt nicht die Haftungssumme, zahlt die Haftpflichtversicherung an Ihrer statt.

Betriebs- oder Berufshaftpflicht

Eine Betriebshaftpflichtversicherung deckt typische betriebliche Risiken ab. Unter anderem Schäden, die durch Ihre betriebliche (gewerbliche oder freiberufliche) Tätigkeit an Sachen, Personen oder Vermögen entstehen. Die nachfolgend aufgezählten Gewerbetreibenden sind verpflichtet, eine Betriebshaftpflicht abzuschließen: Versicherungsvermittler, Wachdienste, Schausteller, Pfandleiher, Makler, Bauträger oder Baubetreuer.

Nicht von Betriebs-, sondern von Berufshaftpflicht spricht der Gesetzgeber bei den freien Berufen. Zum Abschluss einer Berufshaftpflichtversicherung gesetzlich verpflichtet sind unter anderem Rechtsanwälte, Steuerberater, Wirtschaftsprüfer sowie Architekten und Ärzte.

Produkthaftpflichtversicherung

Wenn Sie als Hersteller, Zulieferer oder Händler fehlerhafte Waren in den Verkehr bringen, haften Sie für dadurch verursachte Schäden bei Ihren Abnehmern oder Käufern. Dies können Sie in Teil III, 3. »Rund um den Vertrag« im Abschnitt »Produkthaftung« nachlesen. Angenommen, Sie eröffnen temporär einen Karnevalsshop, um während der Karnevalssaison Kostüme und Accessoires zu verkaufen. Die Clownsmasken aus China sind mit bleihaltiger Farbe bemalt, mehrere Kunden kommen mit heftigen Allergieattacken ins Krankenhaus. Den Schaden müssen Sie tragen. Und die Produkthaftpflichtversicherung sichert derartige Schäden ab.

Sonstige betriebliche Versicherungen

Zu weiteren Versicherungen, zu denen Sie rechtlich nicht verpflichtet sind, die je nach unternehmensspezifischem Risiko jedoch sinnvoll sein können, gehören: Betriebsunterbrechungsversicherungen oder Betriebsausfallversicherung, Einbruchdiebstahlversicherung (wichtig für Pfandleiher), Elektronikversicherung (für alle IT-gestützten Tätigkeiten), Elementarversicherungen gegen Feuer, Sturm, Wasser, u.ä. Ferner die Rechtsschutzversicherung, die häufig allerdings schon durch eine Mitgliedschaft im Berufsverband, in der Gewerkschaft oder Kammer abgedeckt ist. Die Bauleistungsversicherung ist etwa für Handwerker sehr wichtig. Sie haften nämlich bis zur Abnahmung des Auftrags für die Erfüllung des Auftrags. Das umfasst auch das Material. Stehlen beispielsweise Diebe Material von der Baustelle – Dachziegel, Dämmmaterial oder schon eingebaute Heizungen – muss der Handwerker die Sachen auf eigene Rechnung neu kaufen und montieren. Eine Bauleistungsversicherung kann solch einen Schaden absichern.

Mehr zum Thema

❏ »Vom Start weg richtig versichert« von Simone Janson, Redline Wirtschaft 2007
❏ BVVB Bundesverband der Versicherungsberater e.V., Bonn, Tel. 0228/387 29 29, www.bvvb.de

10. Vom Einzelkämpfer zum Chef

Freie Mitarbeiter

Freie Mitarbeiter können Ihnen viel Arbeit abnehmen: die Korrektur eines Geschäftsberichts, den Sie verfasst haben, das Sortieren Ihrer Ablage, das Austragen Ihrer Werbebriefe oder das Bauen Ihrer Website etwa. Je nach Gegenstand der Arbeit schließen Sie mit Ihrem freien Mitarbeiter → Werkverträge oder → Dienstverträge.

Erledigt dieser seine Arbeit schlecht, müssen Sie die vertraglichen Mängelansprüche (→ mehr dazu in Teil III, 3. »Rund um den Vertrag«) geltend machen und notfalls mit anwaltlicher Hilfe durchsetzen. Arbeitsrechtlich ergeben sich dadurch für Sie keine Konsequenzen, denn die betreffende Person ist ja nicht bei Ihnen angestellt.

Aufpassen müssen Sie allerdings, dass keiner Ihrer Mitarbeiter versteckt scheinselbstständig ist. Arbeitet er nur für Ihr Unternehmen und ist in seiner Arbeit von Ihren Weisungen abhängig, kann er scheinselbstständig sein. Fällt das einem Betriebsprüfer der Rentenversicherung oder der Krankenversicherung auf, müssen Sie eventuell bis zu fünf Jahren Sozialversicherungsbeiträge nachbezahlen. Mehr dazu in Teil III, 8 im Abschnitt »Sozialversicherung«. Ein weiteres Problem ergibt sich bei Freiberuflern, die Aufträge an freie Mitarbeiter weiter geben und dafür Provision verlangen. Wenn Sie nämlich regelmäßig für die Weitergabe eines Auftrags an einen freien Mitarbeiter eine Provision kassieren, kann das Finanzamt diese Vermittlung unter Umständen als gewerbliche Tätigkeit (Agenturtätigkeit) klassifizieren, für die Gewerbesteuer fällig wird und die möglicherweise die gesamte

Freiberuflichkeit in Frage stellt. Mehr dazu in Teil II, 1. »Der Weg in den freien Beruf«.

Angestellte auf Minijob-Basis

Hat sich eine gewisse Regelmäßigkeit in Ihrer Geschäftstätigkeit eingestellt und ein normaler Angestellter wäre dennoch bislang eine zu große Belastung für Ihr junges Unternehmen, können Sie zunächst mit einem oder mehreren geringfügig Beschäftigten arbeiten. Diese stellen Sie unbefristet oder befristet ein – ganz so wie einen normalen sozialversicherungspflichtigen Arbeitnehmer –, dürfen ihnen monatlich jedoch nicht mehr als 400 Euro zahlen.

Informieren Sie sich bei Ihrem Beschäftigten, ob er mehrere Minijobs gleichzeitig ausübt. Er darf nämlich mit all seinen Verdiensten insgesamt nicht mehr als 400 Euro verdienen. Tut er es doch, werden alle Minijobs versicherungspflichtig. Übt er etwa eine versicherte Hauptbeschäftigung aus, darf er nebenbei – also zum Beispiel bei Ihnen – genau einen einzigen Minijob bis maximal 400 Euro monatlich haben, ohne dass dieser versicherungspflichtig wird. Hat er daneben weitere Minijobs, werden diese mit der versicherungspflichtigen Hauptbeschäftigung zusammenaddiert, sodass diese weiteren Minijobs normal versicherungspflichtig sind.

Ihr Minijobber bezahlt für seinen Lohn keine Sozialversicherungsbeiträge, erhält seinen Lohn also brutto wie netto. Sie als Arbeitgeber bezahlen pauschale Beiträge zur Kranken- und Rentenversicherung (13 Prozent und 15 Prozent) sowie Umlagebeiträge zum Ausgleich von Arbeitgeberaufwendungen für Insolvenz, Mutterschaft und Krankheit sowie eine Pauschale zur Lohnsteuer.

Aus dem für ihn bezahlten pauschalen Rentenversicherungsbeitrag erwirbt Ihr Arbeitnehmer keine vollwertigen, sondern nur verringerte Rentenansprüche, da er versicherungsfrei in der Rentenversicherung ist. Er kann aber – und darauf müssen Sie ihn hinweisen – auf die Versicherungsfreiheit in der Rentenversicherung verzichten, was nichts anderes heißt, als dass auf sein Minijobeinkommen der volle (und nicht nur der pauschalierte) Rentenversicherungsbeitrag bezahlt wird und er dadurch etwas höhere Rentenansprüche erwirbt. Das setzt voraus, dass auf seinen Lohn der vollständige Rentenversicherungsbeitrag von 19,9 Prozent bezahlt wird. Erklärt er, dass er dies möchte, müssen Sie für ihn statt 15 Prozent die vollen 19,9 Prozent Beitrag auf seinen Minijoblohn an die Minijobzentrale abführen. Den Aufstockungsbetrag von 4,9 Prozent ziehen Sie ihm wiederum vom Lohn ab.

Gut zu wissen: Rentenkasse für Minijobber

Laut Minijobzentrale baut Ihr Arbeitnehmer damit zwar »vollwertige« Rentenansprüche auf, angesichts der niedrigen Beträge, um die es bei einem 400-Euro-Job geht, erhöht das seine Rente jedoch nur marginal.

Um einen Minijobber einzustellen, müssen Sie bei der Minijobzentrale eine Betriebsnummer beantragen (www.minijob-Zentrale.de). Bei Haushaltshilfen bekommen Sie die Betriebsnummer von der Minijobzentrale. Nun sendet man Ihnen einen Personalfragebogen zu, aus dem hervorgeht, ob Ihr Arbeitnehmer versicherungsfrei geringfügig beschäftigt ist oder ob eine versicherungspflichtige Beschäftigung vorliegt. Der Personalfragebogen (bei Haushaltshilfen »Haushaltscheck« genannt) dient Ihnen anbei als Nachweis bei etwaigen Betriebsprüfungen. Fehlt nur noch die Anmeldung Ihres Minijobbers bei der Minijobzentrale – und fortan können Sie auch die Sozialversicherungsbeiträge selbst abführen. Bei einem sozialversicherungspflichtigen Job ist die Krankenversicherung Ihres Arbeitnehmers die Einzugsstelle für alle Sozialversicherungsbeiträge (Renten-, Kranken-, Pflege- und Arbeitslosengeldversicherung).

Die Beiträge an die Minijobzentrale müssen Sie regelmäßig elektronisch anmelden und bezahlen oder per Einzugsermächtigung abbuchen lassen. Genau wie für die Beitragsübermittlung bei sozialversicherungspflichtigen Arbeitgebern stellen Ihnen die Krankenkassen hierfür eine kostenlose Software »sv.net« zur Verfügung (www.itsg.de/svnet_home.ITSG).

Eine Übersicht über die Höhe und Fälligkeit der pauschalen Abgaben für Ihren Minijobber finden Sie auf der Seite der Minijobzentrale.

Außerdem einen Beitragsrechner: http://www.minijob-zentrale.de/nn_54640/DE/Service/DownloadCenter/DownloadCenter.html. Verdient Ihr Angestellter mehr als 400 Euro aber weniger als 800 Euro, liegt er in der sogenannten Gleitzone, in der Sie verringerte Sozialbeiträge zahlen.

Angestellte

Stellen Sie einen Mitarbeiter in Vollzeit oder Teilzeit mit einem Gehalt von über 800 Euro ein, kommen eine ganze Reihe von Pflichten auf Sie als Arbeitgeber zu. Hier kann externe Unterstützung durchaus sinnvoll sein – etwa durch das Auslagern aufwändiger Bereiche der Lohnbuchhaltung an ein externes Lohn- oder Steuerberatungsbüro, das Sie auch bei Ihrer normalen Buchhaltung unterstützt. Mehr Tipps rund um die Einstellung Ihres ersten Arbeitnehmers finden Sie auch in dem unten empfohlenen Ratgeber »Der erste Mitarbeiter« von Thomas Mares und Daniela Pucher.

Für Ihre finanzielle Planung wichtig: Der Einstellungszuschuss für die Einstellung eines Arbeitslosen bei Neugründungen ist seit dem 1.1.2009 entfallen.

Freiberuflerstatus nicht riskieren

Als Freiberufler, der in der KSK versichert ist, dürfen Sie höchstens einen sozialversicherungspflichtigen Arbeitnehmer einstellen. Mit dem zweiten Festangestellten büßen Sie Ihren KSK-Status ein – es sei denn, dieser weitere Mitarbeiter ist Auszubildender oder verdient bei Ihnen nicht mehr als 400 Euro im Monat.

Ausländische Mitarbeiter

Je nach Herkunftsland Ihres Mitarbeiters benötigt dieser unter Umständen eine Arbeitserlaubnis. Bei Arbeitskräften aus langjährigen EU-Mitgliedstaaten ist dies nicht der Fall, für die Länder Bulgarien, Estland, Lettland, Litauen, Polen, Rumänien, Slowakei, Slowenien, Tschechien und Ungarn ist eine Arbeitserlaubnis von der Arbeitsagentur nötig. Kommt der Arbeitnehmer aus Nicht-EU-Staaten, benötigen Sie irgendeine Art von Aufenthaltstitel nach dem Aufenthaltsgesetz, der den Arbeitnehmer berechtigt, hier zu wohnen und zu arbeiten. Informationen über die Voraussetzungen eines Antrags auf einen Aufenthaltstitels gibt es bei der Arbeitsagentur (www.arbeitsagentur.de, Zentrale Auslands- und Fachvermittlung, Stichwort Gastarbeitnehmer, Hotline: 0228/713-1326), bei Ihrer Industrie- und Handelskammer und bei der Ausländerbehörde Ihrer Stadt oder Ihres Kreises.

Betriebsnummer

Wenn Sie einen Mitarbeiter einstellen, braucht Ihr Betrieb eine achtstellige Betriebsnummer von der Arbeitsagentur, unter der er fortan bei den Trägern der Sozialversicherung geführt wird. Diese können Sie beim Betriebsnummern-Service der Bundesagentur für Arbeit beantragen (Eschberger Weg 68, 66121 Saarbrücken, Tel.: 01801/664466 oder betriebsnummernservice@arbeitsagentur.de).

Sozialversicherung

Jeden Mitarbeiter müssen Sie gemäß der Datenerfassungs- und Übermittlungsverordnung (DEÜV) bei der Sozialversicherung melden und diese Meldung elektronisch an die Krankenkasse Ihres Mitarbeiters übermitteln. Diese ist die Einzugsstelle für alle Sozialversicherungsbeiträge.

Der Inhalt der »Meldung zur Sozialversicherung« an die Krankenversicherung

Gemäß § 28 a SGB IV enthält die Meldung: die Sozialversicherungsnummer des Beschäftigten, den Namen, das Geburtsdatum, die Staatsangehörigkeit, Angaben über die Tätigkeit nach dem Schlüsselverzeichnis der Arbeitsagentur, die Betriebsnummer und die Beitragsgruppe.

Zusätzlich müssen Sie seit dem 1. Januar 2009 Angaben zur gesetzlichen Unfallversicherung an die Krankenkasse übermitteln. Hierzu gehören das beitragspflichtige Entgelt, die tatsächlich geleisteten Arbeitsstunden, die Mitgliedsnummer beim zuständigen Unfallversicherungsträger, dessen Betriebsnummer und die sogenannte Gefahrtarifstelle, nach der das jeweilige Unternehmen veranlagt wird. Informationen hierzu erhalten Sie bei Ihrer Krankenversicherung.

Sofortmeldepflicht

Im Normalfall muss die Meldung innerhalb von sechs Wochen nach Arbeitsbeginn Ihres Mitarbeiters erfolgen. In bestimmten (für Schwarzarbeit anfälligen Gewerben) gilt jedoch seit Anfang 2009 eine Sofortmeldepflicht. Dazu gehören Bau, Personenbeförderung, Gastronomie, Transport, Gebäudereinigung, Schausteller, Fleischwirtschaft und Messebau. In diesen Bereichen senden Sie sofort nach Arbeitsbeginn mit der Meldung eine Mail an die Datenstelle der Deutschen Rentenversicherung (dsrv-wuerzburg@drv-wbg.de) mit den folgenden Angaben: Vor- und Nachname des Beschäftigten, Beginn der Tätigkeit, Versicherungsnummer des Beschäftigten, falls nicht vorhanden Geburtsdatum, Geburtsort und Anschrift sowie Betriebsnummer des Arbeitgebers.

Gut zu wissen: Ausweispflicht

In den eben genannten Gewerben mussten Mitarbeiter bislang einen Sozialversicherungsausweis mit ihrer Sozialversicherungsnummer bei sich tragen. Seit dem 1. Januar 2009 ist dies nicht mehr nötig, stattdessen gilt jetzt eine Ausweispflicht (gemäß § 18 h Abs. 6 Satz 4 SGB IV). Als Arbeitgeber sollten Sie Ihre Mitarbeiter schriftlich darüber aufklären, dass sie entweder Personalausweis, Pass oder Passersatz bei sich tragen müssen).

Kommen Sie Ihrer Meldepflicht nicht nach, riskieren Sie, wegen Schwarzarbeit belangt zu werden. Als Schwarzarbeit gelten nach dem Schwarzarbeitergesetz (»Gesetz zur Intensivierung der Bekämpfung der Schwarzarbeit und damit zusammenhängender Steuerhinterziehung«, abgekürzt: SchwarzArbG) folgende Tatbestände:

Checkliste: Schwarzarbeit

❏ Das Erbringen gewerblicher Dienst- und Werksleistungen ohne den Beginn des selbstständigen Betriebs eines stehenden Gewerbes angezeigt zu haben;
❏ Arbeitnehmer (auch geringfügig Beschäftigte) zu beschäftigen und die sozialversicherungsrechtliche Melde-, Beitrags- oder Aufzeichnungspflichten nicht zu erfüllen;
❏ Verstöße gegen steuerliche Erklärungs- und Meldepflichten.

Fliegt die Schwarzarbeit auf, weil Ihnen jemand auf die Schliche gekommen ist, drohen Geld- oder Freiheitsstrafen sowie ein unschöner Eintrag im Gewerbezentralregister und unter Umständen sogar im Führungszeugnis.

Gut zu wissen: Elektronische Übermittlung der Sozialversicherungsbeiträge

Im laufenden Betrieb müssen Sie der Krankenversicherung regelmäßig die Sozialversicherungsbeiträge Ihrer Mitarbeiter als Gesamtsozialversicherungsbeitrag für Ihre Mitarbeiter melden und den Betrag überweisen. Die dazu gehörigen Meldeformulare, Beitragssätze und Informationen über die meldepflichtigen Angaben sowie ein Programm für die elektronische Datenübermittlung erhalten Sie bei Ihrer Krankenkasse, etwa bei der Techniker Krankenkasse unter www.firmenkunden.tk-online.de.
Mit dem Programm sv.net können Sie als Arbeitgeber Sozialversicherungsmeldungen und Beitragsnachweise elektronisch an die Krankenkassen übermitteln. Sie erhalten es als Download über die Informationstechnische Servicestelle der Gesetzlichen Krankenversicherung GmbH (www.itsg.de). Eine gut verständliche Kurzanleitung finden Sie hier: www.itsg.de/upload/sv.netonlinekurzanleitung9.0_1352.pdf.

Als Arbeitgeber müssen Sie für Ihren Arbeitnehmer die Hälfte der Beiträge zur Sozialversicherung bezahlen (für geringfügig Beschäftigten den Pauschalbetrag).

Aus der Praxis: Höhe der Sozialversicherungsbeiträge

Die Beitragssätze 2009 betragen für die Pflegeversicherung 1,95 Prozent und für die Rentenversicherung 19,9 Prozent. Den Zuschlag für Kinderlose zur Pflegeversicherung 0,25 Prozent muss der Arbeitnehmer alleine tragen.

Für die Krankenversicherung beträgt der Beitrag mit Stand März 2009 15,5 Prozent. Laut Bundesratsentscheidung vom Februar 2009 wird der bundeseinheitliche allgemeine Beitragssatz in der Krankenversicherung zum 1. Juli 2009 um 0,6 Prozentpunkte auf 14,9 Prozent gesenkt. Ebenfalls gesenkt wird der ermäßigte Beitragssatz (für Selbstständige), und zwar auf 14,3 Prozent.

Der Beitragssatz für die Arbeitslosenversicherung beträgt seit dem 1.1.2009 2,8 Prozent. Ursprünglich sollte dieser Satz nur bis 30. Juni 2010 gelten, gilt nun aber bis zum 31.12. 2010. Ab dem 1.1. 2011 steigt er auf 3,0 Prozent.

Berufsgenossenschaft

Wenn Sie Ihren Betrieb angemeldet haben, erhalten Sie von der Arbeitsagentur ein »Schlüsselverzeichnis über versicherungspflichtige Tätigkeiten«, mit dem Sie Ihren Arbeitnehmer wiederum bei der Berufsgenossenschaft anmelden können. Den Anmeldebeitrag, der auf Grundlage des Bruttoarbeitslohns berechnet wird, trägt der Arbeitgeber. Zur erneuten Berechnung müssen Sie der Berufsgenossenschaft nach jedem abgelaufenen Kalenderjahr einen Entgeltnachweis für Ihren Arbeitnehmer schicken.

Sind Sie unsicher, welche der 22 gewerblichen Berufsgenossenschaften bzw. Unfallkassen für Sie zuständig ist, kann Ihnen der Verband Deutsche Gesetzliche Unfallversicherung (DGUV), der Spitzenverband der gewerblichen Berufsgenossenschaften und der Unfallversicherungsträger der öffentlichen Hand (www.dguv.de), weiterhelfen.

Für freie Berufe wenden Sie sich im Allgemeinen an die VBG, die Verwaltungsberufsgenossenschaft (www.vbg.de).

Finanzamt

Bei jeder Lohnzahlung an Ihren Arbeitnehmer müssen Sie als Arbeitgeber die Lohnsteuer einbehalten und ans Finanzamt abführen. Gleiches gilt für den Solidaritätszuschlag und gegebenenfalls die Kirchensteuer (8 Prozent der Lohnsteuer). Für einen geringfügig Beschäftigten zahlen Sie eine pauschale Lohnsteuer plus Sozialversicherungsbeiträge, müssen für Ihren Arbeitnehmer ein Lohnkonto führen und seine Steuer je nach Steuerklasse errechnen. Die Lohnsteuertabellen und einen Abgabenrechner und weitere Informationen rund um den Lohn finden auf der Seite des Bundesfinanzministeriums (www.abgabenrechner.de).

Keine Diskriminierung bei der Personalsuche

Wenn es bei der Personalsuche darum geht, den richtigen Bewerber für die richtige Stelle zu finden, müssen Sie beim Formulieren der Stellenanzeige das Allgemeine Gleichbehandlungsgesetz (AGG) beachten. Dies verbietet, potenzielle Bewerber wegen ihrer Rasse, ethnischen Herkunft, Religion, Behinderung, sexueller Identität, ihres Geschlechts oder Alters zu diskriminieren.

Checkliste: Arbeitsvertrag

Wenn Sie einen Mitarbeiter einstellen, schließen Sie mit ihm einen schriftlichen Arbeitsvertrag, der folgende Punkte enthalten muss:

❏ Name und Anschrift von Arbeitgeber und Arbeitnehmer;
❏ Beginn des Arbeitsverhältnisses. Sie können eine Probezeit von bis zu sechs Monaten vereinbaren. In dieser Zeit ist eine Kündigung ohne Angabe von Gründen möglich.
❏ Bei befristeten Verträgen das vereinbarte Ende des Arbeitsverhältnisses.

❑ Bei einer Befristung endet das Arbeitsverhältnis mit Ablauf der Frist, ohne dass es einer Kündigung bedarf. In den ersten vier Jahren nach Gründung dürfen Sie ohne sachlichen Grund befristete Arbeitsverträge abschließen. Befristet werden darf für maximal vier Jahre.

❑ Arbeitsort

❑ Beschreibung der zu leistenden Tätigkeit

❑ Arbeitsentgelt sowie Zulagen, Prämien, Provisionen, etc.

❑ Arbeitszeit. Die maximale Dauer der Arbeitszeit ergibt sich aus dem Arbeitszeitgesetz.

❑ Dauer des jährlichen Erholungsurlaubs. Der Urlaubsanspruch ergibt sich aus dem Bundesurlaubsgesetz (BUrlG). Zusätzlich kann Ihr Arbeitnehmer zur Weiterbildung Bildungsurlaub nach den jeweiligen Landesbildungsgesetzen verlangen.

❑ Kündigungsfristen. Sie können Ihrem Mitarbeiter kündigen, weil sein Verhalten, seine schlechte Leistung oder Ihr Unternehmen es erfordern. Für unbefristete Verträge beträgt die Kündigungsfrist gemäß § 622 BGB vier Wochen zum 15. des Monats oder zum Monatsletzten; längere Fristen sind möglich. Das Kündigungsschutzgesetz gilt erst ab zehn Mitarbeitern. Werdende Mütter genießen laut Mutterschutzgesetz einen Sonderkündigungsschutz sowie Beschäftigungsverbote vor und nach der Geburt, die vertraglich nicht ausgeschlossen werden dürfen. Hat Ihre Arbeitnehmerin Nachwuchs bekommen, erhält sie Mutterschaftsgeld und sie oder ihr Partner nach dem Bundeselterngeld- und -elternzeitgesetz Elterngeld (BEEG). Die Länge der beantragten Elternzeit kann bis zu drei Jahren reichen.

❑ Eventuell einschlägige Tarifverträge, Betriebs- oder Dienstvereinbarungen. Gilt für Ihre Branche ein Tarifvertrag, definiert dieser die Mindestkonditionen. Bessere Bedingungen dürfen Sie immer bieten.

Musterverträge finden Sie im Internet. Ziehen Sie für Besonderheiten Ihres Unternehmens dennoch einen Arbeitsrechtler Ihres Vertrauens hinzu, der Ihren Vertrag auf Ihre Bedürfnisse hin abklopft und Ihnen auch während der laufenden Vertragsbeziehung zur Seite steht.

Mehr zum Thema

❏ »Der erste Mitarbeiter: Personal einstellen im Mikro- und Klein-
unternehmen« von Thomas Mares und Daniela Pucher, 1. Auflage, Redline-Wirtschaft 2007.

Auszubildende

Um in Ihrem Unternehmen einen Lehrling oder Auszubildenden
einzustellen, müssen Sie und Ihr Betrieb nach dem Bundesbildungsge-
setz persönlich und fachlich beziehungsweise räumlich und sachlich
geeignet sein. Dies können Sie außer durch eine einschlägige Ausbildung in Ihrem Gewerbe oder freien Beruf mit einer Prüfung nachweisen, in der Ihre berufspädagogischen Kenntnisse abgefragt werden.
Ab dem 1. August 2009 wird hierfür eine neue Ausbildereignungsver-
ordnung (AEVO) gelten. Die Ausbildung obliegt den berufsständischen Kammern, Handwerkskammern, Berufsakademien und privaten Bildungsträgern. Dort kann man Ihnen auch weiterhelfen, wenn
Sie erwägen, einen Azubi einzustellen.

Ausgebildet werden können Lehrlinge generell in einem von 350
staatlich anerkannten Ausbildungsberufen, die sie dual, also in ihrem
Betrieb und in der Berufsschule, erlernen. Weitere Ausbildungen gibt
es an Berufsfachschulen, etwa Altenpfleger/in, Erzieher/in, Gesund-
heits- und Krankenpfleger/in, Hebamme/Geburtshilfepfleger, Heil-
praktiker/in und andere. Diese Auszubildenden können Sie nur als
Berufspraktikanten für Ihren Betrieb rekrutieren. Eine umfassende
Datenbank mit Berufsbildern, Ausbildungsverordnungen und sonstigen Informationen zu allen Ausbildungsberufen finden Sie bei der
Bundesarbeitsagentur für Arbeit (www.berufenet.arbeitsagentur.de).

Teil IV: Serviceteil

1. So kommen Sie zu Ihrem Recht

Um welches Recht geht es?

Die Vorschriften, Gesetze, Verordnungen, Verwaltungsvorschriften und Satzungen, mit denen Sie es bei Ihrer Gründung zu tun haben und die in diesem Buch behandelt werden, stammen aus zwei unterschiedlichen Rechtsbereichen: dem öffentlichen Recht und dem Privatrecht. Zum öffentlichen Recht, also den Rechtsbeziehungen zwischen Staat und Bürger, gehören das Gewerberecht, Verwaltung, Baurecht, Straßenverkehrsrecht – und das Strafrecht.

Die Beziehungen zwischen einzelnen Personen und Unternehmen sind privat- oder zivilrechtlich (Verträge, rund ums Geld, Finanzierung), ebenso das Handels- und Arbeitsrecht.

Alle Bundesgesetze, von A wie Arbeitssicherheit bis Z wie Zahnheilkundegesetz finden Sie unter www.bundesrecht.juris.de oder über die URL www.gesetze-im-internet.de. Über Wikipedia (www.wikipedia.de) finden Sie eine Linksammlung zum Landesrecht des jeweiligen Bundeslandes.

Wie finde ich den passenden Berater?

Bestimmte Schritte Ihrer Gründung können oder sollten Sie nur mit dem Beistand von Fachleuten, Rechts- oder Steuerberatern, Wirtschaftsprüfern oder Beratern von Kammern, Gewerkschaften oder Verbänden gehen.

❑ **Rechtsanwälte:** Eine komplette Liste von Rechtsanwälten finden Sie auf den Seiten des Deutschen Anwaltvereins, geordnet nach Rechtsgebiet, Tätigkeitsschwerpunkt oder Fachanwaltstitel, Gerichtszulassung, Adresse und anderem: www.anwaltauskunft.de oder unter 0 18 05 / 18 18 05.

❏ **Steuerberater:** Steuerberater in Ihrer Region und mit den von Ihnen gesuchten Qualifikationen finden Sie auf der Suchseite der Bundessteuerberaterkammer, www.bstbk.de.

❏ **Wirtschaftsprüfer**: Den passenden Wirtschaftsprüfer wählen Sie über den Suchdienst der Wirtschaftsprüferkammer: www.wpk.de aus.

❏ **Rentenberater:** Für Fragen des Sozialrechts sind neben den Fachanwälten für Sozialrecht die zugelassenen Rentenberater empfehlenswert. Dies sind meist sehr engagierte Fachleute unterschiedlicher Ausbildung mit einer Zulassung nach dem Rechtsdienstleistungsgesetz und viel Erfahrung im Gestrüpp des Renten- und Sozialrechts. Sie finden sie über den Bundesverband der Rentenberater e.V. (www.rentenberater.de).

Woher weiß ich, ob mein Berater gut ist?

Wie alle berufsständischen Vereinigungen dürfen auch die Kammern der Rechtsanwälte, Steuerberater und Wirtschaftsprüfer keine Empfehlungen für oder gegen eine bestimmte Person oder Kanzlei abgeben. Daher müssen Sie die Suche selbst in die Hand nehmen. Kleinere Kanzleien oder Einzelanwälte finden Sie auch im Internet, in Branchenverzeichnissen oder schlicht im Telefonbuch. Oder Sie holen sich Empfehlungen von Ihrer berufsständischen Vereinigung, Branchenkollegen oder Freiberuflernetzwerken. Generell gilt bei der Wahl Ihres Beraters: Spezialisierung hilft. Und die Kanzleigröße sollte im vernünftigen Verhältnis zu Ihrer Gründung stehen. Es hilft Ihnen wenig, wenn Sie Mandantin von Deutschlands bekanntester Steuerrechtskanzlei sind, dort aber als Einzelunternehmerin wie eine lästige Fliege behandelt werden.

Wenn Ihr Unternehmen allerdings wächst und die rechtlichen und steuerlichen Probleme komplexer werden, sollten Sie sich auf die Suche nach einer guten Wirtschafts- und Steuerberatungskanzlei machen. Bei der Suche nach einer geeigneten Wirtschaftskanzlei hilft

Ihnen das Branchenmagazin Juve-Rechtsmarkt auf www.juve.de. Auf der genannten Website finden Sie auch das Juve-Handbuch mit Empfehlungen zu einzelnen Anwälten oder Kanzleiauszeichnungen – beispielsweise den Juve-Award für die »Kanzlei des Jahres«. Informativ sind überdies die Dealmeldungen einer Kanzlei – Mitteilungen über Unternehmenstransaktionen, die die jeweilige Kanzlei rechtsberatend begleitet hat, was gewisses Anhaltspunkte für Güte und Renommee der beteiligten Anwälte gibt. Diese finden Sie im Internet unter www.rws.de oder auf www.juve.de; internationale Rankings auf www.thelawyer.com.

Für Steuerberater und Wirtschaftsprüfer vergleichbare Branchenmagazine sind www.steuer-journal.de und www.steuer-consultant.de.

Rechtsauskünfte von Behörden, Ministerien und anderen öffentlichen Stellen

Die meisten Hilfesuchenden unterschätzen den Rat von Behörden und öffentlichen Stellen. Doch egal ob im Ordnungsamt, im Finanzamt, bei der Rechtsbehelfsstelle an oder in der Bezirksregierung – meistens sitzen dort Mitarbeiter, die von ihrem Bereich etwas verstehen und Existenzgründern auf ihre Fragen gerne und gut Auskunft geben – wenn man sie fragt. Entscheidend ist, dass Sie sich mit Ihrem Sachbearbeiter im Amt zusammensetzen, bevor Sie Ihr Unternehmen starten und nicht erst hinterher, wenn die dringend benötigte Genehmigung auf sich warten lässt.

Gut zu wissen: Landes- und Bundesministerien als Ansprechpartner

Ein ebenso guter und günstiger Anlaufpunkt sind die Landes- und Bundesministerien, bei deren Telefonhotlines Sie anrufen oder an deren Expertenforen Sie schreiben können. Zum Beispiel:

❏ Beratungstelefon zur Mittelstandsoffensive des Bundesministeriums für Wirtschaft und Technologie Januar 2009 8-20 Uhr, Tel. 01805/615 001

- ❏ Bürgertelefon zur Arbeitsmarktpolitik, Arbeitsmarkt und Arbeitsförderung des Bundesministeriums für Arbeit und Soziales, Tel. 01805/67 67 13, Mo-Do von 8-20 Uhr.
- ❏ E-Mail-Anfragen zu allen Themen rund um die Gründung beim Bundeswirtschaftsministerium: BMWi-Expertenforum (www.existenzgruender.de/expertenforum/dasforum/index.php).
- ❏ Startothek: Eine Möglichkeit, sich einen individuellen Gründungsfahrplan mit auf das jeweilige Gewerbe zugeschnittenen Rechtsinformationen erstellen zu lassen, bietet die »Startothek«, ein datenbankgestütztes Informationssystem der KfW-Mittelstandsbank. Einen Überblick über die bei der KfW akkreditierten Gründungsberater, die Ihnen einen Abruf der Startothek in der Regel kostenfrei anbieten, finden Sie unter www.startothek.de oder über die Servicenummer 01801/241124. Vier kostenlose Fallbeispiele, beispielsweise über eine Gründung im Gaststättengewerbe, finden Sie dort ebenfalls.

Eine weitere Anlaufstelle, von der Freiberufler und Gewerbetreibender gleichermaßen profitieren können, ist die KfW-Mittelstandsbank und deren Gründungsberatung (www.kfw-mittelstandsbank.de). Kostenlose Gründungskonzepte zu zahlreichen Berufen gibt es auch über die Volks- und Raiffeisenbanken, die VR-Gründungskonzepte (www.vr-bankmodul.de/site/vrgk/index_v2b.php?typ=webcenter).

Rechtsberatung von Kammern, Gewerkschaften und Verbänden

Ihr erster Weg vor einer Gründung sollte zu Ihrer Industrie- und Handelskammer, Handwerkskammer, als Freiberufler zur örtlichen Wirtschaftsförderung oder zu Ihrer berufsständischen Kammer führen. Diese beraten Sie nicht nur, ob Ihr Gründungskonzept wirtschaftlich erfolgversprechend ist, sondern auch, welche Rechtspflichten auf Sie zukommen. Rechtsrat zur Gründung erhalten Sie überdies bei vielen Berufsvereinigungen oder Gewerkschaften – und für Mitglieder oder potenzielle Mitglieder ist er auch kostenlos. So etwa bei der Servicetelefonnummer der Ver.di-Tochter Mediafon (www.mediafon.de) für Soloselbstständige aller Branchen (kostenlos für Ver.di-Mitglieder) sowie der kostenlos im Internet zugängliche Mediafon-Ratgeber für Selbstständige. Müssen Sie sich Ihr Recht per Klage erkämpfen, erhalten Sie dort auch Rechtshilfe oder in Ihrem Mitgliedschaftsbeitrag ist eine Rechtsschutzversicherung enthalten.

Rechtstipps aus dem Internet

Auf eine allgemeine Rechtsfrage können Sie über eine der zahlreichen Internetplattformen innerhalb weniger Stunden per E-Mail oder sofort am Telefon Rechtsauskünfte erhalten. Eine gute Quelle für Rechtstipps sind auch die oft mit reichhaltigen Informationen ausgestatteten Webseiten von Kanzleien. Ob Sie lieber telefonieren oder Ihr Rechtsproblem schriftlich schildern, ist Geschmacksache. Doch auch wenn Sie telefonieren, sollten Sie sich die Mühe machen, Ihren Fall und Ihre Fragen vorher genau aufzuschreiben, um im Eifer des Gesprächs nichts Wichtiges zu vergessen.

Die Qualität von acht Anbietern von Online-Rechtsberatung hat die Stiftung Warentest im Februar 2008 getestet. Ihr Fazit: www.frag-einen-Anwalt.de sei erste Wahl. Hier schlägt der Nutzer einen Preis vor, die Antworten sind öffentlich für jedermann im Internet sichtbar. Auch bei www.answer24.de schlägt der Nutzer den Preis vor, zu sehen ist jedoch nur die Frage; die Antwort bekommt nur der zahlende Nutzer. Bei den anderen Portalen macht der Anbieter einen Kostenvoranschlag, die Antwort erhält ebenfalls nur der Nutzer. Diese Portale finden Sie im Internet unter: www.deutsche-anwaltshotline.de sowie unter www.anwalt-onlineservice, www.e-juristen.de und www.Advo24.de.

Neben kostenpflichtigen Hotlines und Online-Beratungen gibt es zahlreiche öffentliche und geschlossene Rechts- und Fachforen, in denen Sie Rechtsfragen stellen und mit anderen Usern diskutieren können, beispielsweise auf www.juraforum.de, www.wer-weiss-was.de. Der Vorteil: Sie können dort teilweise von den Erfahrungen

Ihrer Kollegen und Mitbewerber profitieren. Der Nachteil: Die Qualität der Beiträge variiert zum Teil sehr stark und manche Ratschläge sind zwar gut gemeint, aber schlichtweg falsch. Die Folge für Sie: Betrachten Sie solche Foren als Möglichkeit, rechtliche Problemherde und Minenfelder zu identifizieren. Konkrete Hilfe für Ihren Einzelfall sollten Sie sich allerdings noch aus anderen Quellen besorgen.

Ratgeber und Literatur

Wenn Sie sich dieses Buch, in dem Sie gerade lesen, gekauft haben, sind Sie schon den ersten Schritt zur rechtssicheren Gründung gegangen. Für viele Bereiche Ihrer Gründung – etwa die Übernahme eines Betriebs, den Entwurf Ihres Gesellschaftsvertrags oder eines Arbeitsvertrag – brauchen Sie allerdings viel detaillierte Informationen als Ihnen ein allgemeines Ratgeberbuch vermitteln kann. Hierfür sollten Sie sich an Ihre Kammer oder Ihren Berufs- und Branchenverband wenden. Die meisten bieten kostenlose oder kostenpflichtige Literatur zu den branchenspezifischen Rechtsthemen sowie Musterverträge, Formulare etc. an, zum Beispiel der www.dehoga-shop.de. Solche Angebote sollten Sie unbedingt nutzen, denn gerade beim Thema Recht steckt der Teufel im Detail.

Ein reichhaltiges Angebot an spezifischen Publikationen und Downloads finden Sie auch bei den Industrie- und Handelskammern, beispielsweise bei der IHK Stuttgart (www.stuttgart.ihk24.de) und bei den Berufsgenossenschaften (www.dguv.de).

Links für Existenzgründer

www.aok-gesundheitspartner.de: Portal des AOK-Bundesverbandes mit Zulassungsvorschriften für alle Gesundheitsberufe.

www.arbeitsagentur.de: Bundesarbeitsagentur in Nürnberg.

www.berufenet.arbeitsagentur.de: Datenbank der Bundesagentur für Arbeit mit Berufsbildern, Ausbildungsverordnungen und Informationen zur Zulassung für alle möglichen freien und gewerblichen Berufe.

www.bis-handwerk.de: Existenzgründerportal für Handwerker.

www.baua.de: Bundesanstalt für Arbeitsschutz und Arbeitsmedizin.

www.bundesjustizamt.de: Bundesamt für Justiz. Hier werden Gewerbezentralregister und Bundeszentralregister (Führungszeugnis) geführt.

www.bzst.de: Bundeszentralamt für Steuern, Tel. 0228/406-1200.

www.bptk.de: Bundespsychotherapeutenkammer

www.deutsche-rentenversicherung-bund.de: Deutsche Rentenversicherung, Tel. 0800/1000-4800.

www.deutsche-sozialversicherung: Infoportal mit Links und Adressen zur Renten-, Kranken-, Unfall-, Arbeitslosen- und Pflegeversicherung.

www.dguv.de: Deutsche Gesetzliche Unfallversicherung. Adressen, Links und Informationen zur den Berufsgenossenschaften und Unfallversicherungen.

www.existenzgruender.de: Portal des BMWi, u.a. mit BMWi-Expertenforum und der Publikation »GründerZeiten«.

www.exist.de: Portal für Technologiegründungen des BMWi.

www.finanzamt.de: Informations- und Service-Angebot der Finanzverwaltungen der Länder.

www.ifb-gruendung.de: Institut für Freie Berufe in Nürnberg, Tel. 0911/23 565 0.

www.foerderdatenbank.de: Datenbank der öffentlichen Förderprogramme.

www.kfw-mittelstandbank.de: Beratung und Hilfe bei Gründung und Finanzierung.

www.kuenstlersozialkasse.de: Künstlersozialkasse.

www.mahngerichte.de: Portal zur Online-Mahnung der deutschen Mahngerichte.

www.mediafon.de: Beratung der Ver.di-Tocher Mediafon unter der Servicenummer 01805/754444 und über das online verfügbare Ratgeberbuch für Soloselbstständige aller Branchen.

www.newcome.de: Existenzgründerportal Baden-Württemberg.

www.nexxt.org: Unternehmensbörse des BMWi.

www.rechtsratgeber-existenzgründer. (Website zu diesem Buch)

www.schufa.de: Schutzgemeinschaft für allgemeine Kreditsicherung.

www.startothek.de: Daten- und Informationssystem der KfW-Mittelstandsbank, Tel. 01801/241124.

www.studentenwerk.de

Kammern:

www.bak.de, Tel. 030/26 39 44-0: Bundesarchitektenkammer.

www.brak.de: Bundesrechtsanwaltskammer.

www.bundesaerztekammer.de: Bundesärztekammer.

www.bundesingenieurkammer.de, Tel. 030/25 34 29 00: Bundesingenieurkammer

www.bnotk.de: Bundesnotarkammer.

www.bstk.de: Bundessteuerberaterkammer.

www.ihk24.de: Sammelplattform der Industrie- und Handelkammern mit IHK-Finder.

www.frankfurt-main.ihk.de: IHK Frankfurt.

www.stuttgart.ihk24.de: IHK Stuttgart.

www.landwirtschaftskammern.de: Zentralseite der Landeslandwirtschaftskammern.

www.wpk.de: Wirtschaftsprüferkammer.

www.zdh.de: Zentralverband des deutschen Handwerks.

2. So setzen Sie Ihr Recht durch

Vor Gericht

Ob sich eine Behörde weigert, eine Genehmigung zu erteilen, ein Kunde nicht zahlen will oder das Finanzamt eine zu hohe Steuervorauszahlung verlangt – in all diesen Fällen müssen Sie versuchen, Ihr Recht durchsetzen oder sich gegen Ansprüche zu wehren. Je nach Fall helfen Ihnen Behörden, Gerichte oder Schiedsstellen weiter.

Wenn Sie sich gegen einen Rechtsakt im Verwaltungsrecht wehren oder gerne eine bestimmte Verwaltungsentscheidung bekommen würden – beispielsweise eine Gaststättenkonzession oder eine Baugenehmigung – sind die Verwaltungsgerichte zuständig. Das Prozedere ist wie folgt: Zunächst widersprechen Sie der jeweiligen Sie belastenden Behördenentscheidung (Versagung der Gaststättenerlaubnis, Widerruf der Sperrzeitverkürzung, Versagung der Baugenehmigung) bei der Behörde, die die Entscheidung getroffen hat. Diesen Widerspruch müssen Sie innerhalb eines Monats nach Erhalt des Schreibens schriftlich einreichen und erläutern, warum Sie anderer Meinung als die Behörde sind. Über diesen Brief schreiben Sie einfach »Widerspruch« und erläutern anschließend, warum die Behörde Ihrer Ansicht nach anders hätte handeln oder entscheiden sollen. Entweder handelt die Behörde nun in Ihrem Sinn und hilft Ihrem Widerspruch ab. Oder sie gibt die Sache an die nächsthöhere Behörde ab – in Ihrem Fall die Gewerbeaufsichtsbehörde oder die mittlere Bauaufsichtsbehörde (die beide in der Regel bei der Bezirksregierung oder dem Regierungspräsidium angesiedelt sind) –, die dann ihrerseits Ihrem Widerspruch abhilft oder einen Widerspruchsbescheid erlässt. Um gegen diesen Bescheid vorzugehen, müssten Sie innerhalb eines Monats vor dem Verwaltungsgericht Klage erheben.

Ein solches Verwaltungs- und Verwaltungsgerichtsverfahren nimmt Zeit in Anspruch. Zeit, die Sie besser für andere Dinge nutzen könnten. Deshalb sollten Sie immer versuchen, mit den Behörden so viel wie möglich im Vorfeld zu klären und bei komplexen Sachverhalten, etwa im Baurecht, einen Vorbescheid zu beantragen. In Steuersachen oder Fragen nach Ihrem Status können Sie beim Finanzamt vorab eine verbindliche Auskunft beantragen.

Für Steuerstreitigkeiten sind die Finanzgerichte zuständig, für Angelegenheiten der Sozialversicherung die Sozialgerichte. Die ordentlichen Gerichte (Amtsgericht, Landgericht, Oberlandesgericht und Bundesgerichtshof) entscheiden in Zivil- und Strafsachen, in Angelegenheiten der freiwilligen Gerichtsbarkeit (zu denen das Handelsregister gehört), in Vormundschaftssachen (etwa Gewerbeerlaubnis für Minderjährige) und im Wettbewerbsrecht. Einem zivilrechtlichen Prozess geht das Mahn- und Zwangsvollstreckungsverfahren voraus. Mehr dazu finden Sie in Teil III, 4. »Rund ums Geld«.

Vor Schiedsgerichten

Neben den ordentlichen Gerichten gibt es in zahlreichen Branchen auch freiwillige Schiedsgerichte beziehungsweise Schlichtungsstellen, die Streitschlichtungsverfahren zwischen Unternehmern und Kunden oder zwischen zwei Unternehmern derselben Branche durchführen. Beispiele sind die Schlichtungsstellen der Ärztekammer oder Rechtsanwaltskammer oder die kaufmännischen Schlichtungsstellen der Industrie- und Handelskammern. Schlichtungsstellen einzelner Gewerbe sind etwa die Reiseschiedsstelle (www.reiseschiedsstelle.de) oder die Schlichtungsstelle des Vereins sicherer und seriöser Internetshopbetreiber e.V. (www.internetsiegel.net). Erkundigen Sie sich bei Ihrem Berufsverband beziehungsweise Ihrer Kammer, welche Schiedsstelle dort eingerichtet ist.

Stichwortverzeichnis

In der Reihe *Erfolgreich selbstständig* sind bereist erschienen:

Udo Cremer: **Das 1x1 der Buchführung**

Elke Fleing | Momo Evers: **Hervorragend positioniert**

Alois Gmeiner: **Das Low-Budget-Werbe-1x1**

Perdita Habeck | Kundri Böhmer-Bauer:
Firmendesign mit kleinem Budget

Carl Ludwig Prinz zu Hohenlohe:
Die erfolgreiche Unternehmensnachfolge

Simone Janson: **8 Schritte zur erfolgreichen Existenzgründung**

Simone Janson: **Selbstorganisation und Zeitmanagement**

Simone Janson: **Vom Start weg richtig versichert**

Stephan Lamprecht: **Firmenauftritt online**

Peter & Myra Posluschny: **Das Controlling-1x1**

Hans Stumpf: **Der effiziente Businessplan**

Hans-Peter Zimmermann: **Großerfolg im Kleinbetrieb**

Die optimale Starthilfe ins eigene Business!

REDLINE | VERLAG